초등 국어 독해의 길잡이

독해력 키움

4단계

학부모님께

어린이집으로 가는 버스를 탄 아이들의 모습을 보면, 고개를 숙이고 무엇인가를 열심히 보고 있습니다. 아침 일찍부터 스마트폰에 빠진 것입니다. 아이들의 이런 모습은 초등학교, 중학교, 고등학교 과정을 거치면서도 그다지 나아지지 않습니다. 스마트폰에 빠지는 게 무엇이 문제냐고요? 무엇보다 아이들이, 보고 듣는 데만 익숙해져서 조각난 생각조차 하지 않는 습관에 젖어 버려서 큰 문제이지요.

컴퓨터도 그렇지만, 스마트폰도 손가락으로 화면을 넘기면서 빠르게 작업을 하게 되어 있는 기기입니다. 작업하는 속도가 빨라야 자부심을 느낄 수 있다고 하여 중간에 생각을 하거나 정리를 하는 시간은 아예 가지지 못한 채 슬쩍슬쩍 지나쳐야 합니다. 이러니 시간이 지나 나이가 들수록 생각의 깊이나 폭과는 거리를 두게 됩니다. 생각의 폭을 넓히고, 깊이를 더하기 위해서는 스스로 생각하는 버릇을 들여야 합니다. 하지만 보는 일에만 길들여져서는 그런 버릇을 들일 수가 없고, 반드시 읽어야 하는 것입니다. 일정한 분량의 글을 읽어서 뜻을 새기고, 새로운 생각을 떠올리고, 읽은 내용을 다른 분야에 응용하는 생각까지 해보아야 힘을 붙여 나갈 수 있습니다.

우리나라의 대학 입시 제도는 복잡하고 변화무쌍하기로 악명이 높습니다. 이런 실정에서는 시간이 흘러 제도가 바뀌더라도 그대로 써먹을 수 있는 공부를 해 두는 것이 안심이겠지요. 동서고금을 막론하고, 교육 쪽의 학자들이 고교 과정까지 아이들이 필수적으로 공부해야 할 과목으로 언어 논리와 수리 논리를 들고 있습니다. 언어 논리는 언어로써 논리적인 사고력을 키우는 과목이고, 수리 논리는 숫자로써 논리적인 사고력을 키우는 과목입니다. 다른 과목을 위한 기초를 이 두 과목에 의해 마련할 수 있고, 추론, 비판, 창의, 적용 등의 사고 능력도 이 두 과목으로부터 키워나갈 수 있습니다. 게다가 제도의 변화에 흔들리지 않고 능력을 지켜나갈 수 있으니 언어 논리와 수리 논리는 얼마나 중요한지 모르겠습니다. 언어 논리를 키워나가는 데 가장 중요한 일이 읽기의 힘을 키우는 일입니다. 그것도 초등학교 때 집중적으로 키워두어야 가장 효과적입니다.

김갑주 선생님 약력

김갑주 선생님은 서울대학교 국어국문학과를 졸업하고 장훈고등학교에서 국어를 가르쳤으며, 대성학원과 종로학원에서 국어영역 명강사로 활약하였습니다.
그동안 중고등학교 국어 관련 집필을 하시다가 최근에는 초등학교 독서교육에 힘쓰고 있습니다.

저는 고등학교와 대학입시 학원에서 30여 년 동안 아이들에게 책 읽기와 글쓰기 지도를 하였습니다. 가르치는 경력이 얼마 되지 않았을 때부터 줄곧 궁금했던 것 중의 하나는 고등학교 과정에 있는 아이들이 어째서 읽기의 능력이 이렇게 부족할까 하는 점이었습니다. 아이들을 관찰하기도 하고, 직접 이야기도 나누어보니, 읽은 책이 얼마 되지 않아서 그렇게 되었음을 알 수 있었습니다. 그래서 책을 왜 이렇게 읽지 않았느냐고 다시 물어보았더니, 읽기를 하는 올바른 방법을 가르쳐 주는 선생님도, 알려주는 책도 없고 보니 아예 읽기에는 관심도 취미도 붙이기 어려웠다고 하더군요. 그래서 저는 언젠가 아이들이 일찍부터 올바른 읽기 방법을 익혀, 흥미를 느끼고 책을 읽을 수 있도록 길잡이가 될 만한 책을 쓰고 싶었습니다. 오랜 기간 자료를 모으고 준비하였으며, 드디어 체계적으로 독해력을 향상시킬 수 있는 방법을 궁리하여 이 책을 쓰게 되었습니다.

책을 일곱 단계로 나누어, 학년별 교과 과정을 충실히 반영하면서 그보다 수준을 조금씩 높이도록 했습니다. 예컨대, 3단계라면 대체로 3학년의 교과 과정과 관련을 맺었지만, 문제에서는 눈높이를 약간 높였습니다. 무엇보다도 아이들의 읽기 능력을 빠른 시간에 키워갈 수 있도록 글을 고르는 데 공을 많이 들였습니다. 국어 교과서의 글은 물론이고, 사회와 과학 교과에서도 글감을 구해서 정리한 글을 실었습니다. 필요에 따라 교과서 밖에서 글을 골라서 수준을 높이려 하였습니다. 우리가 목표로 삼고자 하는 독해력 키우기는, 언어 논리를 다루는 분야이니 거기에 치중하도록 했습니다.

이런 생각도 미리 해보았습니다. 이 책은 아이들이 혼자 다루기에는 힘겨울 수 있으니까, 선생님이든 부모님이든 누군가 도와주어야 하지 않을까 하는 생각입니다. 그렇다고 처음부터 아이와 함께 문제 풀이에 나서라거나, 주입식으로 강의하시라는 뜻은 전혀 아닙니다. 아이가 글을 읽고 문제 풀이를 한 뒤에 채점하면서 질문하도록 하고, 책의 뒤에 붙은 해설을 보아가면서 도움말을 주시라는 것입니다. 그러려면 함께 공부해야 하는 번거로움은 있겠지만, 아이와 함께 문제 풀이에 애쓰다 보면, 정도 새록새록 더해질 테고 아이의 읽기 능력도 크게 길러지는 보람도 함께 느낄 수 있을 것입니다.

초등학생이 볼 책을 쓰면서 가장 어려운 점이 아이들 눈높이를 맞추는 일이라는 사실을 다시 확인할 수 있었습니다. 아이들 관점에서 이해할 수 있는 글이고, 풀이할 수 있는 문제인지 머릿속에 그려보기도 하고 선생님들께 여쭈어보기도 했습니다. 그런데도 눈높이의 문제는 속 시원하게 해결되지 않은 것 같습니다. 이렇게 남은 문제는 선생님들과 부모님들, 아이들의 바른말을 들어가면서 고쳐나가고 보완해 나갈 것을 약속드립니다.

대표 집필 김 갑 주

독해력 키움의 중요성

모든 과목 이해의 열쇠는 독해력

- 국어는 물론이고 수학, 사회, 과학, 영어도 독해의 힘이 있어야 높은 성적을 기대할 수 있습니다.
- 모든 과목에는 개념을 설명하는 글이 있고, 문제를 펼쳐 보이는 글도 있는데, 가장 먼저 이런 글을 이해해야 성적을 올릴 수 있습니다.

독해력은 초등 때 결정

- '세 살 버릇 여든 간다.'는 속담이 독해에도 꼭 맞아떨어집니다.
- 초등 과정에서 올바른 방법으로 독해력을 키워두면, 중·고등 과정은 물론이고 대학까지도 편해집니다.
- 가장 어려운 고비라고 하는 대학수학능력시험은 독해력이 튼튼해야 모든 과목에 걸쳐 좋은 성적을 낼 수 있습니다.
- 잘못된 독해 방식에 젖어 있는 사람은 고등학교에 가서 온갖 방법을 궁리하고 노력해도 혼란스럽기만 하고 성적이 잘 오르지 않습니다.

독해력 키우는 방법

- 여러 갈래의 글(설명하는 글, 설득하는 글, 이야기 글, 시 등)을, 갈래별로 나누어놓은 읽기의 이론을 익힌 뒤에 이 이론에 따라 많은 글을 읽어야 합니다.
- 갈래별로 나누어놓은 읽기의 이론은 이 책의 본문 앞에 실려 있으므로 잘 이해하여 몸에 배게 해야 합니다.
- 어떤 갈래의 글이든지 가장 먼저 이루어져야 할 일은 중심 내용(주제)을 찾는 것입니다.
- 중심 내용을 파악하기 위해서는, 글에 나타난 사실을 이해하고, 읽은 내용을 바탕으로 어떤 생각을 더 해 볼 수 있는지 떠올려보며, 때로는 읽은 내용을 따져서 비판도 할 수 있어야 합니다.
- 읽은 글 아래 문항의 수는 5~7개이고, 이 문항들은 유형별로 같은 번호가 지정되어 있어서, 반복 학습을 통해 독해력을 향상할 수 있도록 하였습니다.
- 문항 유형별로 풀이하다 보면 자연스럽게 독해력을 키울 수 있도록 문항 유형들이 유기적으로 배열되어 있습니다.
- 이 책에서는 1번이 '주제 찾기' 문제인데, 가장 중요하기 때문에 이 자리에 놓았으며, 그 아래에 놓인 모든 문제를 다 풀어 본 뒤에 다시 1번의 주제를 한 번 더 확인해보아야 정확한 주제를 찾을 수 있습니다.

도움주기

! 독해력 키움의 문제 앞에 놓인 글이든, 글 아래에 놓인 문제이든 아이들이 스스로의 힘으로 이해할 수 있도록 꾸몄습니다. 되도록 간섭은 줄이고, 부모님이나 선생님께서 아이를 도와주실 때는 다음에 유의하십시오.

01 글이나 문제에서 뜻을 모르는 낱말이 있다고 할 때는, 그 낱말의 앞이나 뒤에 놓인 다른 말과 연결하여 미루어 뜻을 떠올려 볼 수 있도록 힘을 키워주십시오. 쉽사리 사전을 찾도록 한다거나 글 전체, 문제 전부를 풀이해주는 방식으로는 남에게 기대는 버릇만 들게 할 것입니다.

02 이 책의 끝에 있는 체크리스트 점검표 작성을 도와주시고 주기적으로 확인해 주십시오. 아이의 약점을 파악하여 자주 틀리거나 이해가 부족한 문항 유형을 중심으로, 그 문항 유형의 어려움을 극복하기 위해서 무엇을 고치고 보완해야 하는지 알려주십시오. 고칠 점, 보완해야 할 점은 해설을 보면 잘 나와 있습니다.

03 주관식 문제는 예시에 따라 채점을 도와주세요.
한 낱말이나 빈칸이 정해진 하나의 구절로 답하는 문제에서는 0점과 모범 답안과 일치하는 만점밖에 없습니다.
여러 개의 낱말로 답하는 문제에서는 배점에 문항 수를 나누어 정답에 비례하여 채점합니다.
하나의 구절이나 문장으로 답하는 문제에서는 미리 주어진 조건을 고려하여 모범 답안의 내용과 일치하는 정도에 따라 점수를 주어야 할 것입니다.

독해력 키움의 구성

01 단계를 나누어 체계를 잡았습니다.

독해력 키움은 초등학교 교육 과정에 맞추어 1단계부터 7단계까지 모두 일곱 단계로 이루어져 있습니다. 그렇지만 학년과 단계가 꼭 일치하는 것은 아닙니다. 체계를 튼튼히 다진 다음, 키움의 속도를 높이기 위해 학년보다 한 걸음 더 나아가도록 하였습니다. 읽기 능력의 개인 차이를 고려하여 자신의 수준에 맞는 단계를 골라서 시작할 수 있습니다.

02 읽기의 이론을 자세히 소개하여 길잡이로 삼도록 했습니다.

글의 큰 갈래를 비문학과 문학으로 나누고, 갈래의 특성에 따른 읽기의 이론을 본문의 앞에 실었습니다. 단계별 수준을 고려하여 차이를 두고 소개하였습니다. 본문과 문제에 들어가기에 앞서 잘 익혀두어야 합니다.

03 모든 교과목에 걸쳐, 여러 갈래의 글을 골랐습니다.

국어 교과서의 글을 기준으로 삼아, 국어는 물론이고 바른 생활, 슬기로운 생활, 즐거운 생활, 그리고 예체능과 관련된 글도 망라하여 문제 앞에 싣는 글로 골랐습니다. 비문학(설명하는 글, 설득하는 글)과 문학(이야기, 시)을 균형을 맞추어 배치하였습니다. 글이 속한 내용 분야를 보아도 인문, 사회, 경제, 과학, 문화, 예술 등 참으로 다양합니다.

04 독해력을 체계적인 방법으로 키울 수 있도록 하였습니다.

'SSAT(미국 고등학교 입시)'와 '대학수학능력시험'의 독해력 평가 유형을 염두에 두고 초등과정에서 효과적인 독해력 향상을 위한 문항 유형을 만들었습니다. 이를 위해 짜임새가 좋은 지식의 체계로서, 창의적으로 생각하는 바탕으로서, 여러 분야에 두루 활용될 수 있는 글을 골랐습니다. 글 아래의 '주제 찾기1~요약하기7'의 문항 유형을 순서에 따라 풀어서, 분석, 이해, 추리, 적용의 종합적인 사고 능력을 키울 수 있습니다.

05 독해력을 키우기 위해 꼭 필요한 지식을 갖추도록 문제를 만들었습니다.

독해력은 문제만 많이 푼다고 키울 수 있는 단순한 기능이 아닙니다. 어법, 문학 작품과 관련된 지식, 그 밖의 배경 지식 등이 갖추어져 있어야 보다 튼튼하게 키울 수 있습니다. 글을 고를 때 이 점을 고려하였고, '세부내용 5'번 문제는 순전히 이런 목적에서 출제하였습니다.

06 창의력과 응용 능력을 키울 수 있도록 힘을 기울였습니다.

읽기는 종합적인 생각의 과정이어야 합니다. 글의 사실을 이해하고, 이해한 사실에 미루어 새로운 내용을 짐작해보고, 글의 성질에 따라서는 비판도 하면서, 때로는 새로운 생각을 떠올리거나 다른 일에 응용할 줄도 알아야 합니다. '미루어알기 4', '적용하기 6'의 문제 유형은 이런 의도에서 출제하였습니다.

Contents

독해력이 사고력이다
독해력 키움

[설명하는 글 읽기 01~21]

01 촌락과 날씨 …………………………… 18
02 용수철의 여러 가지 쓰임 …………… 20
03 도시의 발달 …………………………… 22
04 수천 년 만에 싹 튼 씨 ……………… 24
05 주민 자치와 주민 참여 ……………… 26
06 백두산의 화산 활동…………………… 28
07 선거에서 꼭 지켜야 할 네 가지……… 30
08 우유의 다양한 변신 ………………… 32
09 생산에 필요한 삼총사………………… 34
10 생물 모방 과학 ……………………… 36
11 고정관념이 만들어 낸 콤플렉스 …… 39
12 물이 있는 행성 ……………………… 42
13 거울 이야기 …………………………… 45
14 공기의 과학 …………………………… 48
15 하늘을 나는 꿈 ……………………… 51
16 숨 쉬는 그릇, 옹기 (류재만) ………… 54
17 태풍의 이름 …………………………… 57
18 첫 생일을 축하하는 돌복 (김영숙) …… 60
19 전라남도 목포에서는 ~, 연우의 대화… 63
20 우주정거장 생활 ……………………… 66
21 수원 화성 (권동화) …………………… 69

[설득하는 글 읽기 22~33]

22 갯벌과 함께 사는 법 (이혜영)………… 72
23 촌락의 문제와 해결 방법 …………… 75
24 효은이와 주고받은 편지……………… 78
25 인구 문제와 해결을 위한 노력 ……… 81
26 층간 소음 …………………………… 84
27 도시의 문제와 해결 방법 …………… 87
28 아침 시간…………………………… 90
29 많이 웃자 (이송미) …………………… 93
30 경준이네 반의 학급회의……………… 96
31 생일 초대 (김민화) …………………… 99

32 지구가 100명의 마을이라면 (노경실) … 102
33 자유가 뭐예요? (양진희) ………………… 105

[이야기 글 읽기 34~45]
34 요술 항아리 …………………………… 108
35 도깨비랑 수수께끼 내기 (조호상) ……… 111
36 지우개 따먹기 법칙 (유순희) …………… 114
37 행복한 비밀 하나 (박성배) ……………… 117
38 독 안에 든 빵 작전 (조은수) …………… 120
39 안녕, 굿모닝 (한정영) …………………… 123
40 울보 바보 이야기 (윤구병) ……………… 126
41 만년 샤쓰 (방정환) ……………………… 129
42 숲 속의 대장간 (주평) …………………… 132
43 가난한 사람들의 아버지 (정란희) ……… 135
44 진짜 멋진 세상을 위하여 (유영소) …… 138
45 나는 천재가 아니야 (김민숙 옮김) …… 141

[시 읽기 46~55]
46 이상 없음 (김영기) ……………………… 144
47 동그라미표 쌓기 (신현득) ……………… 146
48 작은 것 (황베드로) ……………………… 148
49 바다 (박필상) …………………………… 150
50 우리 엄마 (박선미) ……………………… 152
51 거인들이 사는 나라 (신형건) …………… 154
52 엄마의 런닝구 (배한권) ………………… 156
53 그 아이 (김영일) ………………………… 158
54 늦게 피는 꽃 (김마리아) ………………… 160
55 거미의 장난 (유희윤) …………………… 162

▶ **회차별 점수표** ……………… 164
▶ **유형별 진단표** ……………… 168

I 논리적인 글 읽기

논리적인 글이란 어떤 글인가요?

물건이나 일을 정확히 가리키면서, 그 물건이나 일이 무엇인지 알리거나, 어떤 뜻이 있는 것으로 생각되는지, 어떠해야 하는지를 내용으로 전하는 글입니다.

1. 설명하는 글

가리킨 물건이나 일이 무엇인지 알려주는 글입니다. 때로는 그 물건이 어떠한지 알기 쉽게 풀어놓기도 합니다.

이런 종류의 글에는 물건이나 일에 관한 사실, 우리가 몰랐던 지식, 정보 등이 있습니다. 따라서 글쓴이의 느낌이나 생각은 드러나지 않습니다.

2. 설득하는 글

가리킨 물건이나 일이 어떤 뜻이 있는 것으로 생각되는지, 어떠해야 하는지 힘주어 말하는 글입니다. 어떤 글은 읽는 이의 생각을 바꾸려 하고[의견], 또 어떤 글은 읽는 이가 망설임 없이 행동에 나서도록 [주장]합니다.

이런 종류의 글에는 글쓴이의 의견이나 주장이 분명하게 드러납니다. 따라서 읽고 나서 글쓴이의 의견이나 주장을 정확히 알 수 있어야 합니다. 그리고 이런 생각이 나의 생각과 어떻게 다른지 떠올려 보아야 합니다.

논리적인 글은 어떻게 읽나요?

설명하는 글이든 설득하는 글이든 물건이나 일을 정확히 가리키면서 내용이 이루어지기 때문에 모두 다음과 같은 방법으로 읽을 수 있습니다.

1단계 제목 살피기 제목이 붙어 있다면 그것을 보고 중심 내용이 무엇이 될지 나름대로 떠올려봅니다.

2단계 문단 분석 중심 문장과 뒷받침 문장들로 나누어 가면서 문단별로 중심 내용을 파악합니다. 중심 문장은 글의 중심 내용을 담고 있는 문장으로, '~이다', '~하다', '~이어야 한다.' 등으로 끝납니다. 이런 중심 문장이 없으면, 반복된 중심 낱말을 사용하여 스스로 만들어보아야 합니다.

3단계 글 전체의 구조 파악 내용의 중요도에 따라 문단별로 순서를 정하고 가장 중요한 내용이 실린 문단을 향해 다른 문단들이 어떻게 놓였는지 파악합니다. 같은 내용을 담고 있는 문단들은 묶어서 정리합니다.

4단계 글 전체의 주제문 알기 3단계에서 파악한 내용에 따라 글 전체의 주제문을 떠올려봅니다. 글 전체의 주제문이 글에 있다면 밑줄만 그어두면 되고 없으면 스스로 만들어보아야 합니다.

뒷받침하는 내용을 만드는 방법

여러 항목으로 설명하기	예를 들거나 종류 나누기	까닭 들기
단오는 한 해 농사가 잘되기를 기원하는 날로, 창포물에 머리를 감고 씨름이나 그네뛰기를 한다.	연의 종류는 연에 붙이는 색종이나 연의 바탕에 칠하는 색깔 등에 따라 반달연, 꼭지연, 동이연 들이 있다.	개는 털이 많이 빠지고 시끄럽게 짖으며 배설물을 치우지 않으면 위생에도 나쁘므로 아파트에서 개를 기르는 사람들을 불편하게 한다.

또 다음과 같이 글의 종류에 따라 구별하여 읽을 수 있어야 합니다.

1. 설명하는 글 읽기

글이 놓여 있는 순서에 따라 문단별로 중심 문장을 파악하고 뒷받침 문장들을 정리한 다음 글 전체의 중심 낱말을 알아내는 순서로 읽습니다.

설명문의 첫 단계에 낱말을 반복 사용해 가면서 중심 내용이 무엇이 될지 알려줄 수 있으니 이 낱말을 찾아서 새겨둡니다.

몸통인 둘째 단계에서 여러 가지 설명 방식을 사용해 가면서 자세하고 알기 쉬운 설명이 펼쳐지므로 이를 잘 정리할 수 있도록 합니다.

셋째 단계에서는 둘째 단계에서 말한 내용을 요약 정리하므로 다시 확인해 주면 됩니다.

읽고 나서는 새롭게 이해하거나 알게 된 사실, 지식, 정보가 무엇인지 정리할 수 있어야 합니다.

2. 설득하는 글 읽기

글이 놓여 있는 순서에 따라 문단별로 중심 문장을 파악하고 뒷받침 문장들을 정리한 다음 글 전체의 주제를 한 문장으로 정리하는 순서로 읽습니다.

첫 단계에서는 의문문을 사용하거나, 어떤 내용을 중심 내용으로 삼겠다고 노골적으로 말하면서 다루게 될 중심 내용을 제시하고, 왜 그것을 다루는지도 말하므로 이 내용을 반드시 파악해 두어야 합니다.

둘째 단계에서 중심 문제를 해결해 가는 과정에서 어떤 방법이 사용되는지 눈여겨 봐두어야 합니다.

셋째 단계에서는 이미 해결 과정을 거친 문제를 다시 요약하므로 이를 확인하면 됩니다.

읽고 나서는 글쓴이의 의견이나 주장이 나의 생각과 견주어보았을 때, 어떤 점에서 받아들일 만하고 어떤 점에서 받아들일 수 없는지 생각해 보아야 합니다.

II 문학적인 글 읽기

문학적인 글은 어떻게 읽나요?

문학적인 글에 속하는 두 갈래의 글은 워낙 그 차이가 뚜렷하기 때문에 갈래에 따라 달리 읽어야 합니다.

1. 이야기

주인공을 비롯한 인물들이 등장하고, 사건이 있으며, 때와 장소의 배경이 정해져 있는 글입니다. '전기'처럼 어떤 인물이 살아온 자취와 남긴 말이나 일을 사실 중심으로 엮기도 하고, '소설'이나 '동화'처럼 사실보다는 새롭게 꾸며낸 내용을 중심으로 엮기도 합니다.

이야기의 문장은 산문인데, 등장인물이 하는 말과 그 밖의 말로 나누어집니다. 등장인물의 말을 대사(또는 대화)라고 하고 그 밖의 말을 지문(또는 서술)이라 합니다. '서술자'는 시의 '화자'처럼 지은이를 대신하여 인물, 사건, 배경에 대해 말해주는 사람입니다.

이야기는 길고 내용이 복잡하게 얽혀 있으므로 놓여 있는 순서를 따라 읽어 가면서 다음의 사항들을 따지고 정리합니다.

(1) 인물의 말과 서술자의 말 구별하기

이야기의 문장은 인물의 말(대사, 대화)과 서술자의 말(서술, 지문)로 구별됩니다. 인물의 말에는 작은따옴표(" ")가 앞과 뒤에 붙어 있고, 서술자의 말에는 그런 부호가 붙어 있지 않습니다.

인물의 말은 그 말을 한 사람의 마음이 어떠한지 떠올릴 수 있도록 하며, 어떤 사건이 벌어지고 있는지 말해주기도 합니다. 서술자의 말은 인물, 사건, 배경을 그리기도 하고, 해설하거나 논평하기도 합니다.

(2) 큰 문단으로 나누기

이야기는 수없이 많은 작은 문단으로 이루어집니다. 내용의 정리를 위해서는 이것들을 보다 크게 묶어주어야 합니다. 묶을 때의 기준은 장면에서 등장인물의 변화, 사건과 배경의 큰 변화 등입니다.

(3) 전체의 주요 내용 정리하기

큰 문단으로 나누어 내용 정리를 해 두었으면, 이를 바탕으로 하여 이야기 전체의 줄거리와 주제를 정리해야 합니다.

2. 시

말소리, 규칙적으로 엮은 말의 질서가 지닌 아름다움을 잘 살린 글인데, 이런 글을 운문이라 합니다. 사용하는 말은 물건이나 일, 사람 등을 정확히 지시하기보다는 빗대기 때문에 다른 물건이나 일, 사람 등을 대신 떠올리게 하는 경우가 많습니다.

또 시인은 작품에서 자신을 대신할 수 있는 다른 인물을 내세워 목소리를 내는데, 이런 가상의 인물을 '화자'라고 합니다. 시는 화자에 의해 느낌과 생각을 표현하는 특징이 있습니다.

작품이 품고 있는 뜻이 여럿일 수 있어서 제목을 미리 보고 어떤 뜻을 전하고자 한 것일지 곰곰이 따져본 다음, 다음과 같은 단계를 따라 이해하고 감상합니다.

 **모양 보기** 몇 개의 큰 묶음으로 나누어져 있는지, 줄의 길이가 규칙적인지, 낱말이 반복되는지, 말소리의 크기에 변화를 주었는지 등을 눈여겨 보아둡니다. 왜 그렇게 특징 있는 모양이 되도록 했는지는 2~4단계를 모두 거친 뒤에 따져 볼 수 있습니다.

 **표현의 이해** 상식에서 벗어나 거짓말처럼 꾸민 말만 찾아서 그렇게 꾸민 까닭을 따져봅니다. 예를 들면, 어머니의 얼굴을 '세상을 훤히 비추는 보름달'이라 표현했다면, 따져볼 때 상식을 벗어난 거짓말입니다. 이 표현은 어머니의 얼굴이 '너그러우며 세상을 널리 감쌀 만큼 넉넉함'을 실감 나게 드러내기 위해 빗대어 표현한 것입니다.

 **중심 대상 알기** 몇 군데의 어려운 표현을 이해하고 나면, 무엇을 중심 대상으로 삼고 있는지 알 수 있습니다. 중심 대상은 글감입니다.

 **화자의 마음 떠올리기** 시에서 말하는 사람인 '화자'가 물건이나 일, 사람에 대해 어떤 느낌이나 생각을 말하고 있는지 정리합니다.

시의 언어와 표현

시를 잘 이해하기 위해 시에서 쓰인 표현을 이해해야 하는데, 대표적으로 많이 사용되는 표현 방법 4가지를 소개합니다.

(1) **비유** : 공통점이 있는 다른 것을 끌어들여 생생하게 뜻과 모양을 보여 주는 방법입니다. '내 마음은 호수요.'는 '내 마음'을 '호수'를 끌어들여 표현한 비유입니다. 내 마음이 호수가 지닌 '고요함'이나, '넓음'을 뜻하는 모양으로 보여 주고 있습니다.

(2) **상징** : 모양을 지닌 하나가 여러 가지 뜻을 지니도록 표현하는 방법입니다. '물은 내가 태어난 곳'은 '물'이 '생명', '탄생', '어머니' 등의 의미를 지니도록 해서 읽는 사람의 상상력을 발휘하도록 하고 있습니다.

(3) **반어** : 전하려는 뜻과 반대되게 표현하는 방법입니다. '죽어도 아니 눈물 흘리오리다.'는 이별의 장면에서 한 말이기 때문에 마음속으로 눈물을 많이 흘리고 있으면서 그런 뜻을 강조하기 위해 반대되게 표현한 것입니다.

(4) **역설** : 거짓말을 꾸며서 깨달음을 주고자 하는 표현입니다. '소리 없는 아우성'은 뜻이 서로 모순되는 두 마디의 말이 결합하여 거짓말입니다. 상식적으로 아우성은 소리가 큰 것이니까요. 그런데도 이렇게 표현한 것은 겉으로 보기에 움직임이 없어 보여도, 마음속에 큰 울림이 있음을 깨닫도록 하기 위해서지요.

III 문항 유형에 따라 읽기

검증된 평가로 유명한 'SSAT'나 '대학수학능력시험'의 읽기 능력 평가 유형과 방법을 참고하여 초등 단계에서 가장 효과적이고 체계적인 독해력 향상을 위한 문항 유형 7개를 확정하였습니다. 모든 글의 문제 유형에 따른 배열의 순서는 고정되어 있습니다.

글을 읽고 문제를 풀 때는, 가장 먼저 '사실이해 3'을 새겨 두어야 합니다. 모든 글 읽기는 주어진 글의 사실이해로부터 출발해야 하기 때문입니다. 이 문항의 선택지에 실려 있는 내용은 주어진 글을 이해하는 데도 큰 도움이 됩니다. 따라서 이 문항과 선택지를 보면서 글의 내용을 정확히 파악하는 연습이 기본적으로 대단히 중요합니다.

● 주제찾기 1

독해에서 가장 중요한 활동. 글쓴이가 전하려고 한 중심 생각 찾기.

글 전체의 중심 내용 찾기. 중심 내용을 찾는 방법, 중심 내용을 알아야 떠올릴 수 있는 내용, 중심 내용을 표현한 방법 등을 묻는 유형.

설명하는 글, 설득하는 글에서는 문장이나 구절을 통해 직접 드러내기도 하지만, 드러내지 않은 글에서는 읽는 사람이 정리하여 주제문을 작성해 보아야 주제를 찾았다고 할 수 있습니다. 설명하는 글에서는 '이처럼', '이와 같이', '요컨대' 등의 말이, 설득하는 글에서는 '그러므로', '따라서' 등의 말이 문장의 맨 앞에 놓이면 주제문일 가능성이 높습니다. 이 문항은 다른 문항들의 이해와 깊은 관련성이 있어서, 모든 문항을 풀고 다시 확인해 보는 습관을 들여야 합니다.

이야기 글에서는 서술자의 말을 통해 직접 나타나기도 하지만, 대개는 인물의 행동이나 사건을 통해 읽는 사람이 스스로 파악해야 합니다. 이야기 글을 읽으면서 인물, 사건, 배경 중 무엇이 중심에 놓여 있는지 알아차리면 주제를 쉽게 찾을 수 있습니다.

시에서는 말하는 사람이 어떤 느낌이나 생각에 사로잡혀 있는지 파악하여 정리합니다. 시에서 말하는 사람의 느낌이나 생각을 파악하기 위해서는 비유, 상징, 반어, 역설이라는 4가지 표현 방법에 대한 이해가 가장 먼저 이루어져야 합니다.

글감찾기 2

'제목찾기 2'로 나타나기도 함. 글에서 반복하여 나타난 말이나, 글의 대상이 된 것.

설명하는 글, 설득하는 글에서는 여러 번 반복하여 나타난 글의 중심 낱말을 찾아내는 것이 가장 중요합니다. 중심 낱말이 그대로 글감이 되기도 하며, 제목은 중심 낱말을 넣어 '~와(과) ~', '~의 ~', '~와(과) ~의 관계'라는 형식으로 만들 수 있습니다.

이야기 글에서는 주제 찾기에서 이미 해둔 구성의 3요소 중 무엇에 초점을 맞추었는지 다시 확인하기만 하면 글감이나 제목을 쉽게 떠올려볼 수 있습니다.

시에서는 어려운 표현을 이해하면서 사람, 사람의 마음, 자연, 사회 등 무엇을 시의 대상으로 삼고 있는지 떠올려 봅니다. 여러 번 나타나는 낱말은 글감, 제목과 관련이 깊습니다.

사실이해 3

글에 나타난 사실을 있는 그대로 이해했는지 확인.

설명하는 글, 설득하는 글에서는 긍정과 부정의 정도, 원인과 결과의 관계, 생각과 까닭, 방법과 절차 등에 유의하면서 글에 나타난 사실을 있는 그대로 이해했는지 다시 한 번 확인합니다.

이야기 글에서는 줄거리의 사실을 중심으로 이 문항이 만들어지므로, 선택지 내용이 글에 나타난 것인지 하나씩 따져보도록 합니다.

시에서는 표현만 이해하면 확인할 수 있는 내용으로 이 유형이 이루어지므로 시의 표현에 대한 공부를 미리 해두어야 합니다. 이 공부는 이 책에 실려 있는 이론을 익혀두는 것으로 충분합니다.

미루어 알기 4

글에 나타난 사실에 미루어 짐작해 본 내용.

설명하는 글, 설득하는 글에서는 글에 나타난 사실을 바탕으로 새로운 생각을 해 보는 유형의 문항이므로, 선택지의 각 항목에 나타난 내용이 글의 어떤 내용으로부터 이끌어낸 생각인지 정확히 찾아보아야 합니다.

이야기 글에서는 등장인물의 성격, 사람됨, 마음, 뒤에 이어질 이야기 등이 물음의 대상이 되므로, 인물의 말이나 그려진 행동, 사건의 진행 과정 등을 파악해두고 물음이 요구하는 대로 짐작해 봅니다.

시에서는 말하는 사람의 목소리 뒤에 숨어있는 느낌이나 생각을 떠올려 봅니다. 또 비유와 상징, 반어와 역설을 사용한 까닭을 생각해봅니다.

세부내용 5

글 전체의 모양, 어휘의 뜻, 어법, 글과 관련된 배경 지식 등.

앞에 주어진 글을 당장 이해하기 위해서도 필요하지만, 더 복잡하고 큰 글 읽기의 힘을 키우기 위해 반드시 필요한 지식을 갖추도록 하기 위해서 주어진 문항입니다. 거북하게 여길 필요 없이 주어진 문항을 통해 챙길 수 있는 지식을 머릿속에 있는 지식 창고에 저장하고 넘어가면 됩니다.

설명하는 글, 설득하는 글에서는 낱말의 뜻, 문장들이나 문단들을 이어주는 말의 구실, 고사 성어 등이 물음의 대상이므로, 이와 관련된 지식을 쌓아 둡니다.

이야기 글에서는 때와 장소를 알려주는 말을 주의 깊게 새기면서 담고 있는 뜻을 기억해두도록 합니다. 줄거리와 관련을 맺을 수 있는 역사의 사실도 익혀 둡니다.

시에서는 시 전체의 모양이 지니는 특징, 굳은 비유나 상징에 숨어있는 뜻을 묻습니다. 몇 묶음으로 되어 있는지, 줄의 길이는 어떤지를 눈여겨보고 답을 찾습니다. 늘 쓰이는 비유나 상징의 뜻을 미리 알아둡니다.

적용하기 6

글의 내용을 이해하고, 이를 바탕으로 새로운 생각을 떠올려보거나, 다른 일에 응용할 수 있는 능력.

설명하는 글, 설득하는 글에서는 글을 읽어서 알게 된 개념, 문제 해결의 방법 등을 다른 일에 실제로 적용할 수 있는지 측정하고자 하는 문항 유형입니다. '높임말'에 대한 글을 읽고 나서 높임말이 무엇인지, 어떻게 만들어내는지를 알아보고자 하는 문제라면 이 유형에 속합니다.

이야기 글에서는 인물, 사건, 배경 중에서 하나를 선택하여 글에 나타난 대로 새로운 인물의 사건, 배경을 그려 보일 수 있는지 물을 수 있으므로 인물, 사건, 배경을 글에 나타난 대로 잘 정리해두어야 합니다.

시에서는 작품에 나타난 느낌이나 생각을, 읽은 사람이 새로운 구절이나 문장으로 표현할 수 있는지 요구할 수 있습니다. 기본적으로 시에서 말하는 사람의 느낌이나 생각을 정확히 파악하는 힘을 키워나가야 합니다.

요약하기 7

글의 전체 또는 주요 내용을 간추리는 능력.

설명하는 글, 설득하는 글에서는 글을 읽으면서 중심 내용과 자잘한 세부 내용을 구별하고, 중심 내용만 간추릴 수 있는지 측정하려는 문항입니다. '주제찾기 1'을 해결하는 과정에서 찾아보았던 주제문이나 주제, 중심 낱말을 알고 있으면 쉽게 해결할 수 있습니다.

이야기 글에서는 '사실이해 3'을 풀이하면서 이미 해보았던 주요한 사건을 다시 확인하는 유형이므로 '사실이해 3'이 이미 충실히 이루어져 있다면 쉽게 풀 수 있습니다.

시에서는 출제되지 않습니다.

독해력 키움 | 01. 설명하는 글 읽기(1)

| 평가요소 | 1. ☐ 20점 | 2. ☐ 15점 | 3. ☐ 15점 | 4. ☐ 15점 | 5. ☐ 15점 | 7. ☐ 20점 |

168쪽 표의 해당하는 번호에 체크하세요.

    그날그날의 비, 구름, 바람, 기온 등이 나타나는 기상 상태를 날씨라고 합니다. 주로 농사를 짓고 평평한 곳에 자리 잡은 ㉠농촌, 바닷가에 자리 잡은 ㉡어촌, 산속에 자리 잡은 ㉢산지촌 등의 촌락은 날씨의 영향을 많이 받습니다. 촌락마다 자연환경이 달라서 자연환경을 이용한 생산 활동도 달라지지만, 어떤 곳이든 날씨의 영향을 받지 않을 수 없습니다. 그래서 촌락의 사람들은 늘 날씨의 변화에 큰 관심을 둡니다. 날씨가 촌락 생활에 미치는 영향을 알아볼까요?

    농촌에서는 농업이나 원예업이 주된 산업인데, 날씨는 농작물이 자라는 데 직접적인 영향을 줍니다. 가뭄, 홍수, 한파, 폭설 등의 자연재해는 농작물에 직접적인 피해를 줍니다. 어촌에서는 어업과 양식업, 염전 등이 발달하였습니다. 어부들은 날씨에 따라 고기잡이를 하지 못하는 경우가 있습니다. 태풍이나 높은 파도가 치면 어부들과 어선의 안전을 위협하므로 고기잡이가 어려워집니다. 또 강풍이 불면 양식장이 큰 피해를 보기도 합니다. 산지촌에서는 임산 가공업, 관광업 등이 발달해 있습니다. 폭우, 태풍 등으로 인해 산사태가 발생하여 사람의 목숨과 재산에 막대한 피해를 줄 수 있습니다.

    이처럼 날씨는 촌락의 생산 활동과 사람들의 안전과 밀접하게 관련되어 있으므로 촌락에서는 날씨를 매우 중요하게 여깁니다. 날씨의 영향을 피할 수 없더라도 피해를 줄이기 위해 농촌에서는 저수지를 수리하고 강의 제방을 튼튼하게 하여서 대비합니다. 어촌에서는 방파제를 쌓거나 수리하고, 산지촌에서는 사방공사를 하는 등 대비의 노력을 게을리하지 않습니다. 또 농촌에서는 기우제, 어촌에서는 풍어제, 산지촌에서는 산신제를 지내며 촌락 사람들의 안전을 기원하는 모습을 지금도 볼 수 있습니다.

주제찾기　**1.** 글의 주제로 가장 알맞은 것은 무엇입니까?

　① 날씨와 생활　　　　　　　② 농촌의 자연재해
　③ 자연 환경과 생산 활동　　 ④ 날씨가 촌락에 미치는 영향
　⑤ 자연재해가 농작물에 주는 피해

관련 교과 사회

글감찾기 2. 글감이 된 낱말 2개를 글에서 찾아 쓰세요.

사실이해 3. 날씨의 구성 요소로 글에 나타나지 <u>않은</u> 것은 무엇입니까?

① 비
② 바람
③ 구름
④ 온도
⑤ 습도

미루어알기 4. 글을 읽고 떠올릴 수 있는 내용은 어느 것입니까?

① 어촌에서 농사를 짓는다.
② 촌락은 날씨의 영향을 안 받는다.
③ 농촌에는 양식업, 염전 등이 많다.
④ 강풍이 계속 불면 산사태가 발생한다.
⑤ 날씨의 피해를 줄이려 미신에 의존하기도 한다.

세부내용 5. ㉠, ㉡, ㉢을 아우를 수 있는 낱말을 글에서 찾아 쓰세요.

요약하기 7. 글의 주된 내용을 표로 정리했습니다. 알맞은 낱말로 빈칸을 채우세요.

	발달한 산업	피해를 주는 날씨
농촌	①□□, 원예업	가뭄, ②□□, 폭설, 한파
어촌	③□□, 양식업, 염전	④□□, 높은 파도
산지촌	임산 가공업, ⑤□□□	태풍, ⑥□□

점 수

모든 문제의 점수를 더하여 총점을 쓰고 164쪽의 표에 막대그래프로 표시하세요

독해력 키움 | 02. 설명하는 글 읽기(2)

| 평가요소 | 1. ☐ 20점 | 2. ☐ 15점 | 3. ☐ 15점 | 4. ☐ 20점 | 5. ☐ 15점 | 7. ☐ 15점 |

168쪽 표의 해당하는 번호에 체크하세요.

　용수철은 힘을 받아 모양이 변하면 원래대로 다시 되돌아가려는 성질을 가지고 있어요. 이러한 성질을 탄성력이라고 하는데, 예전부터 사람들은 용수철의 탄성력을 생활에 이용해 왔어요. 우리 주변에 용수철을 이용하는 것은 어떤 것이 있는지 알아볼까요?

　기차, 자전거, 자동차, 침대 등에 용수철이 있어요. 여기에 쓰이는 용수철은 강한 충격으로부터 사람이나 물체를 보호해 주는 역할을 해요. 차가 심하게 흔들리거나 작은 뒤척임에도 침대가 흔들린다면 불편하겠죠. 이러한 크고 작은 충격을 용수철이 (　㉠　) 우리가 편안함을 느끼게 해 주는 거예요.

　볼펜, 펀치, 스테이플러 등에도 사용된답니다. 볼펜 안에도 작은 용수철이 들어 있어서 볼펜을 누르면 용수철이 줄어들면서 볼펜 심이 밖으로 쏘옥 나와요. 펀치도 손으로 누르는 힘으로 칼날이 내려오면서 종이를 눌러 구멍을 뚫어 주어요. 스테이플러 안을 보면 심을 밀어주는 용수철이 들어 있어서 이 힘으로 심이 밖으로 나오고 용수철은 다시 원래 모양으로 되돌아가요.

　여러 가지 운동 기구에도 있어요. 완력기로 운동해 본 적 있나요? 트램펄린 위에서 뛰어 본 적은 있나요? 완력기는 용수철을 잡아당겨 늘리면서 팔 운동을 하는 운동 기구예요. 트램펄린도 위에 올라가 뛰면 (　㉡　) 때문에 용수철이 늘어났다가 줄어드는 원리를 이용한 놀이기구예요.

주제찾기 **1.** 글에서 중심 내용으로 삼은 것은 무엇입니까?

① 용수철의 힘
② 용수철의 성질
③ 용수철과 운반 수단
④ 용수철을 활용한 도구
⑤ 용수철이 줄어드는 원리

관련 교과 과학

글감찾기 2. 글에서 설명하고 있는 물건의 이름을 쓰세요.

사실이해 3. 글에서 주로 다룬 내용으로 알맞은 것은 어느 것입니까?

① 완력기는 용수철을 눌러서 운동하게 한다.
② 용수철은 힘의 원리를 알게 하는 물건이다.
③ 자동차, 침대에 누워서 편안함을 느낄 수 있다.
④ 우리 주변에 용수철을 이용한 도구가 많이 있다.
⑤ 사람이나 물건을 보호하기 위해 기술을 발전시킨다.

미루어알기 4. 글쓴이가 중심 내용을 펼쳐 나가기 위해, 글의 첫머리에서 그 뜻을 먼저 소개한 낱말을 찾아 쓰세요.

세부내용 5. ㉠, ㉡에 들어갈 말을 순서대로 늘어놓은 것은 어느 것입니까?

① 흡수하여, 몸무게
② 빨아들여, 반발력
③ 뿜어내어, 순발력
④ 발산하여, 뛰는 힘
⑤ 늘어뜨려서, 쥐는 힘

요약하기 7. 글에서 자세히 설명한 내용을 아래의 표로 간추렸습니다. 빈칸을 채우세요.

사용한 도구	작동의 원리
기차, 자전거, 자동차, 침대	① □□의 흡수
② □□, 펀치, 스테이플러	누르는 힘
완력기, 트램플린	③ □□□ 힘

모든 문제의 점수를 더하여 총점을 쓰고 164쪽의 표에 막대그래프로 표시하세요

점 수

독해력 키움 | 03. 설명하는 글 읽기(3)

| 평가요소 | 1. ☐ 20점 | 2. ☐ 15점 | 3. ☐ 15점 | 4. ☐ 15점 | 5. ☐ 15점 | 6. ☐ 20점 |

168쪽 표의 해당하는 번호에 체크하세요.

　한 지역의 정치·경제·문화의 중심이 되고, 사람이 많이 사는 곳을 도시라고 합니다. 높은 건물과 아파트, 주택, 상점이 많은 것도 도시의 특징입니다. 사람 수보다 땅이 부족하므로 적은 면적에 많은 사람이 살 수 있는 집이 필요합니다. 또 땅값이 비싸므로 같은 면적에 높은 건물을 짓게 됩니다.

　도시를 정하는 기준은 나라마다 다른데, 인구 밀도가 낮은 국가에서는 인구가 수백에서 수천 명만 되어도 도시가 될 수 있지만, 인구 밀도가 높은 국가에서는 인구가 수만 명 이상이어야 도시가 될 수 있습니다. 노르웨이처럼 인구 밀도가 낮은 나라에서는 200명으로도 도시가 될 수 있지만, 우리나라는 인구 밀도가 높아서 보통, 인구가 5만 명 이상이어야 도시가 될 수 있답니다.

　우리나라는 도시의 수가 점차 늘어나고 있습니다. 1960년대에는 1개의 특별시와 26개의 시가 있었으나, 지금은 1개의 특별시와 6개의 광역시, 1개의 특별자치시를 포함하여 70여 개의 시로 늘어났습니다. 우리나라는 수도권에 많은 도시가 발달하였는데, ㉠이것은 교통과 산업이 수도권에 집중적으로 발달했기 때문입니다. 도시가 전국적으로 고르게 발달하고 있지 않으며, 주로 평야가 발달한 서쪽과 남쪽에 도시가 발달하였습니다. 남동쪽 해안에는 항구를 중심으로 공업 도시가 발달하여 있습니다.

주제찾기 **1.** 셋째 문단을 중심으로 글 전체의 내용을 잘 간추린 것은 어느 것입니까?

① 도시의 말뜻　　　　　　② 도시의 큰 특징
③ 도시를 정하는 기준　　　④ 인구 밀도가 높은 도시
⑤ 우리나라 도시의 발달 방향

글감찾기 **2.** 글감을 글에서 찾아 한 낱말로 쓰세요.

관련 교과 **사회**

사실이해

3. 우리나라에서 도시가 가장 잘 발달한 지역은 어디입니까?

① 동부 ② 서부 ③ 남부
④ 수도권 ⑤ 동남부

미루어알기

4. 글을 읽고 알 수 있는 내용이 <u>아닌</u> 것은 무엇입니까?

① 사람이 살 땅이 부족해지면 높은 건물을 짓는다.
② 정치·경제·문화의 중심에는 사람들이 많이 산다.
③ 국토의 면적이 넓은 나라는 도시의 수가 매우 적다.
④ 1970년대 이후 우리나라 도시의 수가 많이 늘어났다.
⑤ 우리나라 동남쪽 해안에 교통과 산업이 일찍부터 발달했다.

세부내용

5. ㉠을 글의 흐름에 맞춰 알맞게 고쳐 쓴 것은 어느 것입니까?

① 그 까닭은 ② 이와 같아서
③ 도시라는 것은 ④ 발달이라는 것은
⑤ 도시의 발달과 더불어

적용하기

6. 아래의 글에 대해 판단하는 문장을 쓰려고 합니다. 글에 나온 낱말로 빈칸을 채우세요.

> 우리나라와 일본은 5만 명 이상이어야 도시가 될 수 있지만, 포르투갈은 1만 명, 인도는 5천 명, 미국은 2천5백 명, 아르헨티나는 2천 명, 캐나다와 오스트레일리아는 1천 명, 노르웨이는 2백 명 이상이면 도시가 될 수 있다.

> 인구 밀도가 ①□□ 나라에서는 인구가 수백에서 수천 명만 되어도 도시가 될 수 있지만, 인구 밀도가 ②□□ 나라에서는 인구가 수만 명 이상이어야 도시가 될 수 있다.

점수

1~6번 문제의 점수를 더하여 총점을 쓰고 164쪽의 표에 막대그래프로 표시하세요

독해력 키움 | 04. 설명하는 글 읽기(4)

| 평가요소 | 1. ☐ 20점 | 2. ☐ 20점 | 3. ☐ 15점 | 4. ☐ 15점 | 5. ☐ 15점 | 6. ☐ 15점 |

168쪽 표의 해당하는 번호에 체크하세요.

　　씨는 몇 년 동안이나 살 수 있을까요? 만약, 강낭콩 씨를 접시 위에 올린 후 그냥 놔두었다가 10년 후에 물을 주고 적당한 온도를 유지해 준다면 강낭콩 씨는 싹 틀 수 있을까요? 수천 년 된 씨는 과연 싹을 틔우고 자랄 수 있을까요?

　　국립수목원에서는 이집트 피라미드에서 발견한 3,300년 전의 완두콩 씨를 가져와 싹을 틔우고 자라게 한 일이 있었습니다. 처음 가져왔을 때는 씨가 심하게 말라 있었지만, 다행히 씨눈이 살아 있어 물을 충분히 주었더니 싹이 트고 자라 열매가 열렸다고 합니다. 3,300년 된 씨가 싹을 틔울 수 있었던 까닭은 피라미드가 저장고 역할을 해 주어 완두콩 씨가 썩지 않았기 때문입니다.

　　우리나라에서 발견된 오래된 씨로도 싹을 틔운 사례가 있습니다. 경상남도 함안군에서 발견한 연꽃 씨는 약 700년 전 고려 시대의 것이었습니다. 함안 박물관에서 씨를 물에 담가 두었더니 싹이 터서 자랐고, 이듬해에는 꽃도 피었습니다. 이 꽃에는 '아리홍련'이라는 예쁜 이름이 붙여졌습니다.

　　경상남도 창녕군 우포늪에서 가져온 오래된 창포 씨도 실험실에서 싹이 트기에 알맞은 조건으로 맞추어 주었더니 새싹이 돋아나기 시작하였습니다. 실험실 연구원들은 창포 씨가 얼마나 오랫동안 땅속에 묻혀 있었는지 측정하였습니다. 놀랍게도 창포 씨는 무려 1,100년 전의 것이었습니다.

　　이런 일이 가능한 까닭은 ㉠씨는 조건이 맞지 않으면 싹을 틔우지 않기 때문입니다. 만약 늪지대나 퇴적층에서 싹이 트지 않은 매우 오래된 씨를 찾아낼 수 있다면 이미 지구에서 사라진 식물을 되살리는 일도 가능하지 않을까요?

주제찾기　**1.** 글의 중심 내용을 이루기 위해 떠올린 의문으로 알맞은 것은 어느 것입니까?

① 오래된 씨가 싹을 틔우고 자랄 수 있을까?
② 접시 위에 올려둔 강낭콩이 싹을 틔울 수 있을까?
③ 이집트의 피라미드에서 발견된 씨는 왜 말라버렸을까?
④ 우포늪에서 가져온 창포 씨는 얼마나 오래되었을까?
⑤ 퇴적층에서 싹이 트지 않은 오래된 씨가 나올까?

관련 교과 **과학**

제목찾기   **2.** 빈칸을 채워 글에 알맞은 제목을 붙여 보세요.

□와 □

사실이해   **3.** 글에 나온 내용은 어느 것입니까?

① 강낭콩이 저절로 물기를 머금었다.
② 3,300년 된 완두콩 씨는 썩어 있었다.
③ 오래된 창포 씨에서 저절로 싹이 돋았다.
④ 고려 시대에 창포 씨를 저장하는 기술이 있었다.
⑤ 씨눈이 살아있고 썩지 않은 씨라면 싹을 틔울 수 있다.

미루어알기   **4.** 글을 읽고 떠올린 생각을 정리해 보았습니다. 빈칸에 알맞은 낱말을 쓰세요.

오래된 씨가 다시 싹을 틔우기 위해서는 □□이 살아 있어야 한다.

세부내용   **5.** 글의 흐름에 맞도록 ㉠을 바르게 고쳐 쓴 것은 어느 것입니까?

① 씨는 조건만 맞으면 대개 싹을 틔우기 때문입니다.
② 씨는 조건이 맞지 않아서 싹을 틔운 적이 없기 때문입니다.
③ 씨는 조건이 맞더라도 좀처럼 싹을 틔우지 않기 때문입니다.
④ 씨는 조건과 상관없이 싹을 항상 틔울 수 있기 때문입니다.
⑤ 씨는 조건에 따라 싹을 틔울 수도 않을 수도 있기 때문입니다.

적용하기   **6.** 글의 내용을 응용하기 위해 표로 정리하고자 합니다. 빈칸을 한 문장으로 채워 완성하세요.

오래된 씨앗을 싹 틔운 사례	방법
이집트 피라미드에서 발견한 완두콩 씨	물을 충분히 준다.
경상남도 함안군에서 발견한 연꽃 씨	
경상남도 창녕군 우포늪에서 가져온 오래된 창포 씨	(　　　　　)

	점수
1~6번 문제의 점수를 더하여 총점을 쓰고 164쪽의 표에 막대그래프로 표시하세요	

04. 설명하는 글 읽기(4)

독해력 키움 | 05. 설명하는 글 읽기(5)

평가요소 1. ☐ 20점 2. ☐ 15점 3. ☐ 15점 4. ☐ 15점 5. ☐ 15점 7. ☐ 20점

168쪽 표의 해당하는 번호에 체크하세요.

　주민 자치는 지역의 일을 지역 주민 스스로 생각과 책임으로 처리하는 것을 말합니다. 주민 자치를 할 때, 그 지역을 사랑하고 그 지역의 주민이라고 생각하는 사람이라면, 누구든 주체가 될 수 있습니다. 어린이, 학생, 노인, 외국인 근로자 등 모두가 주체가 될 수 있습니다. 일정한 지역 주민들은 그 지역의 실정 및 상황을 가장 잘 알고 있습니다. 따라서 주민 자치는 민주주의의 의미와 정신을 바탕으로 자기 지역에서 구체적으로 실천하는 것입니다.

　주민 참여는 지역 사회의 구성원으로서 주민이 스스로 지역 사회 등에 대하여 책임을 지는 과정을 말합니다. 주민 참여는 지방 자치 단체의 일방적인 결정보다 지역 개발, 환경 문제의 해결 등 여러 가지 일에 주민들을 직접 참여시킴으로써 ㉠<u>다수의 혜택을 받는 주민들에게 소수의 피해를 받는 주민들의 상황을 이해시키고</u> 지역 문제를 스스로 해결해야 한다는 점에서 필요합니다.

　㉡<u>주민 참여의 방법에는 여러 가지가 있습니다.</u> 첫째, 정부 기관 등에 의견을 주기 위하여 일부 주민들로 '주민 자문 위원회❶'를 구성할 수 있습니다. 둘째, 국회나 행정 기관에서 일의 관련자에게 의견을 들어 보는 공개적인 모임인 '주민 공청회❷'를 열 수 있습니다. 셋째, 지방 정책에 대해 주민의 의견을 직접 묻고 결정하는 제도로서 '주민 투표제'를 실시할 수 있습니다. 넷째, 주민이 특정 행정 기관에 대하여 감사를 해 달라고 '주민 감사 청구 제도'를 요구할 수 있습니다. 다섯째, 주민이 직접 예산을 짜는 과정에 참여해 우선순위들을 결정하고 반영하는 '주민 참여 예산 제도'를 활용할 수 있습니다.

주제찾기

1. 중심 내용을 드러내기 위해 어떤 방법을 쓰고있나요?

① 순서대로 글감 배열　　　② 글감이 차지하는 중요성 설명
③ 글감이 가리키는 말의 뜻 설명　　　④ 글감과 관련되는 다른 사실 인용
⑤ 글을 원인과 결과로 설명

❶ 자문 위원회: 어떤 일을 좀 더 효율적이고 바르게 처리하려고 그 방면의 전문가들로 이루어진 기구.
❷ 공청회: 일의 관련자에게 의견을 들어 보는 공개적인 모임.

관련 교과 **사회**

글감찾기　2. 글감 둘을 글에서 찾아 쓰세요.

□□ □□, □□ □□

사실이해　3. 주민 자치에서 가장 중요한 것은 무엇입니까?

① 살고 있는 지역
② 지역의 균형 발전
③ 지역의 실정 및 상황
④ 지역 주민의 주체적 실천
⑤ 민주주의가 지니는 의미와 정신

미루어알기　4. ㉠으로 미루어 볼 때, 주민 참여의 목적은 무엇이라 할 수 있습니까?

① 갈등의 조정　　② 화해와 균형　　③ 이상의 추구
④ 자발적 실천　　⑤ 개성의 존중

세부내용　5. ㉡에 속하면서, 일에 대한 의견을 공개적으로 들어보는 모임은 무엇입니까?

① 자문 위원회　　② 주민 공청회　　③ 주민 투표제
④ 주민 감사 청구 제도　⑤ 주민 참여 예산 제도

요약하기　7. 글에서 다룬 글감 둘을 서로 구별이 되도록 정리하려고 합니다. 빈칸에 알맞은 낱말을 쓰세요.

①□□ □□는 지역의 일을 지역 주민 스스로 생각과 책임으로 처리하는 것을 말한다.

↕

②□□ □□는 지역 사회의 구성원으로서 주민이 스스로 지역 사회 등에 대하여 책임을 지는 과정을 말한다.

점수

모든 문제의 점수를 더하여 총점을 쓰고 164쪽의 표에 막대그래프로 표시하세요

독해력 키움 | 06. 설명하는 글 읽기(6)

| 평가요소 | 1. ☐ 20점 | 2. ☐ 15점 | 3. ☐ 15점 | 4. ☐ 15점 | 5. ☐ 15점 | 6. ☐ 20점 |

168쪽 표의 해당하는 번호에 체크하세요.

땅속 마그마가 지각의 틈을 통하여 지표면으로 나올 때 분출물이 쌓이면서 생긴 지형이 화산입니다. 우리가 밟고 있는 땅은 차갑지만, 그 땅속을 매우 깊이 들어가 보면 딱딱한 암석이 녹아 있을 만큼 뜨거워요. 이렇게 땅속에 암석이 녹아 있는 것을 마그마라고 해요. 마그마는 수증기, 이산화탄소 등의 기체가 많이 들어 있어 딱딱한 암석보다 가벼워요. 마그마가 화산 폭발로 땅 밖으로 나와 기체가 빠져나간 것이 용암이랍니다.

화산 활동으로 땅이 ㉠비옥해져서 농사에 큰 도움이 되는 등 이점도 있지만, 적지 않게 피해도 발생한답니다. 집이나 농경지가 용암이나 화산재에 묻히는가 하면 건물이 부서지고 사람이 다치기도 합니다. 또 화산재가 햇빛을 가려 동식물에 피해를 주기도 하고, 항공 교통과 통신에 장애가 되기도 합니다. 산불이나 산사태가 일어나고, 지진이 발생하기도 합니다.

우리나라에서 이러한 화산 활동에 대한 기록은 백두산이 대표적입니다. '고려사'에 기록되어 있는 것을 보면, 백두산은 946년부터 947년까지 대규모의 분출[1] 활동을 하였다고 합니다. 그 당시 화산이 ㉡분출하는 소리가 개성까지 들렸고, 화산재는 일본까지 날아갔다고 합니다. 그 뒤 약 1,000년 동안 십여 차례 작은 분출이 있었고, 1903년에 마지막 분출이 있었습니다.

백두산이 분출하면 천지에 고여 있는 많은 양의 물이 쏟아질 수 있습니다. 일부 학자들은 매우 격렬한 분출 활동이 일어날 수도 있다고 주장하고 있습니다. 전문가 사이에도 엇갈린 주장이 있어서 앞으로도 백두산 화산 활동에 관한 연구가 계속되어야 하겠습니다.

주제찾기

1. 글 후반부의 중심 내용으로 알맞은 것은 무엇입니까?

① 땅속의 마그마　　② 화산의 분출물
③ 마그마와 용암　　④ 백두산의 화산 활동
⑤ 화산 활동의 이익과 손해

Note　[1] 분출: 액체나 기체 상태의 물질이 솟구쳐서 뿜어져 나옴. 또는 그렇게 되게 함.

관련 교과 **과학**

글감찾기   **2.** 글감으로 삼은 것이 무엇인지 찾아 쓰세요.

□□ □□

사실이해   **3.** 글의 내용과 일치하지 <u>않는</u> 것은 무엇입니까?

① 땅속 깊은 곳은 매우 뜨겁다.
② 화산재가 하늘로 솟아 햇빛을 가린다.
③ 마그마가 땅밖으로 나오면 용암이 된다.
④ 백두산은 10세기에 마지막으로 분출했다.
⑤ 백두산 천지에는 많은 양의 물이 고여 있다.

미루어알기   **4.** 글을 읽고 새롭게 떠올려 본 내용으로 알맞은 것은 어느 것입니까?

① 기체는 고체보다 가볍다.
② 비중이 작아진 암석이 용암이다.
③ 화산재에는 해로운 물질만 섞여 있다.
④ 화산 활동과 지진 해일은 전혀 관계가 없다.
⑤ 백두산의 화산 활동에 대한 학자들의 의견은 일치한다.

세부내용   **5.** ㉠과 ㉡을 알기 쉬운 우리말로 알맞게 바꾼 것은 어느 것입니까?

	㉠	㉡
①	두꺼워져서	깨지는
②	기름져져서	내뿜는
③	허물어져서	터지는
④	두꺼워져서	터지는
⑤	기름져져서	깨지는

적용하기   **6.** 다음의 역사적 사실에 대한 원인이라 할 수 있는 내용을 글에서 찾아 9자로 쓰세요.

10세기 초까지 백두산 일대와 중국의 요동에 걸쳐 번성하고 있었던 발해국이 10세기 후반 이후 쇠퇴의 길을 걷게 되었다.

점 수

1~6번 문제의 점수를 더하여 총점을 쓰고 164쪽의 표에 막대그래프로 표시하세요

독해력 키움 | 07. 설명하는 글 읽기(7)

| 평가요소 | 1. ☐ 20점 | 2. ☐ 15점 | 3. ☐ 15점 | 4. ☐ 15점 | 5. ☐ 15점 | 6. ☐ 20점 |

168쪽 표의 해당하는 번호에 체크하세요.

선거에서 꼭 지켜야 할 네 가지 원칙이 있습니다.

첫째, 보통 선거의 원칙입니다. 선거권의 부여에 따라 보통 선거와 제한 선거를 구분합니다. 보통 선거란, 인간은 모두 평등하다는 민주주의 근본정신에 의해 일정한 나이가 되면 누구나 선거에 참여할 수 있도록 한 원칙입니다. 제한 선거에서는 일정한 조건을 줍니다. 예를 들면 재산, 백인, 남성 등의 조건에 해당하여야 선거를 할 수 있습니다.

둘째, 평등 선거의 원칙입니다. 표의 가치에 따라 평등 선거와 차등 선거를 구분합니다. 평등 선거란, 선거권이 있는 사람이라면 누구나 똑같이 한 표씩만 투표하도록 하는 것을 말합니다. 차등 선거는 일정한 조건에 따라 투표지 간의 가치가 달라집니다. 예를 들어 재산이 많은 사람에게는 두 표를 주는 식입니다.

셋째, 직접 선거의 원칙입니다. 선거의 권리를 누가 행사하느냐에 따라 직접 선거와 간접 선거를 구분합니다. 직접 선거는 후보자들에게 선거권자가 직접 투표를 하는 것을 말합니다. 간접 선거는 선거권자가 선거인단을 직접 뽑아 그 선거인단의 투표를 통해 당선자를 결정하는 제도입니다. 미국 대통령 선거에서 간접 선거를 활용하고 있지만, 원칙은 아닙니다.

넷째, 비밀 선거의 원칙입니다. 투표 내용의 공개 여부에 따라 비밀 선거와 공개 선거를 구분합니다. 비밀 선거란, 투표할 때 기표소에 들어가서 표의 내용을 투표자 이외에는 알 수 없도록 하는 제도입니다. 공개 선거는 투표의 내용을 다른 사람에게 공개하는 제도입니다.

주제찾기

1. 글에서 다룬 '네 가지 원칙'은 무엇을 위한 것입니까?

① 민주주의 이념
② 권리의 정당한 행사
③ 재산의 공평한 분배
④ 인간이 평등하다는 사상
⑤ 투표를 통한 당선자 결정

제목찾기

2. 빈칸을 채워 글의 제목을 완성하세요.

☐☐의 네 가지 ☐☐

사실이해 3. 선거의 네 가지 원칙 중, 민주주의 근본정신에 바탕을 두고 정해진 것은 무엇인지 쓰세요.

미루어알기 4. 글의 내용과 맞아떨어지는 것은 어느 것입니까?

① 선거에서 지키지 않아야 할 원칙도 있다.
② 제한 선거에서는 투표권을 안 줄 수 있다.
③ 평등 선거에서 선거권이 없는 사람이 생긴다.
④ 직접 선거에서 선거인단이 투표권을 행사한다.
⑤ 비밀 선거를 하고도 투표소 밖에서 사실을 공개한다.

세부내용 5. '선거'와 '투표'의 뜻을 구별하는 데 필요한 것만 아래에서 모두 골라놓은 것은 어느 것입니까?

㉠ 의사를 표시하여 표를 내는 곳.
㉡ 조직이나 집단의 대표자나 임원을 뽑는 활동.
㉢ 투표용지에 의사를 표시하여 일정한 곳에 내는 일.
㉣ 공정하게 대표의 선출이 이루어지는지 감시하는 일.

① ㉠, ㉡ ② ㉡, ㉢ ③ ㉢, ㉣
④ ㉠, ㉣ ⑤ ㉡, ㉢, ㉣

적용하기 6. 서로 관련되는 것끼리 선으로 연결하세요.

제한 선거	할머니의 선거 권리를 다른 사람이 대신 행사할 때 할머니의 생각과 다르게 투표할 수 있습니다.
차등 선거	내가 투표한 사람을 다른 사람이 알 때, 자신이 투표하고 싶은 사람에게 투표를 못할 수 있습니다.
간접 선거	학력이 낮다고 하여 투표권을 주지 않을 때는 정당한 권리를 행사할 수 없습니다.
공개 선거	똑똑한 사람에게 두 표를 줄 때 선거 결과에 똑똑한 사람들의 의견이 더 반영됩니다.

1~6번 문제의 점수를 더하여 총점을 쓰고 164쪽의 표에 막대그래프로 표시하세요 **점수**

독해력 키움 | 08. 설명하는 글 읽기(8)

| 평가요소 | 1. ☐ 20점 | 2. ☐ 15점 | 3. ☐ 15점 | 4. ☐ 15점 | 5. ☐ 20점 | 6. ☐ 15점 |

168쪽 표의 해당하는 번호에 체크하세요.

　우유 제품을 살 때 어떤 제품을 사야 할지 고민하여 본 적이 있나요? 요즈음 우유 제품은 일반 우유, 가공 우유, 우유 가공품 등으로 다양하게 만들어져 판매되고 있습니다. 젖소에서 얻은 우유를 어떻게 다양한 종류의 우유 제품으로 변화시킬 수 있는 것일까요?

　저지방 우유는 일반 우유보다 지방의 양이 적습니다. 칼슘 우유는 우유에 칼슘 성분을 첨가하여 만듭니다. 이처럼 순수한 액체처럼 보이는 우유도 다양한 물질을 포함하고 있는 혼합물입니다. 두 가지 이상의 다양한 물질이 서로 섞여 있는 것입니다. 혼합물의 특성상 여러 가지 물질을 섞어도 각 물질의 성질은 변하지 않기 때문에 (　㉠　) 수 있습니다.

　생크림, 버터, 치즈와 같은 가공품도 우유로 만든 음식입니다. 우유에서 지방을 분리하여 만든 것이 생크림과 버터입니다. 생크림은 우유에서 유지방이 많이 포함된 크림 부분을 분리하여 만들고, 버터는 이 크림을 세게 휘저어 엉기게 한 뒤에 굳혀서 만듭니다.

　우유에서 단백질을 분리하여 만든 것이 치즈입니다. 치즈의 유래는 4,000년 전으로 거슬러 올라갑니다. 아라비아 상인이 사막을 횡단하면서 양의 위로 만든 주머니에 염소젖을 넣어두었답니다. 하루가 지나 열어보니 염소젖이 끈적이는 하얀색 덩어리로 변한 것을 발견하였습니다. 태양열로 따뜻해진 염소젖이 유산균에 의해 치즈로 만들어진 것입니다.

주제찾기　**1.** 글의 중심 내용은 무엇입니까?

① 우유 제품의 생산
② 여러 가지의 우유 제품
③ 저지방 우유의 성분
④ 우유에 섞여 있는 혼합물
⑤ 가공 우유 제조 방법

글감찾기 2. 무엇을 설명한 글인지 아래의 빈칸을 채워 답하세요.

□□ □□

사실이해 3. 글에 나타난 내용으로 알맞은 것은 어느 것입니까?

① 우유는 단백질이다.
② 우유는 혼합물이다.
③ 모든 우유는 가공품이다.
⑤ 가공 전의 우유에는 칼슘이 없다.
④ 가공 전의 우유에는 지방이 없다.

미루어알기 4. 글을 읽고 떠올린 생각으로 알맞은 것은 어느 것입니까?

① 우유 제품은 모두 가공 식품이다.
② 시간이 흐르면 저절로 우유가 가공된다.
③ 혼합물을 만들면 각 물질의 성질이 변화한다.
④ 우유에서 지방을 떼 내어 버리고 생크림을 만든다.
⑤ 우연히 만들어진 치즈는 우유를 발효시킨 가공 식품이다.

세부내용 5. ㉠에 들어갈 말을 짜 맞출 때 필요하지 <u>않은</u> 낱말은 무엇인가요?

① 원래   ② 물질   ③ 되돌리다
④ 보다   ⑤ 놓다

적용하기 6. 다음의 설명에 해당하는 우유 제품이 무엇인지 글에서 찾아서 쓰세요.

비만이 여러 가지 질병의 원인이 될 뿐만 아니라, 건강한 생활을 하는 데도 지장이 된다고 하여, 우유에서 살찌우는 성분을 분리해서 버리고 새로운 제품으로 만들어 시장에 내어놓기도 한다. 당이나 지방 성분을 낮추거나 없앤 우유 제품이 그렇다.

점수

1~6번 문제의 점수를 더하여 총점을 쓰고 164쪽의 표에 막대그래프로 표시하세요

독해력 키움 | 09. 설명하는 글 읽기(9)

| 평가요소 | 1. ☐ 15점 | 2. ☐ 15점 | 3. ☐ 15점 | 4. ☐ 15점 | 5. ☐ 20점 | 6. ☐ 20점 |

168쪽 표의 해당하는 번호에 체크하세요.

　농부가 농사를 지으려면 대체 무엇 무엇이 필요할까요? 농사지을 수 있는 땅, 농기구, 비료, 배추 씨앗, 배추 농사를 지을 수 있는 능력과 기술을 가진 농부가 필요해요. 참치 통조림 공장에서 ㉠참치 통조림을 생산할 때에도 공장 건물을 지을 땅, 참치, 식용유, 통조림 만드는 기계, 전기, 그리고 참치 통조림 공장에서 일할 근로자가 필요하지요. 항공사에서 비행기를 이용하는 손님들에게 서비스를 제공하기 위해서도 사무실을 지을 땅, 비행기, 비행기 연료, 비행기 조종사. 비행기 승무원 등이 필요해요.

　이렇게 생산 활동을 하기 위해 필요한 것들이 있습니다. 생산하기 위해 필요한 생산 요소, 이를 조금 어려운 말로 토지, 자본, 노동이라고 해요. 이 세 가지를 생산의 삼총사, 즉 생산의 3요소라고 하지요.

　토지는 말 그대로 (㉡)이에요. 농사를 짓기 위해서 농지가 필요하고, 참치 통조림 공장과 항공사를 짓기 위해 공장 터와 회사 터가 필요하지요.

　자본은 생산 활동을 하는 데 필요한 재료, 기계, 시설 등이나 그것들을 마련하는 데 들어가는 (㉢)을 말해요. 배추 농사를 지을 때 필요한 씨앗, 농기구, 비료나 농사를 지을 수 있는 농지를 사는 데 드는 돈 등이 자본에 속해요. 참치 통조림 공장의 경우 기계나 시설, 전기 등이나 이들을 사는 데 드는 돈이 자본에 속하지요. 항공 회사에서는 비행기, 연료 등이나 이들을 사는 데 드는 돈이 자본에 속해요.

　노동은 사람들의 생활에 필요한 물건을 만들어 내거나 생활을 편리하고 즐겁게 해 주는 활동을 하는 데 필요한 사람의 (㉣)을 말해요. 몸을 이용하여 일하는 육체노동, 특별한 기술을 이용해 일하는 기술 노동, 머리를 써서 일하는 정신노동 등을 말합니다.

주제찾기　**1.** 글에서 중심 내용을 펼쳐나간 방법은 어떠합니까?

① 글감이 가리키는 것이 무엇인지 밝혔다.
② 글감의 뜻이 무엇인지 알기 쉽게 풀었다.
③ 글감과 뜻의 차이가 있는 다른 글감을 들었다.
④ 글감이 만들어지는 순서를 따라가며 내용을 펼쳤다.
⑤ 글감의 뜻을 밝히고, 그 종류를 나누어 자세히 설명했다.

관련 교과 **사회**

글감찾기　2. 글에서 설명하고자 한 것이 무엇인지 찾아 쓰세요.

□□의 □□□

사실이해　3. 글의 내용과 맞지 <u>않는</u> 것은 어느 것입니까?

① 농사를 짓기 위해 땅이 필요하다.
② 공장을 돌리기 위해 전기가 필요하다.
③ 항공사에서는 비행기 승무원이 필요하다.
④ 배추 농사를 지을 때 씨앗은 노동에 속한다.
⑤ 노동을 할 때 몸, 기술, 머리를 이용할 수 있다.

미루어알기　4. ㉠과 그 성질이 가장 거리가 <u>먼</u> 생산 활동은 어느 것입니까?

① 신발을 만드는 일　　　② 물감을 만드는 일
③ 관광 안내를 해 주는 일　　④ 휴대 전화기를 만드는 일
⑤ 아이스크림을 만드는 일

세부내용　5. ㉡, ㉢, ㉣에 들어갈 순우리말을 순서대로 늘어놓은 것을 고르세요.

① 땅, 돈, 일　　② 땅, 돈, 삯　　③ 땅, 몸, 삯
④ 들, 몸, 삯　　⑤ 들, 몸, 값

적용하기　6. 아래의 '가은이 아빠'가 다니는 회사에서 비교적 덜 필요한 생산의 요소는 무엇인지 글에 있는 낱말로 답하세요.

> 컴퓨터를 활용해서 게임을 만드는 회사에 다니는 '가은이 아빠'는 일주일에 하루만 회사에 직접 출근하고, 일은 대개 집이나 쉴 만한 곳을 찾아가서 합니다. 게임 프로그램을 만드는 일은 굳이 회사에 모여서 하지 않아도 되고, 어떤 경우에는 혼자 궁리하여 좋은 결과가 나오기도 하니까요.

점 수

1~6번 문제의 점수를 더하여 총점을 쓰고 164쪽의 표에 막대그래프로 표시하세요

독해력 키움 | 10. 설명하는 글 읽기(10)

우엉 가시는 생김새가 바늘과 같이 뾰족합니다. 끝부분이 나뭇가지 모양으로 갈라져 있으며 바늘 끝에 갈고리 같은 가시가 많이 있습니다. 스위스의 기술자 조지 드 메스트랄은 1941년 자신의 옷에 우엉 가시가 붙어 있는 것을 발견하고 현미경을 통해 우엉 가시에는 수많은 작고 튼튼한 갈고리가 있어서 사람이나 동물의 털에 잘 달라붙고 쉽게 떨어지지 않는다는 것을 발견하였습니다. 이런 생김새를 모방하여 한쪽 면에는 강력한 갈고리를 사용하고 다른 쪽 면에는 갈고리가 걸리는 둥근 고리를 만들어 두 면을 붙일 수 있는 매직 테이프를 발명하였습니다.

연꽃잎은 둥글고 넓적합니다. 현미경으로 확대하여 관찰하면, 표면에 작고 둥근 돌기❶가 많이 나 있습니다. 둥근 돌기에는 잔털 같은 것이 많이 있습니다. 연꽃잎에 나 있는 이러한 미세한 돌기와 연꽃잎 표면의 미끄러운 성분 때문에 연꽃잎은 빗방울에 젖지 않고 빗물을 흘려보냅니다. 이렇게 물에 젖지 않아 스스로 깨끗함을 유지하는 자기 세정 기능을 ㉠'연잎 효과'라고 합니다. 연잎 효과를 응용하여 물이 묻지 않고 흘러내리는 방수복이나 방수 페인트, 이물질이 묻어도 쉽게 떨어지는 옷감, 자동차 코팅❷제 등 많은 제품을 개발하였습니다.

게코의 발가락 바닥에는 사람의 손금처럼 작은 주름이 덮여 있는데, 주름은 다시 솜털로 덮여 있습니다. 게코가 벽과 천장에 붙어서 다닐 수 있는 비밀은 바로 발바닥에 있는 빨판에 있는데, 매우 강한 결합력을 지니고 있습니다. 게코의 발바닥에 있는 빨판은 강한 결합력을 만들어냅니다. 빨판 하나가 지탱하는 힘은 1만 분의 1그램 정도로 지극히 작지만, 발가락에는 수백 개의 빨판과 작은 솜털이 50만 개나 있어서, 발가락 하나로 수 킬로그램이나 되는 무거운 몸을 지탱할 수 있습니다. 최근 미국 스탠퍼드 대학교에서는 미끄러운 벽을 빠르게 올라가는 게코의 능력을 갖춘 로봇, 즉 스티키봇(sticky bot)을 개발했습니다. 미국 국방성은 이 기술을 적용한 신발과 장갑에 큰 관심을 보이고 있어요. 게코나 곤충의 발바닥처럼 강한 결합력을 이용하는 접착제를 개발하여 3M 테이프에 적용하면, 종이가 해어질 때까지 반복해서 사용할 수 있을 거예요.

Note
❶ 돌기: 뾰족하게 내밀거나 도드라짐. 또는 그런 부분.
❷ 코팅: 물체의 겉면을 수지 따위의 얇은 막으로 입히는 일.

주제찾기 **1.** 글의 주제를 문장으로 알맞게 표현한 것은 어느 것입니까?

① 식물의 생김새는 복잡하다.
② 동물의 발바닥은 접착력이 있다.
③ 접착력을 활용하는 기술은 다양하다.
④ 생물은 사람에게 새로운 지혜를 일깨운다.
⑤ 생명체를 본떠서 발명품을 만들어 낼 수 있다.

제목찾기 **2.** 빈칸을 채워 글의 제목을 완성하세요.

생명체 ☐☐ 기술

사실이해 **3.** 글에서 다루지 <u>않은</u> 내용은 어느 것입니까?

① 우엉 가시는 생김새가 뾰족하다.
② 연꽃잎의 표면에 둥근 돌기가 있다.
③ 연꽃잎 표면에는 미끄러운 성분이 있다.
④ 게코의 발등은 온통 가는 솜털로 덮여 있다.
⑤ 게코의 발바닥에 있는 빨판은 결합력을 만들어낸다.

미루어알기 **4.** 글을 읽고 이끌어낸 생각으로 알맞은 것은 어느 것입니까?

① 가시의 성질을 응용하면 양면테이프를 만들 수 있어.
② 둥글고 넓적한 잎의 표면에는 작고 둥근 돌기가 있어.
③ 표면에 미세한 돌기가 있고 미끄러우면 비에 젖지 않아.
④ 발가락 사이에 작은 주름이 있으면 솜털이 많이 생기게 돼.
⑤ 발가락의 힘을 결합하여 미끄러운 벽을 빠르게 올라갈 수 있어.

세부내용

5. ㉠의 핵심 내용으로 알맞은 것은 무엇입니까?

① 강하게 붙이기
② 서로를 밀어내기
③ 겉을 미끄럽게 하기
④ 스스로 깨끗하게 하기
⑤ 미끄러운 면에서 굴리기

적용하기

6. 글을 읽고 아래와 같은 생각을 했을 때, 어떤 물건을 만들 수 있을까요? 빈칸을 채워 답하세요.

> 덩굴장미는 둥근 모양으로 덩굴을 만들며 자랍니다.
> 덩굴장미에는 가시가 많아 사람이나 동물이 접근하기 어렵습니다.
> □□ □□□

요약하기

7. 글의 둘째 문단 주요 내용을 아래의 표로 간추렸습니다. 빈칸을 채워 완성하세요.

모방 대상	모방 원리	기술 활용 분야
연꽃잎	• 둥근 돌기의 표면 장력 • ①□□의 미끄러운 성분 • ②'□□' 효과	③□□□, 방수 페인트, 이물질이 묻어도 쉽게 떨어지는 옷감, 자동차 코팅제 등

점 수
1~7번 문제의 점수를 더하여 총점을 쓰고 164쪽의 표에 막대그래프로 표시하세요	

독해력 키움 | 11. 설명하는 글 읽기(11)

| 평가요소 | 1. ☐ 20점 | 2. ☐ 10점 | 3. ☐ 10점 | 4. ☐ 15점 | 5. ☐ 15점 | 6. ☐ 15점 | 7. ☐ 15점 |

168쪽 표의 해당하는 번호에 체크하세요.

　성차별[1]이란 사람을 대할 때 성별에 따라 차등을 두어 대우하는 것을 뜻합니다. 성차별은 남성과 여성이라는 성이 다르다는 이유로 같은 사회적 상황에서 서로 다른 대우를 하는 것을 뜻하는데, 이런 차별이 존재하는 사회에서 차별받는 쪽은 대개 여성입니다. 특히 집안에서 아버지가 중심이 되는 문화가 남아있는 전통 사회의 특성이 강한 우리 사회에서는 더욱 차별이 심한 편입니다. 이러한 차별이 오랫동안 계속되어 오다 보니, 우리 사회에서는 여성도 남성도 자신이 속해 있는 성이 콤플렉스[2], 곧 강박 관념을 갖도록 했습니다.

　예부터 우리 사회는 맏딸은 맏이면서 딸이라는 이유로, 아들인 장남만큼 대우를 받지 못한 채 동생들을 위하여 희생하고 봉사하는 생활이 기대되었습니다. 맏이니까 동생들에게 모범을 보여야 하고, 책임감도 강해야 하며, 양보도 해야 하고, 맏딸로서 의무감도 가져야 한다고 생각해 왔습니다. 이렇듯 맏딸이 그 기대에 부응하려고 하는 것을 맏딸 콤플렉스라고 합니다.

　착한 여자 콤플렉스는, '여자는 여자답게', '착한 여자'로 살아야 한다는 고정 관념에 얽매여 다른 사람의 눈에 비치는 자신을 먼저 떠올려 보아야 하는 태도를 지녀야 한다는 거예요. 심지어 자신에게 숨어있는 힘을 숨기면서까지 주변 사람들로부터 칭찬을 받으려 하는 모습을 보이기도 합니다.

　㉠슈퍼맨 콤플렉스는 '남자는 남자다워야 한다.'는 것을 강조하며 '남자다움을 자랑삼아 보여 주려면 모든 능력을 갖추어야 한다고 생각하는 것을 말합니다. 이러한 생각이 남자는 모든 것을 잘 해야 한다는 강박 관념을 갖게 하여 어떤 일을 잘 해내지 못했을 때 큰 좌절감을 느끼며 고통스러워하기도 합니다.

　남자와 여자는 자연적이고 신체적인 차이일 뿐입니다. '남자이니까, 여자이니까' 이런 생각을 하는 것부터가 성차별의 시작입니다. 우리 모두의 생각이 성 역할에 대한 고정 관념에서 벗어날 때 이러한 콤플렉스들이 사라지게 되겠죠? 사람에 따라 남자도 조용하고 얌전할 수 있고, 여자도 씩씩하고 활발할 수 있다는 것을 기억하세요.

Note
[1] 성차별: 남성이나 여성이라는 이유만으로 받는 차별.
[2] 콤플렉스: 현실적인 행동이나 지각에 영향을 미치는 무의식의 감정적 관념.

주제찾기 1. 글의 주제문을 작성하기 위해 들어가야 할 말이 아닌 것은 무엇입니까?

① 성 역할
② 고정 관념
③ 강박 관념
④ 사회적 상황
⑤ 성적인 차별

제목찾기 2. 글에 나온 말로 빈칸을 채워 알맞은 제목을 붙이세요.

| 성적인 □□ □□ |

사실이해 3. 글에서 다루지 않은 내용은 어느 것입니까?

① 남성, 여성을 차등을 두어 대우하는 것을 성차별이라 한다.
② 전통 사회에서는 여성에 대한 차별이 심한 편이었다.
③ 맏딸은 맏이여서 장남만큼 대우를 받을 수 있었다.
④ 남자도 성적 콤플렉스에 사로잡힐 수 있다.
⑤ 남자와 여자는 신체적 차이를 가리킨다.

미루어알기 4. 우리 사회에 성차별이 심하게 남아 있는 이유로 볼 수 있는 것은 무엇입니까?

① 중국 문물을 받아들여서
② 여성이 순종하는 기질이어서
③ 남성의 책임감과 의무감이 강해서
④ 여성이 숨어있는 힘을 드러내지 않아서
⑤ 집안의 삶이 아버지 중심으로 이루어져 와서

관련 교과 **사회**

세부내용

5. 이 글의 이해를 위해 반드시 그 뜻을 떠올려야 할 말은 무엇입니까?

① 성차별
② 전통 사회
③ 강박 관념
④ 고정 관념
⑤ 잠재력

적용하기

6. ㉠의 예를 아래에 들어 보았습니다. 빈칸에 알맞은 낱말을 넣으세요.

> 태호는 남의 말을 잘 듣는 아이입니다. 동네 형이, '대장부인 너라면 마을 앞의 농다리를 단숨에 뛰어 건널 수 있을 거야.'라고 부추겼습니다. 태호는 ①□□이 될까를 따지지도 않고 다리를 건너려다 물에 빠져서 허우적거리다가 집으로 와서 ②□□□에 빠져 울기만 했습니다.

요약하기

7. 글의 주요 내용을 간추려 보았습니다. 빈칸에 알맞은 말을 쓰세요.

> '맏딸 콤플렉스'는 맏이이고 딸이기 때문에 가족을 위해 ①□□하고 ②□□해야 한다는 생각에 사로잡히는 것을 뜻합니다. '착한 여자 콤플렉스'는 남에게 자신이 착한 여자로 비쳐야 한다는 생각 때문에 자신의 숨은 능력, 곧 ③□□□마저 숨기고 살아야 하는 처지에 놓이는 것을 뜻합니다.

1~7번 문제의 점수를 더하여 총점을 쓰고 164쪽의 표에 막대그래프로 표시하세요

독해력 키움 | 12. 설명하는 글 읽기(12)

| 평가요소 | 1. ☐ 15점 | 2. ☐ 15점 | 3. ☐ 10점 | 4. ☐ 15점 | 5. ☐ 15점 | 6. ☐ 15점 | 7. ☐ 15점 |

168쪽 표의 해당하는 번호에 체크하세요.

　생명체가 살고 있는 지구를 보면 알 수 있듯이, 생명체가 살기 위해서 꼭 필요한 요소 중 하나는 액체 상태의 물이에요. 물은 지구 표면의 70%를 덮고 있으며, 생물체의 성분 중 50% 이상을 차지하지요. 행성[1]에 물이 액체 상태로 존재하려면 대기가 적당히 있고, 표면 온도가 0~100℃ 사이여야 해요. 따라서 뜨겁게 타고 있는 태양과 같은 별로부터 적절히 떨어진 곳에 행성이 있어야 물이 존재할 거예요. 이런 곳을 '생명체 거주 가능 영역'이라고 불러요. 물이 있는 곳이어야 생명체가 살 수 있으니까요. ㉠마치 사막의 오아시스 같은 곳이라고 할 수 있지요.

　우주에 지구처럼 물이 있는 행성이 있을까요? 만약 그런 곳이 있다면 우리가 가서 살 수도 있고, 그것에 사는 생명체를 만날 수 있을지도 모릅니다. 오래전부터 과학자들은 우주에 물이 있는 행성이 있을 것으로 생각하였고, 그 행성을 찾기 위하여 많은 노력을 하였습니다. 그러나 지금까지의 과학 기술로는 매우 멀리 떨어진 행성까지 사람이 직접 갈 수 없으므로 탐사선에서 보내오는 신호와 여러 가지 망원경으로 관측한 내용을 분석하여 다른 행성에 물이 있는지 연구하고 있습니다.

　과학자들의 끊임없는 노력으로 지구와 가까운 행성인 화성에서 물이 흐른 듯한 흔적을 발견하였으며, 화성의 극지방에는 얼음이 있을 것으로 추측하고 있습니다. 최근에는 화성에 무인 탐사 로봇 '큐리오시티'를 보내어 화성 표면의 흙을 분석하였습니다. 그 결과, 약 36억 년 전에 생명체가 살 수 있을 정도의 충분한 물이 있었던 호수가 존재하였다는 것을 밝혀내어 물이 있는 행성을 찾는 데 한 걸음 더 나아갔습니다.

　2005년 9월 미국 항공우주국(NASA)이 1996년에 발사한 탐사선이 화성의 센타우리 몬테스 지역 크레이터에서 찍은 사진에서 이전에 찍은 사진에서 보이지 않던 협곡[2]이 생긴 것을 발견했습니다. NASA 과학자들은 흐르는 액체에 의한 지형 변화라고 하였습니다. 또 다른 증거로는 화성의 테라시레눔 지역에서 2001년에 찍은 사진에는 없던 협곡이 2005년 사진에 나타난 것을 발견하기도 했습니다.

Note
[1] 행성: 중심 별의 강한 인력의 영향으로 타원 궤도를 그리며 중심 별의 주위를 도는 천체. 태양계에는 수성, 금성, 지구, 화성, 목성, 토성, 천왕성, 해왕성의 여덟 개 행성이 있음.　[2] 협곡: 험하고 좁은 골짜기.

주제찾기 **1.** 글 전체의 중심 내용은 무엇입니까?

① 생명체가 살기 위한 조건
② 생명체가 살 수 있는 온도
③ 물이 있는 행성을 찾는 노력
④ 물이 있는 행성을 찾는 방법
⑤ 물이 흐른 듯한 흔적이 발견된 화성

글감찾기 **2.** 글쓰기를 시작하도록 한 글감이 무엇인지 찾아 쓰세요.

사실이해 **3.** 글의 내용과 일치하는 것은 어느 것입니까?

① 물은 생명체가 살기 위한 필수 요소이다.
② 생명체의 70%는 물 성분으로 이루어져 있다.
③ 지구처럼 물이 있는 행성을 쉽게 발견할 수 있다.
④ 물이 있는 행성으로 사람을 보낸 적이 있다.
⑤ 화성에서 물과 함께 생명체가 발견되었다.

미루어알기 **4.** 글의 내용에 따르면 화성에서 물의 흔적은 어떤 방법으로 발견되었습니까?

① 물리적인 계산을 통해
② 화학적인 실험을 통해
③ 과학자들의 토론을 통해
④ 화성에 다녀온 우주인에 의해
⑤ 탐사선이 보내온 신호를 분석하여

관련 교과 **과학**

세부내용

5. ㉠과 같이 비유한 까닭으로 알맞은 것은 무엇입니까?

① 물이 거의 없으므로
② 생명체가 살 수 있으므로
③ 쉽게 발견되고 있지 않기 때문에
④ 우주선을 타야 갈 수 있으므로
⑤ 모래로 덮인 행성이기 때문에

적용하기

6. 글을 읽고 상상해 본 내용입니다. 빈칸에 알맞은 낱말을 쓰세요.

> 과학자들은 머지않은 미래에 우주여행을 할 수 있으리라고 예측합니다. 멀리 떨어진 행성을 향해 여행할 때 우주인의 생존을 위해 필수적인 요소를 우주선 안에서 해결하는 기술을 갖추어두는 일이 가장 먼저 이루어져야 한다고 합니다. 무엇보다 생명체가 살아가기 위해 ①□을 실험실에서처럼 ②□□□으로 합성할 수 있어야 합니다.

요약하기

7. 글의 주요 내용을, 단계에 따라 아래의 표로 간추렸습니다. 빈칸을 채워 완성하세요.

```
생명체가 살아가기 위한 필수적 요건
→ ①□의 존재
            ↓
물이 있는 행성을 찾는 노력
→ ②□□□이 보내온 신호, ③□□□을 통한 관측 연구
            ↓
화성에서 물의 흔적 발견
← 탐사선이 보내온 ④□□ 분석
```

점수

1~7번 문제의 점수를 더하여 총점을 쓰고 216쪽의 표에 막대그래프로 표시하세요

독해력 키움 | 13. 설명하는 글 읽기(13)

| 평가요소 | 1. ☐ 15점 | 2. ☐ 15점 | 3. ☐ 10점 | 4. ☐ 15점 | 5. ☐ 15점 | 6. ☐ 15점 | 7. ☐ 15점 |

168쪽 표의 해당하는 번호에 체크하세요.

그리스 신화에는 나르키소스라는 아름다운 소년이 호수에 비친 자신의 모습에 반하여 바라보다 꽃으로 변한 이야기가 있습니다. 이처럼 인류 최초의 거울은 호수나 그릇에 담긴 물의 잔잔한 표면이었습니다.

그 후, 흑요석[1]이라고 하는 반짝이는 돌을 갈아 표면을 매끄럽게 하여 거울로 쓰기 시작하였습니다. 고고학자[2]들은 터키의 고대 무덤에서 약 8,000년 전에 쓰인 것으로 생각되는 흑요석 거울을 발견하였습니다. 약 6,000년 전에는 메소포타미아 지역에서 구리판의 표면을 매끄럽게 갈아 거울로 사용하였고, 중국에서는 약 4,000년 전에 청동 거울을 사용하였습니다. 우리나라에서 청동 거울은 제사장이나 부족장의 권위를 나타내는 용도로 사용하였지만, 점차 화장을 위한 생활용품으로 그 용도가 변하여 고려 시대에 보편화되었다고 합니다.

약 2,000년 전에 로마에서는 유리에 금박을 입힌 거울이 사용되었다고 합니다. 그리고 500년 무렵에 중국에서는 유리에 은이나 수은을 바른 거울을 만들었습니다. 베르사유 궁전에 거울 방이 있는 것에서 알 수 있듯이 거울은 사치품이었습니다. 오늘날에 사용하는 거울은 1835년 독일의 한 과학자가 발명한 것으로 유리 뒷면에 알루미늄과 같은 금속을 얇고 고르게 입힌 것입니다. 이 기술 덕분에 거울을 한 번에 많이 만들 수 있어 거울은 화려하고 사치스러운 물건에서 생활용품으로 변하게 되었습니다.

현재 거울은 모습을 비추는 것뿐만 아니라 다른 용도로도 많이 사용되고 있습니다. 매우 가는 광선을 멀리까지 보내는 레이저 속에도 거울이 들어 있습니다. 이러한 레이저는 바코드, 시디플레이어, 레이저 프린터, 광 통신 등 여러 분야에 사용되고 있습니다. 또 우리는 거울 덕분에 멀리 있는 우주까지 볼 수 있게 되었습니다. 반사 망원경 속의 반사경은 우주에서 오는 빛을 모아 우주에서 일어나는 일을 알 수 있게 해 줍니다.

Note
[1] 흑요석: 마그마가 급격히 식으면서 굳어져 이루어진 화산암.
[2] 고고학자: 유물과 유적을 통하여 옛 인류의 생활, 문화 따위를 연구하는 사람.

주제찾기 1. 글 전체의 중심 내용은 무엇입니까?

① 최초의 거울 발견
② 매끄러운 표면의 거울
③ 거울의 변천 과정과 용도
④ 우리나라 청동 거울의 용도
⑤ 사치품과 생활용품의 차이점

제목찾기 2. 빈칸을 채워 글의 제목을 붙이세요.

□□의 역사

사실이해 3. 가장 오래전에 사용된 거울은 무엇입니까?

① 흑요석 거울
② 구리판 거울
③ 청동 거울
④ 금박 거울
⑤ 유리판 거울

미루어알기 4. 글을 읽고 새롭게 떠올린 생각으로 알맞은 것은 어느 것입니까?

① 돌을 그대로 거울로 쓸 수 있겠어.
② 거울의 발견은 우연히 이루어졌겠어.
③ 거울은 오늘날 사치품으로 여겨지겠어.
④ 옛날에는 거울을 받쳐 놓고 제사를 올렸겠어.
⑤ 거울은 기술적인 도구에는 활용되기가 어렵겠어.

관련 교과 **과학**

세부내용

5. 셋째 문단에 나타난 '사치품'과 '생활용품'을 구별하는 기준은 무엇입니까?

① 남아있는 개수
② 만들어 낸 개수
③ 실제 사용한 개수
④ 시장에서 팔린 개수
⑤ 사람들이 주고받은 개수

적용하기

6. 아래 글의 빈칸에 알맞은 낱말을 쓰세요.

> 거울 두 개를 가지고 맞세운 각도를 달리하면서 그 사이에 물건을 넣어보면, 각도가 작아질수록 거울에 비친 물건의 수가 많아지며, 마주 보도록 하고 그 사이에 물건을 두었을 때 비친 물건의 수가 가장 많아집니다. 이것은 거울이 빛이 □□하는 원리를 활용한 도구임을 알려줍니다.

적용하기

7. 글의 주요 내용을 둘로 나누어 정리했습니다. 표의 빈칸에 알맞은 말을 넣으세요.

거울 만들기의 역사
돌이나 금속의 표면을 ①□□□□ 갈기

↓

②□□ 뒷면에 금속을 얇고 고르게 입히기

거울의 용도 변화
사치품

↓

③□□□□, 과학 기술에 활용

	점 수
1~7번 문제의 점수를 더하여 총점을 쓰고 164쪽의 표에 막대그래프로 표시하세요	

독해력 키움 | 14. 설명하는 글 읽기(14)

| 평가요소 | 1. ☐ 15점 | 2. ☐ 15점 | 3. ☐ 10점 | 4. ☐ 15점 | 5. ☐ 15점 | 6. ☐ 15점 | 7. ☐ 15점 |

168쪽 표의 해당하는 번호에 체크하세요.

공기가 공간을 차지하지 않는다면 고무풍선이나 튜브, 구명조끼는 부풀어 오르지 않을 것입니다. 우리 눈에 보이지 않지만 공기는 공간을 차지하고 있으며, 공기가 차지하는 공간은 공기를 담는 그릇의 모양과 같습니다. 공기는 생물이 살아가는 데 필요한 산소를 공급하는가 하면 지표면[1]에서 나오는 열이 우주로 흩어져 나가는 것을 막아 지구의 온도를 일정하게 유지해 줍니다. 그런가 하면 운석[2]이 지표면에 그대로 떨어져 피해를 주는 것을 막아주기도 하면서 지구의 생명체를 보호해 줍니다.

지구 주위는 공기로 둘러싸여 있고, 지구 표면에서 멀어질수록 공기의 양은 점점 적어지지요. 물론 지구 밖으로 나가면 공기는 없어집니다. 이렇게 지구 주위에 공기가 있는 공간을 '대기권'이라고 하는데, 이 ㉠대기권은 네 개의 층으로 나뉘어요. 그 네 개의 층 안에 바로 '오존층'이라는 것이 있어요. ㉡오존층은 태양으로부터 오는 자외선을 막아주는 역할을 해요. 자외선이 지구에 도달하여 지나치게 우리의 피부에 많이 쬐면 큰 병을 일으킬 수 있답니다.

달에서 찍은 사진을 보면 하늘이 밤과 같이 어두워 보여요. 반면에 지구의 하늘은 파란색으로 보이지요. 달 사진을 밤에만 찍는 것은 아닌데, 왜 지구의 하늘만 파랗게 보일까요? 그 까닭은 지구에는 공기가 있기 때문이에요. 태양에서 나온 빛은 우리 눈에 들어오기 전에 공기층에 부딪히게 돼요. 이때 햇빛을 이루고 있는 여러 가지 색 중 파란색과 보라색이 사방으로 잘 퍼져서 우리 눈에 들어오지요. 그런데 우리 눈은 보랏빛에 별로 민감하지 않아서 하늘이 파랗게 보이는 것이랍니다. 그럼 저녁노을은 왜 붉은색으로 보일까요? 이것은 해가 지면서 햇빛이 공기층을 지나는 거리가 멀어지게 되는데, 이때 파란색이나 보라색 빛은 공기 중에 흩어지고 붉은색 빛이 우리 눈에 들어오기 때문이랍니다.

Note
[1] 지표면: 지구의 표면. 또는 땅의 겉면.
[2] 운석: 지구에 떨어진 별똥. 대기 중에 돌입한 유성(流星)이 다 타 버리지 않고 땅에 떨어진 것으로, 철·니켈 합금과 규산염 광물이 주성분이다.

주제찾기 1. 글 전체의 내용을 한 문장으로 간추릴 때 들어가지 않아도 될 낱말은 어느 것입니까?

① 생물
② 우주
③ 지구
④ 햇빛
⑤ 작용

제목찾기 2. 글에 붙일 알맞은 제목이 되도록 빈칸을 낱말로 채우세요.

□□의 과학

사실이해 3. 글에서 다루지 않은 내용은 어느 것입니까?

① 공기는 공간을 차지한다.
② 공기에는 산소가 포함되어 있다.
③ 공중으로 올라갈수록 공기가 적어진다.
④ 햇빛은 한 개의 색만 가지고 있다.
⑤ 대기권 안에 오존층이 있다.

미루어알기 4. 글을 읽고 내린 판단으로 가장 알맞은 것은 어느 것입니까?

① 우주 공간에는 공기가 없다.
② 공기는 여러 기체의 혼합물이다.
③ 자외선을 막으면 질병에 걸리지 않는다.
④ 지구의 공기를 담을 수 있는 그릇을 만들 수 있다.
⑤ 저녁과 달리 새벽부터 아침까지는 하늘이 파랗게 보인다.

세부내용

5. ㉠과 ㉡의 관계를 알맞게 설명한 것은 어느 것입니까?

① ㉠과 ㉡은 형제와 같다.
② ㉠에서 ㉡이 만들어졌다.
③ ㉠은 ㉡을 대신할 수 있다.
④ ㉡은 ㉠을 구성하는 요소이다.
⑤ ㉡이 없어지면 ㉠도 즉시 없어진다.

적용하기

6. 글의 내용에 따라 아래와 같은 가정을 해보았을 때, 빈칸에 알맞은 낱말을 쓰세요.

> 공기가 없다면,
> 아무리 가뭄이 계속되더라도 ① ☐☐이 생기지 않고, ② ☐도 오지 않을 것입니다.
> 낮이 되었는데도 ③ ☐☐ 하늘을 볼 수 없습니다.

요약하기

7. 글의 주요 내용을 몇 개의 문장으로 요약했습니다. 빈칸을 채우세요.

> 공기는 일정한 ① ☐☐을 차지하면서 지구에 사는 ② ☐☐과 지구의 ③ ☐☐에 중요한 기능을 수행합니다. 산소를 공급하고, 열이 지구 밖으로 흩어지거나 운석이 떨어져서 입을 피해를 막아줍니다. 또 지구로 오는 ④ ☐☐을 굴절, 산란시켜 특별한 색깔만 볼 수 있도록 해 줍니다.

점 수

1~7번 문제의 점수를 더하여 총점을 쓰고 164쪽의 표에 막대그래프로 표시하세요

독해력 키움 | 15. 설명하는 글 읽기(15)

평가요소 1. ☐ 15점 | 2. ☐ 15점 | 3. ☐ 10점 | 4. ☐ 15점 | 5. ☐ 15점 | 6. ☐ 15점 | 7. ☐ 15점

168쪽 표의 해당하는 번호에 체크하세요.

    오랜 옛날부터 사람들은 새처럼 하늘을 나는 꿈을 꾸었다. 그리스 신화에 나오는 다이달로스와 이카로스 이야기에는 새처럼 하늘을 날고 싶어 하는 사람들의 꿈이 잘 드러나 있다. 용감하고 호기심이 강한 몇몇 사람은 이야기에 나오는 이카로스처럼 직접 날개를 만들어 몸에 붙인 뒤에 높은 곳에서 뛰어내리기도 하였지만 날기에 성공한 사람은 없었다. 한편 레오나르도 다빈치는 최초로 하늘을 나는 것에 대하여 과학적으로 연구하였고 나는 기계를 설계하였으나 결국 하늘을 날 수는 없었다.

    새처럼 나는 것에 실패하자 사람들은 여러 가지 다른 방법으로 하늘을 나는 꿈에 도전하였다. 독일의 릴리엔탈을 비롯한 많은 사람은 바람의 힘을 이용한 글라이더[1]를 만들어 날기에 도전하였다. 그리고 더운 공기가 차가운 공기보다 가벼운 원리를 이용하여 하늘로 떠오르게 만든 열기구와 비행선으로 날기에 도전하기도 하였다. 하지만 이러한 도전은 자유롭게 하늘을 나는 꿈을 만족하게 하기에는 부족하였다. 오랫동안 날 수 없었고 속도가 느렸으며, 자유자재로 방향을 바꾸기도 힘들었을 뿐만 아니라 위험하였기 때문이다.

    1903년, 마침내 미국의 라이트 형제가 플라이어 1호를 타고 세계 최초로 유인 동력 비행에 성공하였다. 유인 동력 비행은 사람이 비행기에 타고 엔진의 힘을 이용하여 하늘을 나는 것을 뜻한다. 이 비행기가 비행선과 다른 점은 공기보다 가벼운 기체를 사용하지 않고 ㉠양력을 이용하여 날아올랐다는 것이다. 비록 3미터 높이로 떠서 12초 동안 36미터를 날아간 것에 불과하지만, 라이트 형제의 비행 성공은 하늘을 나는 꿈을 이루기 위한 멋진 첫걸음이 되었다.

    라이트 형제의 비행이 성공한 뒤에 많은 사람의 노력이 더해지면서 비행기는 놀라울 정도로 발전하였다. 과학자들은 비행기의 엔진과 날개를 계속 발전시켜 비행 거리와 속도를 꾸준히 늘려 갔다. 두 번의 세계 대전은 절대 있어서는 안 될 슬픈 일이었지만, 비행기의 성능을 향상하는 데는 많은 영향을 주었다. 각 나라가 전쟁에 승리하기 위하여 많은 돈을 들여 더 우수한 전투기를 생산하였기 때문이다. 한편 제트 기관의 발명은 비행기의 성능을 깜짝 놀랄 만큼 발전시켰다. 제트 기관 덕분에 과학자들은 현재 우리

Note
[1] 글라이더: 비행기와 같은 고정 날개를 가진 항공기이지만, 자체에 엔진과 프로펠러나 제트 같은 추진 장치를 가지고 있지 않고 바람의 에너지나 자신의 중력의 전진 성분을 추력으로 삼아 비행하는 항공기.

가 볼 수 있는 초대형 여객기를 만들 수 있었다.

　오늘날 비행기는, 발전된 기술을 바탕으로 하여 하늘을 날고 싶어 하였던 사람들의 다양한 꿈을 이루게 하고 있다. 초음속 비행기의 등장으로 소리의 이동 속도보다 더 빠르게 날고 싶었던 사람들의 꿈이 이루어졌다. 400명 이상의 승객을 태우고 서울에서 미국까지 쉬지 않고 한 번에 날아가는 대형 제트 수송기의 등장으로 더 많은 사람을 태우고 더 멀리 날아가고 싶었던 사람들의 희망이 실제로 이루어졌다. 중세 시대 레오나르도 다빈치의 생각 속에서만 존재하였던 헬리콥터는 현재 전 세계의 하늘을 누비고 있다.

　다가올 미래에 사람들은 과거에는 상상조차 못 하였던 놀라운 모습으로 하늘을 나는 꿈을 이룰 수 있을 것이다. 언젠가는 개인용 비행기구가 개발되어 많은 사람이 이용하는 날이 올 것이다. 한편 하늘을 날고자 하는 사람들의 꿈은 우주를 향하여 날아가고 있다. 머지않은 미래에 일반 사람들도 우주여행을 할 수 있을 것이다. 하늘을 나는 새를 바라보며 키웠던 꿈이 이제는 우주를 향하고 있다.

주제찾기　**1.** 글을 쓴 가장 중요한 목적은 무엇입니까?

① 하늘을 끝없이 날고 싶어서
② 하늘을 나는 데 도움이 되고 싶어서
③ 하늘을 나는 방법을 연구하고 싶어서
④ 하늘을 날았던 고대 신화를 알고 싶어서
⑤ 하늘을 나는 꿈이 실현된 과정을 알리고 싶어서

제목찾기　**2.** 제목으로 알맞은 구절이 글에 나옵니다. 찾아서 쓰세요.

□□□ □□ □

사실이해　**3.** 글의 내용과 어긋난 것은 어느 것입니까?

① 이카로스의 시도는 실패했다.
② 다빈치는 하늘 높이 날 수 있었다.
③ 글라이드는 바람의 힘을 이용한 기계이다.
④ 열기구와 비행선은 비행하는 속도가 느렸다.
⑤ 세계 대전이 비행기의 성능 발전을 촉진했다.

관련 교과 국어

미루어알기

4. 라이트 형제의 시도를 최초의 성공으로 인정하는 까닭은 무엇입니까?

① 날개의 부착
② 설계한 기계로 제작
③ 바람의 힘을 이용
④ 더운 공기를 이용
⑤ 유인 동력 비행

세부내용

5. 글의 내용으로 미루어보아 ㉠의 뜻으로 알맞은 것은 어느 것입니까?

① 왼쪽으로 미는 힘
② 오른쪽으로 미는 힘
③ 위로 끌어올리는 힘
④ 아래로 끌어내리는 힘
⑤ 좌우 상하로 움직이게 하는 힘

적용하기

6. 둘째 문단의 내용을 바탕으로 하여 '하늘을 나는 꿈'을 실현하기 위한 조건을 한 문장으로 써보았습니다. 빈칸에 알맞은 낱말을 쓰세요.

> ①□□□□ 날 수 있고 ②□□가 빠르며, 자유자재로 방향을 바꿀 수 있을 뿐만 아니라 ③□□하지 않아야 한다.

요약하기

7. 글의 흐름과 구조에 따라 전체 내용을 표로 정리했습니다. 빈칸을 채워 완성하세요.

하늘을 나는 꿈

과거(1문단, 2문단)	③□□(3문단, 4문단)	현재, 미래(5문단, 6문단)
하늘을 날기 위한 다양한 ①□□과 ②□□	라이트 형제의 ④□□과 비행기의 발전	하늘을 나는 꿈의 실현과 더욱 발전된 ⑤□□의 모습

점수

1~7번 문제의 점수를 더하여 총점을 쓰고 164쪽의 표에 막대그래프로 표시하세요

독해력 키움 | 16. 설명하는 글 읽기(16)

우리나라의 전통 그릇인 옹기에 대하여 들어 본 적이 있습니까? 우리 주변에서 흔히 볼 수 있는 항아리와 뚝배기는 대표적인 옹기로서 자연 속에서 살아 숨 쉬는 그릇입니다. 옹기에 담긴 조상의 지혜와 슬기를 생각하여 봅시다.

옹기는 진흙으로 구워 만든 질그릇과 이러한 질그릇에 잿물 유약을 입혀 윤이 나고 단단하게 만든 오지그릇을 합하여 부르는 말입니다. 이러한 옹기의 가장 큰 특징은 주변에서 쉽게 구할 수 있는 천연 재료로 만들어졌다는 점입니다. 그래서 우리 조상은 인체에 해롭지 않고 독성이 전혀 없는 옹기를 오랜 세월 동안 사용했습니다.

옹기의 또 다른 중요한 특징은 숨을 쉬는 그릇이라는 점입니다. 옹기가 높은 온도에서 잘 구워지면 옹기의 내부에 있던 수분이 증발하여 옹기에 작고 미세한 숨구멍이 만들어집니다. 바로 이곳을 통하여 그릇 안과 밖의 공기가 서로 순환할 수 있게 되는 것입니다. 이러한 과학적인 원리를 통하여 만들어진 옹기는 저장하여 둔 음식물을 잘 익게 하고, 내용물을 오랫동안 썩지 않게 잘 보관할 수 있는 장점이 있습니다.

우리의 일상생활에서 옹기는 매우 다양하게 사용되었는데, 그 쓰임새에 따라 모양이 조금씩 달랐습니다. 그중에서 몇 가지 예를 들면, 식생활과 가장 관련이 있는 옹기들로 항아리, 뚝배기 등이 있고, 일상생활에서 쓰이는 시루와 약탕기가 있으며, 집을 지을 때 사용한 옹기 굴뚝과 기와 등이 있습니다.

우리나라는 전통적으로 음식물을 저장하는 데 항아리를 사용하였습니다. 항아리는 김치를 비롯하여 간장, 된장, 고추장, 젓갈, 술 등을 발효시키고 저장하는 발효 용구로서, 필수적인 생활 용기로 쓰여 왔습니다. 대표적인 질그릇 항아리 중에서 크기가 큰 것을 '독'이라고 부르는데, 그 쓰임새에 따라 장독, 물독, 쌀독, 김칫독, 술독 등으로 나눌 수 있습니다. 이 중에서 장독은 부엌과 가까운 뒤뜰 높직한 장독대에 가지런히 놓여 토담과 함께 어울려 따뜻하고 정겨운 자연 풍경이 됩니다.

또, 뚝배기는 높은 온도를 보존하여 주는 그릇으로 따뜻한 음식을 즐겨 먹는 우리의 식생활에 중요한 옹기입니다. 뚝배기는 조리 기구로서 높은 온도를 오랫동안 유지하여 주는 특징이 있으므로 은근한 불에서 오랜 시간 끓이는 탕, 국, 찌개 등을 조리하는 데 좋습니다. 뚝배기는 조리를 마친 뒤에도 그릇 자체가 열을 품고 있으므로 높은 온도를 계속 유지할 수 있어 한국 사람의 특성으로 대표되는 ㉠은근과 끈기의 상징으로 불리기도 합니다.

시루는 우리나라가 농경 생활을 시작할 때부터 사용하였는데, 곡식을 가루 내어 증기를 이용하여 떡을 쪄내는 떡시루나 콩나물을 키우는 콩나물시루로 사용합니다. 시루는 떡을 찔 때 아래에서 올라오는 증기를 잘 받아들일 수 있도록 바닥에 여러 개의 구멍이 뚫려 있습니다. 불로 가열하는 동안 옹기의 특성인 은근한 열이 전달되기 때문에 떡을 찌는 데 꼭 맞는 기구입니다. 또, 우리 조상은 콩나물시루를 활용하여 추운 겨울 동안 실내에서 콩나물을 길러 부족한 비타민을 보충하기도 하였습니다.

한약을 달이는 약탕기도 옹기의 특징을 잘 활용한 그릇입니다. 주전자와 비슷한 모양을 한 이 그릇은 몸뚱이에 손잡이로 쓰이는 자루가 달려 있습니다. 이러한 약탕기는 약재들을 고루 오랫동안 우려낼 수 있으므로 한약의 효능을 더욱 좋게 해 주어 오늘날에도 많이 활용되고 있습니다.

옹기는 대부분 그릇으로 활용되었지만, 이외에도 집을 지을 때 굴뚝과 기와로도 쓰였습니다. 옹기로 만든 굴뚝은 여러 모양의 구멍을 뚫어 연기와 그을음이 잘 빠져나갈 수 있도록 하였습니다. 또, 기후 변화가 뚜렷한 우리나라는 추위와 더위에 잘 견딜 수 있도록 지붕을 덮어야 하는데, 이때 사용된 옹기 기와는 심한 더위나 장마에도 습기나 열을 간직하였다가 서서히 내뿜는 장점이 있습니다.

이처럼 예부터 우리 생활에서 다양하게 활용했던 옹기는 조상의 멋과 슬기가 담겨 있어 오늘날에도 많은 사람의 사랑을 받고 있습니다.

주제찾기 **1.** 글쓴이가 말하고자 한 중심 내용은 무엇입니까?

① 우리 주변에서 볼 수 있는 그릇
② 옹기에 담긴 조상의 지혜와 슬기
③ 작고 미세한 숨구멍이 있는 그릇
④ 토담과 어울린 정겨운 자연 풍경
⑤ 농사를 시작할 때부터 사용한 그릇

글감찾기 **2.** 글감을 글에서 찾아 한 낱말로 쓰세요.

사실이해 **3.** 실물을 쉽게 떠올릴 수 있도록 자세히 설명한 옹기들을 찾으세요.

① 항아리, 뚝배기
② 뚝배기, 시루
③ 시루, 약탕기
④ 약탕기, 굴뚝
⑤ 굴뚝, 기와

미루어알기 4. 글을 읽은 뒤의 생각을 잘못 말한 것은 어느 것인가요?

① 진흙만으로 훌륭한 그릇을 만들 수 있네.
② 옹기는 공기가 안팎으로 순환하는 그릇이네.
③ 잿물을 발라 구운 항아리가 값이 훨씬 비싸겠네.
④ 뚝배기로 찌개를 끓여놓으면 오랫동안 따듯하겠네.
⑤ 열을 간직하는 성질 때문에 옹기 기와를 선택했겠네.

세부내용 5. ㉠의 이유로 알맞은 것은 어느 것입니까?

① 따뜻한 정을 느끼게 하므로
② 한국인의 생김새를 닮았기 때문에
③ 누구에게나 친근한 인상을 주기 때문에
④ 따스한 기운을 오랫동안 지니고 있으므로
⑤ 소박한 인상이 부담 없이 다가서도록 하므로

적용하기 6. 다음과 같은 일에 사용하기에 적합한 옹기의 이름을 글에서 찾아 쓰세요.

집에서 직접 콩나물을 길러 반찬거리를 마련하려고 합니다. → ① □□
김치를 많이 담가 겨우내 장독대에 두고 먹으려고 합니다. → ② □□□□

요약하기 7. 글의 내용을 요약하여 표를 만들었습니다. 빈칸을 채워 완성하세요.

옹기의 특징	• ① □□ □□로 만들어짐 → 독성이 없음. • 숨을 쉬는 그릇
옹기의 종류와 용도	• 항아리: 간장, 된장, 고추장, 젓갈, 술 등을 저장하는 ② □□ 용구 • ③ □□□: 조리 기구 • 시루: 떡을 찌거나 콩나물을 기름. • 약탕기: 한약을 달임. • ④ □□: 연기와 그을음이 잘 빠지도록 함. • 기와: 더위와 추위를 견디도록 함.

1~7번 문제의 점수를 더하여 총점을 쓰고 164쪽의 표에 막대그래프로 표시하세요   점수

독해력 키움 | 17. 설명하는 글 읽기(17)

| 평가요소 | 1. ☐ 15점 | 2. ☐ 15점 | 3. ☐ 10점 | 4. ☐ 15점 | 5. ☐ 15점 | 6. ☐ 15점 | 7. ☐ 15점 |

168쪽 표의 해당하는 번호에 체크하세요.

다음 낱말들의 공통점은 무엇일까요?
㉠'제비', '개미', '도라지', '소나무'

이 낱말들은 우리나라와 북한이 정한 태풍 이름입니다. 태풍의 이름은 태풍이 발생할 때마다 붙이지 않고 미리 여러 가지 이름을 정하여 놓았다가 태풍이 발생하면 차례대로 이름을 붙입니다.

태풍에 처음으로 이름을 붙인 사람은 호주의 예보관들이었습니다. 그 당시 호주 예보관들은 자신이 싫어하는 정치가의 이름을 붙였다고 합니다.

제2차 세계 대전 이후, 미국의 공군과 해군에서 공식적으로 태풍에 이름을 붙이기 시작하였는데 이때에는 여자 이름을 붙였습니다. 이렇게 1978년까지는 태풍에 붙이는 이름을 여자 이름으로 정하였다가 이후부터는 남자 이름과 여자 이름을 번갈아 붙였습니다.

남서태평양에서 발생한 태풍은 1999년까지 괌에 있는 미국 태풍합동정보센터에서 정한 이름을 사용하였습니다. 그러나 2000년부터는 아시아 각국 국민들이 태풍에 관한 관심을 높이고 경계심을 가질 수 있게 하려고 아시아 태풍위원회 회원국에서 제출한 이름으로 태풍의 이름을 붙이기로 하였습니다. 필리핀 마닐라에서 열린 제31차 아시아 태풍위원회에서 각 나라의 고유한 이름을 열 가지씩 정하여 사용하기로 한 결정에 따른 것이지요.

아시아 태풍위원회에서는 각 나라에서 정한 태풍의 이름에 차례를 정한 다음, 2000년부터 태풍이 생길 때마다 정하여 놓은 차례대로 태풍 이름을 붙이고 있습니다. 태풍 이름은 14개 국가에서 10개씩 제출한 140개가 사용됩니다. 140개 모두 사용하고 나면 1번부터 다시 사용하게 됩니다.

필리핀 마닐라에서 열린 제31차 아시아 태풍위원회에서 각국이 내놓은 태풍 이름을 확정하였는데, 그중에 우리나라의 태풍 이름 열 가지는 '개미, 제비, 나리, 너구리, 장미, 고니, 수달, 메기, 노루, 나비'입니다. 여기에 아시아 태풍위원회 회원국인 북한이 붙인 이름까지 더하면 우리말 태풍 이름은 모두 스무 가지나 됩니다. 북한의 태풍 이름은 '기러기, 소나무, 도라지, 버들, 갈매기, 봉선화, 매미, 민들레, 메아리, 날개'입니다.

해마다 개최되는 아시아 태풍위원회 총회에서는 그해 막대한 피해를 준 태풍의 이름을 퇴출하기로 결정합니다. (㉡   )는 취지에서입니다. 그리고 피해를 주지 않은 태풍일지라도 다른 까닭으로 다시는 그 태풍 이름을 사용할 수 없으면 새로운 태풍 이름으로 바꿉니다. 태풍의 이름을 바꾸는 것은 그 태풍 이름을 제출한 나라에서 결정합니다. 우리나라에서 제출한 태풍 이름 '나비'의 경우, 2005년 일본을 강타하면서 엄청난 피해를 일으켜 '독수리'라는 이름으로 바뀌었습니다.

주제찾기 **1.** 글의 중심 내용은 무엇입니까?

① 태풍의 이름을 정하는 단체
② 태풍의 이름을 정하는 방법
③ 태풍의 이름과 관련되는 남자 이름
④ 태풍의 이름과 관련되는 여자 이름
⑤ 태풍의 이름을 나라별로 붙이는 순서

제목찾기 **2.** 빈칸을 채워 글에 알맞은 제목을 붙이세요.

□□의 □□

사실이해 **3.** ㉠으로 우리나라에서 정한 태풍의 이름을 모두 모아놓은 것은 어느 것입니까?

① 제비, 개미
② 개미, 도라지
③ 도라지, 소나무
④ 제비, 도라지
⑤ 개미, 소나무

미루어알기

4. ㉡에 들어가기에 알맞은 문장은 어느 것입니까?

① 앞으로 태풍이 일어나지 않아야 한다.
② 앞으로 태풍의 피해가 다시는 없어야 한다.
③ 앞으로 태풍이 일본을 지나가지 않아야 한다.
④ 앞으로 유사한 태풍 피해가 없도록 해야 한다.
⑤ 앞으로 태풍의 피해를 우리나라로 돌려야 한다.

세부내용

5. 글의 끝 문단에 있는 '퇴출하기'를 알기 쉬운 우리말로 알맞게 고친 것은 어느 것입니까?

① 부르기   ② 내쫓기
③ 외치기   ④ 다듬기
⑤ 고르기

적용하기

6. 글의 내용에 바탕을 두고 아래의 빈칸을 채우세요.

> 1959년 우리나라의 남해안 중앙에 상륙하여 북동쪽으로 나아간 태풍 '사라'는 한반도의 동남부 지역에 특히 큰 피해를 주었습니다. 이 태풍의 이름은 그 당시의 관례를 따라 □□ □□을 붙인 것이었습니다.

요약하기

7. 글의 내용을 아래와 같이 요약하려 합니다. 빈칸에 알맞은 말을 넣으세요.

> 태풍의 이름은 □□□□년부터 아시아 태풍위원회 회원국에서 제출한 이름으로 정하고 있습니다. 우리나라와 북한에서도 각각 □□개씩의 이름을 제출하여 태풍의 이름을 정하는 데 참여하고 있습니다. 태풍의 이름은 □□가 크거나, 특별한 사정이 있을 때 다른 이름으로 바꾸기도 합니다.

점 수

1~7번 문제의 점수를 더하여 총점을 쓰고 164쪽의 표에 막대그래프로 표시하세요

독해력 키움 | 18. 설명하는 글 읽기(18)

| 평가요소 | 1. ☐ 15점 | 2. ☐ 15점 | 3. ☐ 15점 | 4. ☐ 10점 | 5. ☐ 15점 | 6. ☐ 15점 | 7. ☐ 15점 |

168쪽 표의 해당하는 번호에 체크하세요.

남자아이 돌복 중 풍차 바지가 나와 트인 엉덩이를 실룩거리자 옷들이 웃음을 터뜨렸어요. / "푸하하, 왜 바지 엉덩이가 터졌어? 이름은 왜 또 풍차이고?"
"아이 옷이니까 대소변을 보기 편하게 엉덩이 쪽을 길게 트고, 그 터진 자리에 '풍차'라는 긴 헝겊 조각을 달아서 지은 바지랍니다. 그래서 이름이 풍차 바지예요. 혹시 바람에 돌아가는 풍차라고 생각하신 건 아니겠죠? 흐흐." / "아하, 그렇게 깊은 뜻이! 크크."
"풍차 바지를 입고 나면 가장 기본이 되는 윗옷 저고리를 입어요. 돌 때는 특별히 알록달록 색동저고리를 입기도 해요. 그리고 그 위에 돌복의 주인공이라 할 수 있는 까치두루마기를 입고요." / 까치두루마기는 뽐내듯이 이리저리 움직여 보이며 말했어요.
"근데 네 이름도 참 특이하다. 왜 까치두루마기이지?"
"'까치 까치 설날은 어저께고요 우리 우리 설날은 오늘이래요' 이 노래 다들 아시죠? 저는 본래 까치설날에 입던 옷이에요. 까치설날은 우리 설날 하루 전이니까, 섣달그믐 그러니까 음력 12월 30일로 한 해의 마지막 날을 말하죠. 옛 어른들은 설날 하루 전에 까치가 좋은 소식을 전해 준다고 믿었어요. 그래서 아기 옷에 까치라는 이름을 붙여 좋은 일이 많이 있으라는 바람을 담은 것이지요." / "아기 옷 이름 하나에도 깊은 사랑을 담았구나."
"아이에 대한 사랑은 옷 이름에만 담긴 게 아니에요. 저를 돋보이게 해 주는 이 알록달록한 다섯 빛깔에도 도련님에 대한 사랑이 듬뿍 담겨 있다고요. 홍색, 청색, 황색, 백색, 흑색, 이 다섯 가지 색을 오방색이라고 부르는데요. 우리 조상은 여기에 우주의 원리가 담겨 있다고 믿었어요. 그래서 오방색을 이용해 옷을 지어 입으면 나쁜 일을 막고 건강하게 장수할 수 있다고 생각해 아이에게 색동옷을 지어 입힌 거예요."
"아, 색도 단순히 곱기만 한 게 아니었구나." / 돌복이 옷에 담긴 의미를 설명해 주자, 옷들은 알록달록한 돌복이 다 사랑스럽고 귀하게 보였어요. (생략)
"듣고 보니 돌복은 아이가 복을 받는 옷이네!"
"이제야 돌복을 제대로 이해하시네요. 헤헤."
돌복은 머리를 긁적이면서 자랑스러운 듯 웃음을 지었어요.
"그럼 여자아이의 돌복은? 남자아이 것과는 뭔가 다를 것 같은데?"
"호호, 저희 부르셨어요?"
작고 앙증맞은 다홍치마와 색동저고리가 기다렸다는 듯 옷들 앞에 모습을 보였어요.
"우리 아기씨는 돌잔치 날 고운 다홍치마에 색동저고리, 당의를 입었어요. 당의는 앞뒤가 무릎까지 내려오는 저고리예요. 머리에는 굴레라는 장식용 쓰개를 썼고요. 나중에는 굴레 대신 조바위라는 모자를 쓰는 아기씨들도 많았지만요."

까치두루마기는 아기씨 돌복이 반가워 손까지 흔들며 물었어요.

"너희 아기씨는 돌잡이 때 뭘 잡았어? 우리 도련님은 붓을 잡았는데, 그 때문이었는지 훌륭한 학자가 되셨지."

"우리 아기씨는 동전을 잡으셨어. 그래서일까? 가난한 집안의 도련님과 결혼했는데, 아기씨가 시집간 뒤로는 시댁 재산이 부쩍부쩍 늘어서 큰 부잣집이 되었어. 새아기가 아주 복덩이라고 사랑받으며 행복하게 잘 사셨지."

두 돌복은 주인의 행복이 곧 자신의 것인 양 행복한 표정이에요.

"돌잡이가 뭐야? 운명을 점치는 요술쟁이라도 되는 거야?"

옷들이 신기한 듯 말했어요. 그러자 도련님 돌복이 기다렸다는 듯 차근차근 설명해 주었어요.

"옛날 주인님들은 돌잔치 때 돌상을 차려 아기가 병 없이 건강하게 오래오래 행복하게 살도록 기원했어요. 이때 돌잡이 물건을 돌상에 같이 올려 주지요. 돌상에는 쌀밥과 미역국, 나물 말고도 오래 살라는 뜻에서 실타래와 국수, 부자로 살라는 뜻에서 쌀과 돈, 자손을 많이 낳고 행복하게 살라는 뜻에서 대추, 탈 없이 건강하게 살라는 뜻에서 수수팥떡, 공부를 잘하고 성공하라는 뜻에서 책과 붓, 용맹하라는 뜻에서 활과 화살 등을 아이 손이 닿는 곳에 놓아 주었어요. 그리고 아기가 집는 것으로 앞날을 점치는 거죠."

이번에는 아기씨 돌복이 말했어요.

"우리 주인님인 아기씨 경우에는 여자아이라서 실과 자, 색종이를 놓아 주었어요. 옛날에는 여자의 바느질 솜씨를 중요하게 여겼기 때문이에요. 집집마다 여자들이 직접 옷이나 이불을 꿰매서 만들어야 했으니까요. 이렇게 차린 돌상 앞에 돌복을 입은 아이를 앉히고 아이가 첫 번째나 두 번째 잡는 것으로 아이의 미래를 점쳐 보는데, 이것이 바로 '돌잡이', 또는 '돌잡히기'라고 했지요. 이러한 전통은 지금까지도 이어져서, 요즘에는 멋진 운동 선수나 예술가가 되라고 골프공이나 그림 붓을 놓아 주기도 한대요."

주제찾기 **1.** 중심 내용을 잘 표현한 것은 어느 것입니까?

① 돌맞이 행사의 절차
② 돌맞이에서 주고받는 말
③ 돌복의 유래와 차림새의 모습
④ 돌복을 입은 남자아이와 여자아이
⑤ 돌복의 구성 요소와 돌잡이 행사의 내용

글감찾기 2. 글에서 스스로 말하면서 글감으로 되어 있는 것을 찾아 쓰세요.

사실이해 3. 돌복 중, 도련님과 아기씨가 함께 입을 수 있는 것은 무엇입니까?

① 풍차 바지 ② 색동저고리 ③ 까치두루마기
④ 다홍치마 ⑤ 조바위

미루어알기 4. 돌잡이로 의사가 되라는 뜻으로 돌상에 올릴 수 있는 물건은 무엇이겠습니까?

① 실타래 ② 쌀과 돈 ③ 수수팥떡
④ 청진기 ⑤ 그림붓

세부내용 5. 낱말이 만들어진 방식이 넷과 다른 하나는 어느 것입니까?

① 굴레 ② 돌복 ③ 바람
④ 아기 ⑤ 웃음

적용하기 6. 글의 내용을 연극으로 꾸밀때, 아래의 빈칸에 알맞은 말을 쓰세요.

> 돌을 맞은 남자 아기의 역할은 □□□이 여자 아기의 역할은 □□□가 맡도록 꾸밉니다.

요약하기 7. 글의 주요 내용을 둘로 나누어 아래의 표로 정리했습니다. 빈칸에 알맞은 낱말을 쓰세요.

돌복으로 갖추어야 할 것들	**도련님:** 풍차 바지, 색동저고리, 까치두루마기, 남색 조끼, ①□□, 호건 **아기씨:** 다홍치마, 색동저고리, ②□□, 굴레(조바위)
③ □□□로 돌상에 올리는 것들	**도련님:** 실타래, 국수, 쌀과 돈, 대추, 수수팥떡, 책과 붓, ④□□ □□ **아기씨:** 실과 자, 색종이, 도련님과 공통으로 올릴 수 있는 것들

1~7번 문제의 점수를 더하여 총점을 쓰고 164쪽의 표에 막대그래프로 표시하세요

점수

독해력 키움 | 19. 설명하는 글 읽기(19)

168쪽 표의 해당하는 번호에 체크하세요.

   '엿장수'나 '엿쟁이' 하면 엿판을 들고 엿가위질을 하며 엿을 파는 사람 정도로 생각할 것이다. 그러나 목포에 가면 이런 엿장수 외에 또 다른 엿장수가 있다. 이 엿장수는 엿을 파는 엿장수가 아니라 작은 못, 물웅덩이, 늪 등의 물에 사는 곤충을 의미한다. 물 위를 긴 다리로 미끄러지듯 헤엄쳐 다니는 수영 선수인 소금쟁이를 전라남도 목포에서는 '엿장수'라고 한다. 그리고 강원도 양양에서는 소금쟁이를 '엿장사'라고 하며, 경상남도 산청에서는 '엿쟁이(엿재이)'라고 한다.

(가) 연우: 너 아까 책 고른 거 어디 있니? / 동생: 아, 맞다!
    연우: 으이구 빨리 가져와. / 연우: 어? 아주머니! 안녕하세요?
    아주머니: 이게 누구야? 너 연우지? 밖에서 보니까 못 알아보겠네. 근데 여긴 어쩐 일이야? / 연우: 동생이랑 책 사러 왔어요.
    아주머니: 연우 다 컸네. 집에 갈 때 차 조심하고. / 연우: 네, 안녕히 가세요.

(나) 연우: 니 아까 책 고른 거 어디 있니? / 동생: 아, 맞다!
    연우: 으이구 빨리 갖고 와! / 연우: 어? 아주머이! 안녕하세요?
    아주머니: 이거 누구야? 니 연우제? 밖에서 보이 모 알아보겠다야. 근데 여는 어쩐 일이냐? / 연우: 동생이랑 책 사러 왔어요.
    아주머니: 연우 다 컸다야. 집에 갈 때 차 조심하구.
    연우: 예, 안녕히 가시래요.

(다) 연우: 니 아까 책 고른 거 어딨노? / 동생: 아, 맞다!
    연우: 으이구, 빨랑 갖고 온나. / 연우: 어? 아지매! 안녕하십니꺼?
    아주머니: 이 누고? 니 연우 아이가? 밖에서 보니까 못 알아보긋네. 근데 여긴 우짠 일이고? / 연우: 동생이랑 책 사러 왔심니더.
    아주머니: 연우 다 컸네. 집에 갈 때 차 조심하고.
    연우: 네, 안녕히 가이소.

(라) 연우: 너 아까 책 골른 거 어디 있냐? / 동생: 음메.
    연우: 으이(구). 빨리 가져와. / 연우: 어? 아주머니! 안녕하세요?
    아주머니: 옴메, 이게 누구다냐? 니 연우 맞제? 밖에서 본께 못 알아보겠다잉. 근

　　　　디 여긴 뭘일로 왔냐? / 연우: 동생이랑 책 사러 왔단게요.

　　　아주머니: 연우 다 컸다잉. 집에 갈 때 차 조심해라잉.

　　　연우: 안녕히 가세요.

(마) 연우: 너 아까 책 고른 거 어디 있댜? / 동생: 아, 맞다!

　　　연우: 으이구, 빨리 가져와. / 연우: 어? 아주머니! 안녕하세유?

　　　아주머니: 이게 누구여? 너 연우지? 밖에서 보니 몬 알아보겠구먼. 근데 여긴 우쩐
　　　　　　　 일이여? / 연우: 동생이랑 책 사러 왔어유.

　　　아주머니: 연우 다 컸구먼. 집에 갈 때 차 조심허구.

　　　연우: 야, 안녕히 가셔유.

(바) 연우: 너 아까 책 고른 거 어디 이서? / 동생: 아, 맞다!

　　　연우: 으이구, 빨리 가정와. / 연우: 어, 아주망! 안녕하셔쑤과?

　　　아주머니: 야이 누구라? 너 연우아니? 밖에서 보난 못 알아보크라. 근데 여기 무사
　　　　　　　 아시랑 책 사러 완 마씸. / 연우: 동생이랑 책 사러 왔어예.

　　　아주머니: 연우 다 커신게. 집에 갈 때 차 조심행 가라이.

　　　연우: 예, 들어가십써예.

주제찾기

1. 글을 읽고 알 수 있는 가장 중요한 사실은 무엇입니까?

① 사람마다 말이 다르다.
② 지역에 따라 말이 다르다.
③ 말이 그 사람의 성격을 드러낸다.
④ 말의 뜻은 지역에 따라 달라진다.
⑤ 대화의 말이 친밀한 관계를 이루게 한다.

제목찾기

2. 빈칸에 낱말을 넣어 글의 제목을 붙여 보세요.

표준어와 □□

관련 교과 국어

사실이해

3. (나)에 나타난 방언의 특징은 무엇입니까?

① 문장의 끝 낱말에 '~래요.'가 붙었다.
② 낱말의 앞부분이 된소리로 발음되었다.
③ 'l' 모음 앞에서 'l'를 덧붙여 발음했다.
④ 끝에 오는 '~다'를 '~데이'로 바꿔 썼다.
⑤ 긴말을 줄이고 감탄사를 많이 사용하였다.

미루어알기

4. (가)와 비교해 볼 때, (나)~(바) 중 차이가 가장 큰 것은 어느 것인가요?

① (나) ② (다) ③ (라)
④ (마) ⑤ (바)

세부내용

5. 다음 중 옳지 <u>않은</u> 설명은 어느 것입니까?

① 표준어는 국가에서 정한 말이다.
② 표준어를 쓰면 의사소통이 쉬워진다.
③ 방언은 지역별로 제각기 사용해 온 말이다.
④ 사투리가 시간이 흐르면 방언이 된다.
⑤ 방언 중에서 골라 표준말을 정했다.

적용하기

6. 아래의 문장을 충청도 방언으로 바꾸어 쓰세요.

| 어쩐 일이긴요, 연필 사러 왔어요. |

요약하기

7. 서로 관련되는 것끼리 선으로 연결하세요.

연우의 대화(가)	•	•	서울(표준어) 말
연우의 대화(나)	•	•	경상도 말
연우의 대화(다)	•	•	강원도 말
연우의 대화(라)	•	•	충청도 말
연우의 대화(마)	•	•	전라도 말
연우의 대화(바)	•	•	제주도 말

점수

1~7번 문제의 점수를 더하여 총점을 쓰고 164쪽의 표에 막대그래프로 표시하세요

독해력 키움 | 20. 설명하는 글 읽기(20)

| 평가요소 | 1. ☐ 15점 | 2. ☐ 15점 | 3. ☐ 10점 | 4. ☐ 15점 | 5. ☐ 15점 | 6. ☐ 15점 | 7. ☐ 15점 |

168쪽 표의 해당하는 번호에 체크하세요.

　　우주는 태양이 비출 때와 비추지 않을 때의 온도 차가 수백 ℃나 나고 빠른 속도로 날아다니는 많은 우주 먼지와 우주선(cosmic ray) 등 위험 요인이 도사리고 있는 곳입니다. 그렇다고 하더라도 우주정거장이나 우주왕복선 안에서는 편안하고 재미있는 생활을 즐길 수 있습니다. 우주정거장 안에는 숨을 쉬기 위한 공기가 가득 차 있어서 우주복이 아닌 평상복을 입을 수 있다는 점만 보아도 그렇습니다.

　　하지만 우주 정거장 안은 지구 중력의 1백만 분의 1 정도로 무중력[1] 상태에 가까우므로 물체의 무게를 느낄 수 없으며, 고정이 되어 있지 않은 물체는 떠오르게 됩니다. 그래서 특수한 용도의 덧신이나 손잡이 등을 이용해야만 몸을 고정할 수 있습니다. 또한, 무중력 상태에서는 바닥과의 마찰이 없으므로 조금만 힘을 주어도 멀리까지 떠가게 되며, 한곳에 가만히 있는 것이 힘들어집니다. 혈액순환도 하반부에서 상반부로 쉽게 이루어지고 장기들이 위로 치우치게 되기 때문에 인체 내에 있는 모든 것이 둥둥 떠다니는 듯한 느낌을 받게 됩니다.

　　이런 우주정거장에서 식사는 어떻게 할까요? 우주 공간에서는 행동이 자유롭지 못하기 때문에 체력 소모가 지상보다 더 큽니다. 또 무중력 상태에서 오랫동안 생활하면 뼈에서 칼슘이, 근육에서 질소가 빠져나갑니다. 따라서 우주인들에게 균형 있고 영양가 있는 식단이야말로 필수적입니다. 일단 물을 마시기 위해서는 플라스틱 주머니에 든 물을 빨대를 이용해서 마셔야 합니다. 우주정거장이 생긴 초기의 음식들은 튜브에 음식물을 넣고 짜서 먹는 형태의 식사여서 맛이 없었습니다. 지금은 지상에서의 식사와 비슷한 1백여 가지의 음식물들이 있습니다. 이러한 음식물들은 말린 것이거나 물을 부어서 요리를 해먹는 인스턴트식품입니다. 또한, 통조림으로 만든 과일, 호두, 열매, 비스킷, 빵 등을 먹을 수도 있습니다.

　　그렇다면 우주정거장에서는 잠은 어떻게 잘까요? 무중력 상태에서는 잠을 자는 동안 가해지는 중력의 영향이 없으므로 훨씬 편안한 잠을 이룰 수가 있습니다. 하지만 몸이 움직여 이리저리 날아다니다 다치는 것을 막기 위해 벨트로 고정을 해야 합니다. 또

Note
[1] 무중력: 마치 중력이 없는 것처럼 느끼는 현상. 지구 위에서 정지하고 있는 물체는 중력을 받지만, 지구 주위를 돌고 있는 인공위성 따위의 내부에서는 중력이 관성력인 원심력과 균형을 이루어 이러한 상태가 된다.

한, 우주정거장에서는 밤낮의 구분이 명확하지 않고, 지구를 하루에 두 바퀴 돌기 때문에 태양이 하루에 (㉠) 떴다가 집니다. 그래서 수면 마스크를 착용해서 환경에 영향을 덜 받으려고 합니다.

몇 달 동안 우주 공간에 머무르기 위해서는 샤워 시설이 필수적입니다. 지상과 마찬가지로 통 안에 들어가 샤워기를 이용하여 샤워합니다. 이때 공중을 떠다니는 물방울들은 진공 장치로 빨아들이게 됩니다. 이 물은 깨끗하게 해서 다시 샤워를 하는데 사용하기도 하고, 산소발생 장치에 사용하기도 합니다.

주제찾기 **1.** 우주정거장에서 지내기에 가장 큰 어려움은 무엇입니까?

① 온도 차가 큰 환경
② 우주 먼지가 침범함
③ 무중력 상태에 가까움
④ 혈액 순환이 잘 안 됨
⑤ 밤낮의 구분이 명확하지 않음

글감찾기 **2.** 글감을 아래와 같이 파악했습니다. 빈칸을 채우세요.

□□□□□에서 생활하기

사실이해 **3.** 글에서 다루지 않은 내용은 무엇입니까?

① 옷 입기
② 신발 신기
③ 물 마시기
④ 음식 먹기
⑤ 샤워하기

미루어알기

4. 글을 읽고 떠올려 본 생각 중, 알맞지 <u>않은</u> 것은 어느 것인가요?

① 공기가 없는 곳에서는 우주복을 입어야 한다.
② 중력이 작아질수록 물체의 무게도 점점 줄어든다.
③ 우주 공간에서 운동을 통해 체력소모를 줄일 수 있다.
④ 중력의 영향을 줄이게 되면 편안한 잠을 잘 수가 있다.
⑤ 무중력 상태에서는 작은 물방울이 공중에 떠다니게 된다.

세부내용

5. ㉠에 알맞은 말은 무엇입니까?

① 한 번
② 두 번
③ 세 번
④ 네 번
⑤ 여덟 번

적용하기

6. 아래와 같은 절차는 무엇을 위해 필요합니까? 빈칸에 알맞은 말을 채워서 답하세요.

> 우주비행사들은 쟁반에 음식을 놓고 식사를 하는데, 이 쟁반 역시 탁자에 끼워놓고 식사를 한다. 필요한 포크, 숟가락, 칼과 같은 도구들은 조금 끈적거리게 만들어서 쟁반에 붙여놓고 사용한다.
>
> □□□ □□를 이겨내기 위해

요약하기

7. 우주 정거장 안에서 몸이 마음대로 움직이는 것을 방지하기 위해 준비해야 할 세 가지를 글에서 찾아 쓰세요.

점수

1~7번 문제의 점수를 더하여 총점을 쓰고 164쪽의 표에 막대그래프로 표시하세요

독해력 키움 | 21. 설명하는 글 읽기(21)

| 평가요소 | 1. ☐ 15점 | 2. ☐ 10점 | 3. ☐ 15점 | 4. ☐ 15점 | 5. ☐ 15점 | 6. ☐ 15점 | 7. ☐ 15점 |

168쪽 표의 해당하는 번호에 체크하세요.

어디선가 들려오는 부산스러운 소리에 아이들은 눈을 떴어요. 사람들이 돌과 흙을 바삐 나르고 있었지요. / "여기가 어디지? 저 사람들은 다 뭐야?"

유진이가 물었어요. 한국이는 주변을 두리번거렸지요. 책에서 본 것도 같은데 생각이 날 듯 말 듯 아리송했어요.

바로 그때였어요. 사람들이 ⊙한목소리로 우렁차게 외쳤어요.

"만세, 끝이다! 만세!" / "드디어 완성이야! 정조 임금님 만세! 정약용 만세!"

그 순간 한국이의 귀가 번쩍 뜨였어요. 머릿속에 번개같이 스치는 생각이 있었지요. 한국이는 재빨리 말했어요.

"정조 대왕과 정약용……. 그러면 이 성은……. 그래, 맞아! 여기는 수원 화성이야!"

"정말 확실해? 얼마 전에 소풍 갔던 남한산성이랑 똑같은 것 같은데."

세계의 말에 한국이가 따지듯 말했어요.

"네 눈에는 그렇겠지. 하지만 수원 화성은 엄연히 다른 곳이야. 동서양의 문화와 기술이 조화를 잘 이룬 조선 후기 건축의 백미라고!"

⊙백미는 흰쌀이 아니라 여럿 가운데 가장 뛰어난 것을 말해요. (생략)

"그런데 우리나라에는 성이 많잖아요. 굳이 수원 화성이 세계문화유산으로 선정된 이유가 있나요?"

유진이의 질문은 꽤 날카로웠어요. 문화 해설사 아저씨께서 다시 설명하셨어요.

"좋은 질문이구나. 수원 화성은 기본적으로 적을 공격하고 감시하는 시설을 갖추었을 뿐만 아니라 성에 사는 백성을 위하여 전국 각지로 통하는 길을 내었단다. 또, 큰 규모의 시장도 열게 했지. 이렇게 수원 화성은 적을 막는 일과 백성의 삶을 좋게 하는 데 두루 도움을 준 건축물이란다. 게다가 자연을 파괴하는 대신 오히려 자연 그대로의 특징을 이용해서 성을 지었지. 산의 지형에 따라 성곽의 높이를 잘 조절했………으악!"

문화 해설사 아저씨께서는 갑자기 다가오던 사람과 그만 쾅하고 부딪히고 말았어요. 문화 해설사 아저씨께서는 뒤로 벌렁 넘어지셨지요. 그러자 부딪힌 사람이 오히려 큰소리로 호통을 쳤어요.

"이보시오. 앞을 잘 보고 다녀야지! 눈이라도 다쳤으면 어쩔 뻔했소. 하마터면 내 생에 최고의 작품인 이 성을 못 볼 뻔하지 않았소!"

그 남자의 말에 한국이가 펄쩍 뛰며 말했어요.

"호, 혹시 아저씨가 수원 화성을 설계하신 정약용 선생님이세요?"

"호오, 그렇단다. 꼬마야, 너는 누군데 나를 알고 있느냐? 차림새를 보아하니 허름한 것이, 쯧쯧……."

한국이가 이상한 말을 하기 전에 문화 해설사 아저씨께서 재빨리 나서시며 말씀하셨어요.

"어르신, 실은 제가 실학에 관심이 많습니다. 괜찮으시다면 이 아이들에게 성에 대해 직접 설명해 주시겠습니까?"

정약용은 조금 고민하다가 이내 결심한 듯 말했어요.

"실학에 관심이 있다면야 거절할 수가 없지. 좋소. 나를 따라오시오."

정약용은 앞장서서 걸어갔어요. 그러고는 수원 화성의 장안문에 들어서며 말했어요.

"이 성은 동서양의 건축 방법과 기술을 이용해 지었소. 실학을 잘 이해하고 계신 우리 정조 임금께서 백성이 더욱 살기 좋아지라고 지으신 것이지. 뭐, 물론 아바마마이신 장조(사도세자)의 무덤을 옮기기 위해서였기도 하지만 말이오. 이건 비밀이오만, 당파 싸움을 일삼는 신하들을 견제하고 왕권을 강화하려는 목적도 있었소."

수원 화성은 어찌나 크고 넓은지 한눈에 다 들어오지 않을 정도였지요. 세계가 궁금해하며 물었어요. / "아저씨, 이 성 진짜 큰데요. 다 짓는 데 대체 얼마나 걸렸어요?"

"재작년 1월부터 공사를 시작했고, 지금이 1796년 9월경이니 약 2년 9개월 정도 걸린 것 같구나." / "말도 안 돼! 그렇게 빨리 끝났다고요?"

아이들이 웅성웅성하며 말도 안 된다고 수선을 떨자 정약용이 허허 웃으며 말했어요.

"허허허, 그렇단다. 그게 다 거중기와 녹로 덕분이지. 거중기는 도르래를 사용한 장비인데, 무거운 돌들을 나르는 데 큰 도움을 주었단다. 또, 나라에서 일꾼들에게 품삯을 반일 치까지 정확하게 지급한 덕분에 공사가 착착 진행될 수 있었단다."

주제찾기 1. 글을 통해 전달하고자 한 중심 내용은 무엇입니까?

① 수원 화성이 있는 곳　　　　② 수원 화성에서 만난 사람
③ 수원 화성과 관련된 역사의 사실　　④ 수원 화성이 지어지기까지 여러 과정
⑤ 수원 화성이 세계문화유산이 될 수 있었던 이유

글감찾기 2. 이야기로 꾸며 설명의 대상으로 삼은 것은 무엇입니까?

☐☐ ☐☐

사실이해 3. 정약용의 말에서, 정조가 수원 화성을 지은 목적이 아닌 것은 어느 것인가요?

① 백성이 살기 좋아지라고　② 왕권을 강화하기 위해
③ 사도세자의 무덤을 옮기기 위해　④ 어머니 혜경궁 홍씨를 위로하기 위해
⑤ 당파싸움을 일삼는 신하들을 견제하기 위해

미루어알기 4. 글에 따르면 수원 화성을 짓기 시작한 것은 언제인가요?

① 1794년　② 1795년　③ 1796년
④ 1797년　⑤ 1798년

세부내용 5. ㉠과 같은 쓰임새를 지닌 '한'이 있는 낱말에 ○표 하세요.

한가운데　한집안　한가지　한세상　한낮

적용하기 6. ㉡의 '백미'와 같은 뜻을 지니면서, '백미'가 바르게 사용된 문장은 어느 것입니까?

① 유일한 남자인 그가 백미이다.　② 한글은 세상의 문자들 중 백미이다.
③ 너보다는 내 성격이 더 백미이다.　④ 사람들은 저마다 백미를 내세웠다.
⑤ 사랑은 사람의 감정을 백미로 드러낸다.

요약하기 7. 글의 주요 내용을 아래에서 간추려보았습니다. 빈칸을 채워 완성하세요.

제목	수원 화성
유네스코 세계문화유산이 된 이유	• 적을 막는 일과 ①☐☐의 ②☐을 좋게 하는 데 두루 도움을 줌. • ③☐☐ 그대로의 특징을 이용
정조가 성을 지은 목적	• ④☐☐에 바탕을 두어 백성을 잘 살게 함. • 신하들은 견제하고 ⑤☐☐을 강화하려 함.

1~7번 문제의 점수를 더하여 총점을 쓰고 164쪽의 표에 막대그래프로 표시하세요

점 수

독해력 키움 | 22. 설득하는 글 읽기(1)

| 평가요소 | 1. ☐ 15점 | 2. ☐ 10점 | 3. ☐ 15점 | 4. ☐ 15점 | 5. ☐ 15점 | 6. ☐ 15점 | 7. ☐ 15점 |

169쪽 표의 해당하는 번호에 체크하세요.

갯벌[1] 사랑이 남다른 독일을 빼고는 모든 나라들이 처음부터 갯벌을 지키기 위해 노력한 것은 아니었습니다. 사람들에게 갯벌은 바다와 땅이 만나는 생명의 보물창고로 보인 게 아니라, 바닷물을 손쉽게 막아 공장을 짓거나 농사를 지을 수 있는 땅으로만 보였기 때문입니다. 그곳에 사는 게나 조개, 물고기, 새, 몇몇 사람쯤이야 어떻게 돼도 상관없다고 생각했지요.

얼마 지나지 않아 사람들은 이런 생각이 얼마나 어리석었는지 깨달았어요. 하지만 너무 많은 대가를 치르고 나서야 깨닫게 되었지요. 많은 갯벌을 잃어버리고, 물이 썩고, 생물들이 떼죽음을 당하고, 갯마을 사람들의 삶이 망가지고, 그리고 마침내 갯벌과 상관없이 살아가던 사람들에게까지 피해가 미치게 되고서야 조금씩 느끼게 된 거죠. 갯벌을 파괴하는 것은 곧 우리 자신을 파괴하는 것임을.

내 몸 속의 물이 강물이 되었다가 바다가 되었다가 빗방울이 되었다가 다시 내 몸으로 들어오듯이, 우리 집 화장실에서 강물로 흘러간 오물이, 플랑크톤[2]의 먹이가 되었다가 조개의 먹이가 되었다가 내 입으로 다시 돌아옵니다. 모든 것은 우주의 흐름을 따라, 생태계[3]의 그물을 따라 돌고 돌지요. 그럼, 나와 바다가 따로 떨어져 있나요? 나와 조개가 따로 떨어져 있나요? 나와 갯벌은 상관이 없나요? 나와 지구 건너편 아프리카에 사는 검은 얼굴의 어린이하고는요? 결국, 지구 전체는 하나입니다. 서로 연결되어 있는 거죠. 모두가 하나라는 생각이 이 지구별에서 함께 어울려 살아갈 수 있는 지혜랍니다.

이제는 세계적인 갯벌을 가진 나라뿐만 아니라 보잘것없어 보이는 작은 갯벌을 가진 일본까지도 갯벌을 지키기 위해 애쓰고 있습니다. 갯벌을 보호하고 있는 나라들이 갖고 있는 공통점이 뭘까요? 자신들이 세계를 통틀어도 흔치 않은 갯벌을 갖고 있다는 ㉠자부심입니다. 세계의 갯벌 전문가들은 세계에서 우리나라 서해안 갯벌의 생명력이 가장 높다고 입을 모아 말합니다. 그걸 모르고 있는 건 우리나라 사람밖에 없는 것 같

Note
[1] 갯벌: 밀물 때는 물에 잠기고 썰물 때는 물 밖으로 드러나는 모래 땅. [2] 플랑크톤: 물속에서 물결에 따라 떠다니는 작은 생물을 통틀어 이르는 말. [3] 생태계: 어느 환경 안에서 사는 생물 집단과 그 생물들을 다스리는 여러 요인을 포함한 복합 체계.

아요. 알아야 사랑하는 마음이 생기고, 사랑해야 자부심을 가질 수 있죠.

가까이 있고, 흔하게 볼 수 있는 것에 대해 사람들은 그 중요함을 잊기 쉽습니다. 공기와 물에 대해, 가족들에 대해, 그리고 친구들에 대해서도 그렇죠. 늘 가까이 있어서 그 고마움을 잊어버리기 쉬워요. 공기와 물이 오염되고 나서야, 가족과 떨어져 있어 봐야, 친구와 다투고 혼자가 되어 봐야, 그들이 얼마나 소중한지를 느낍니다.

우리의 갯벌이 얼마나 아름다운지, 얼마나 많은 생명을 품고 있는지, 어떻게 오염된 물을 맑게 바꿔 주는지, 그리고 건강한 갯벌이 지구를 건강하게 만든다는 것 잊지 마세요. 우리는 세계에서 가장 멋진 갯벌을 갖고 있다고요.

주제찾기 1. 글쓴이가 읽는 이들에게 가장 중요하게 여기도록 한 문제는 무엇입니까?

① 생명의 보물 창고
② 갯벌과 함께 살아가기
③ 다시 돌아오는 자연과 사람
④ 나와 다른 나라 사람들
⑤ 아름다운 서해안

글감찾기 2. 글감이라 할 수 있는, 순우리말로 된 한 낱말을 글에서 찾아 쓰세요.

사실이해 3. 글에 나타나지 않은 내용은 어느 것입니까?

① 독일 사람들의 갯벌 사랑은 남다르다.
② 갯벌이 망가지면 사람들의 삶도 망가진다.
③ 갯벌에 대한 자부심이 갯벌을 보호하도록 한다.
④ 세계에서 우리나라 서해안 갯벌의 생명력이 가장 높다.
⑤ 가족이나 친구처럼 가까이 있는 것끼리는 서로 쉽게 사랑한다.

관련 교과 **과학**

미루어알기

4. 글에서 답을 찾을 수 있는 의문문은 어느 것인가요?

① 우리나라에는 갯벌이 어디에 있는가요?
② 갯벌은 우리의 삶을 얼마나 편리하게 하는가요?
③ 갯벌이 없어지면 우리의 삶에 어떤 변화가 생기는가요?
④ 우리나라는 언제부터 자연 보호에 힘쓰고 있는가요?
⑤ 갯벌에 대해 소홀해지기 쉬운 이유는 무엇인가요?

세부내용

5. ㉠과 바꾸어 쓰기에 가장 알맞은 낱말은 어느 것입니까?

① 긍지　　② 열등감　　③ 우월감
④ 부러움　　⑤ 의욕

적용하기

6. 글을 읽고 학급 회의를 한다면, 주제문으로 알맞은 것은 무엇입니까? 빈칸을 채워 답하세요.

건강한 ① □□이 ② □□과 사람들의 삶을 건강하게 합니다.

요약하기

7. 글을 요약한 아래의 빈칸에 알맞은 낱말을 글에서 찾아 쓰세요.

사람들은 갯벌을 ① □□의 보물창고로 보지 않았다. ② □□이 망가짐에 따라 우리의 삶이 망가지고 나서야 그런 생각이 어리석었음을 깨닫게 되었다. 자연과 ③ □□이 모두 하나라는 깨달음이 지구별에서 살아가는 지혜이다. 우리는 우리나라 갯벌에 대한 사랑과 ④ □□□을 가져야 한다. 갯벌의 소중함을 알고, 건강한 갯벌이 ⑤ □□를 건강하게 만든다는 것을 잊지 말아야 한다.

점 수

1~7번 문제의 점수를 더하여 총점을 쓰고 165쪽의 표에 막대그래프로 표시하세요

독해력 키움 | 23. 설득하는 글 읽기(2)

　우리나라의 농촌은 여러 가지 문제를 안고 있습니다. 그중에서 가장 심각한 문제는 인구가 감소하고 있다는 것입니다. 1980년에 1천만 명이 넘었던 농촌의 인구는 해마다 줄어들고 있습니다. 2010년 농촌 인구는 30년 전보다 약 1/3로 줄어들었습니다. 특히 청장년과 어린이의 감소는 눈에 띌 정도입니다. 오늘날 농촌이 겪고 있는 소득의 감소, 기본적인 생활 시설의 부족, 환경오염 같은 문제도 따지고 보면 인구의 감소와 밀접한 관련이 있습니다.

　그렇다면 이런 농촌의 문제가 일어난 원인은 어디에 있을까요? 무엇보다 1960년대부터 꾸준히 추진해온 경제 개발과 그에 따른 산업화, 도시화가 원인❶으로 손꼽힙니다. 경제 개발 덕분에 도시의 노동자들이 소득이 높아지자 농촌의 청장년층은 농사를 팽개치고 도시로 달려갔고, 이로 인해 농촌의 인구는 감소할 수밖에 없었던 것입니다. 남녀 구별 없이 적어도 20여 년 동안 이렇게 농촌의 젊은이들이 농촌을 떠나 도시로 옮아감에 따라 급기야 농촌에는 주로 노인들만 남게 되었습니다.

　농촌 문제의 개선과 해결을 위해 어떤 노력을 해야 할까요? 우선 인구가 줄어드는 것을 막아야 할 것입니다. 도시에 살고 있거나 도시로 갔던 사람들이 다시 농촌으로 돌아오도록 노력하는 일이 좋은 방안이 될 수 있습니다. 실제로 지역사회에서는 귀농❷이나 귀촌을 하려는 사람들이 농촌에 잘 적응하여 살아갈 수 있도록 귀농 학교를 세우거나, 농촌 생활에 대한 다양한 정보를 제공하고 적극적으로 도와주고 있습니다.

　먹고 살기가 어려워져서 농촌의 인구가 줄어드는 등 여러 문제가 생겼다는 점에서 소득 증대를 위한 노력을 하는 것도 좋은 방안이 될 것입니다. 새로운 기술이나 품종을 개발하여 품질 좋은 농수산물을 생산할 수 있도록 함으로써 농촌의 소득을 높일 수 있습니다. 예를 들어 논에 오리를 풀어 놓으면, 오리가 해충과 잡초를 먹어치워 벼가 잘 자라게 하는 '오리농법'을 소개할 수 있습니다. 농약을 사용하지 않고 벼를 키워 쌀을 생산하기 때문에 보통 쌀보다 더 비싼 가격을 받을 수 있습니다.

　그 밖에도 농촌의 편리한 생활을 위한 노력과 자연환경을 지키기 위한 노력도 좋은

Note ❶ 원인: 어떤 사물이나 상태를 변화시키거나 일으키게 하는 근본이 된 일이나 사건. ❷ 귀농: 다른 일을 하던 사람이 그 일을 그만두고 농사를 지으려고 농촌으로 돌아감.

방안이 될 것입니다. 폐교나 마을 회관 등을 문화 시설로 만들어 사람들이 이용하도록 한 사례라든가, 농촌 사람들이 도시의 병원이나 편의 시설을 쉽게 이용할 수 있도록 교통수단과 시설을 개선한 사례도 볼 수 있습니다. 또 물과 토양이 오염되지 않도록 농약병이나 폐그물 같은 쓰레기를 수거하거나, 가축의 배설물을 정화하는 노력도 게을리 하지 말아야 할 것입니다.

주제찾기 **1.** 글쓴이가 중요하다고 생각하여 초점을 맞춘 내용은 무엇입니까?

① 청장년층의 감소와 원인
② 도시화로 인한 농촌의 변화
③ 경제 개발에서 비롯된 도시의 팽창
④ 농민의 소득 감소를 불러온 원인 분석
⑤ 농촌의 인구 감소와 이를 해결하기 위한 노력

제목찾기 **2.** 글의 내용과 어울리게 제목을 붙여 보세요.

현대 사회와 □□ □□

사실이해 **3.** 글쓴이는 우리나라 농촌 문제가 일어난 원인이 무엇이라고 했습니까?

① 계속된 경제 개발
② 도시 노동자의 설득
③ 뒤떨어진 의료 시설
④ 해마다 닥친 홍수와 가뭄
⑤ 비용에 못 미치는 낮은 소득

관련 교과 사회

미루어알기

4. 윗글과 다음 글을 읽고 내린 판단으로 알맞은 것은 어느 것입니까?

> 1970년대, 80년대에는 도시로 갔던 농촌의 처녀, 총각들이 한두 해 지나서 명절이 되면 선물꾸러미를 들고 뽐내듯이 고향을 찾았습니다. 그때까지 고향에 남아서 농사짓던 다른 처녀, 총각도 명절을 쇠고 다시 도시로 돌아가는 친구를 따라 고향을 떠나곤 했습니다.

① 농촌 청년들의 생각은 단순하다.
② 도시 청년들이 농촌 청년들을 해친다.
③ 높은 소득의 유혹으로 농촌을 떠나게 된다.
④ 청년들은 노인만 남은 농촌에 쉽게 싫증을 낸다.
⑤ 처녀, 총각들은 농사짓는 일을 전혀 좋아하지 않는다.

세부내용

5. 글 전체의 짜임을 3단계로 나누어 알맞게 정리해 놓은 것은 어느 것입니까?

① 영향-문제-대책
② 예시-해석-정리
③ 영향-해석-요약
④ 문제-원인-대책
⑤ 예시-원인-요약

적용하기

6. 글에서 제기한 문제의 해결을 위해 토의를 할 때 어디에 초점을 맞추어야 하는지 빈칸을 채워 답하세요.

□□ □□을(를) 늘리기 위한 구체적인 방안의 마련

요약하기

7. 글에 나온 '문제 해결 방안'을 중심으로 빈칸을 채우세요.

개선과 해결의 노력	구체적인 방안
인구 감소 대책	① □□ □□을 위한 정보 제공과 도움
소득 증대를 위한 노력	• 새로운 ② □□과 ③ □□의 개발 • 유기농법 전파
편리하고 깨끗한 생활을 위한 노력	• ④ □□나 마을 회관의 이용 • 의료 시설, 교통수단의 확충

점수

1~7번 문제의 점수를 더하여 총점을 쓰고 165쪽의 표에 막대그래프로 표시하세요

독해력 키움 | 24. 설득하는 글 읽기(3)

| 평가요소 | 1. ☐ 15점 | 2. ☐ 10점 | 3. ☐ 15점 | 4. ☐ 15점 | 5. ☐ 15점 | 6. ☐ 15점 | 7. ☐ 15점 |

169쪽 표의 해당하는 번호에 체크하세요.

(가) 안녕하세요?

저는 산 깊고 물 맑은 상수리에 사는 김효은입니다. 우리 마을은 앞으로 만강이 흐르고, 뒤로는 우뚝 솟은 산봉우리들이 병풍처럼 둘러싸고 있어 한 폭의 그림처럼 아름답습니다.

숲에는 천연기념물인 황조롱이, 까막딱따구리 같은 새들과 하늘다람쥐가 살고 있습니다. 그리고 만강에는 쉬리나 배가사리, 금강모치 등 우리나라의 토종 물고기가 많이 살고 있습니다.

그런데 어제 만강에 댐을 건설할 수 있는지 알아보기 위하여 담당자들께서 우리 마을을 방문하셨습니다. 담당자들께서는 지난해에 비가 많이 와서 만강 하류에 있는 도시에 물난리가 났다고 말씀하셨습니다. 그래서 홍수를 막으려면 우리 마을에 댐을 건설하여야 한다고 하셨습니다.

하지만 저는 댐을 건설하는 것에 반대합니다. 우리 상수리에 댐을 건설하면 숲에 사는 동물들은 살 곳을 잃고, 만강의 물고기들도 다시는 볼 수 없게 될 것입니다. 그리고 마을 어른들께서는 평생 살아온 고향을 떠나야 한다고 말씀하십니다. 우리 마을에 댐을 건설하기로 한 계획을 취소하여 주시기 바랍니다.

20○○년 6월 10일
김효은 올림

(나) 안녕하세요?

김효은 학생의 편지를 잘 읽어 보았습니다.

아름다운 상수리가 댐 건설로 겪게 될 어려움을 잘 알고 있습니다. 하지만 댐을 건설하는 것은 상수리 마을 주민들만의 문제가 아니라 우리 지역 전체의 문제입니다.

만강에 댐을 건설하면 여름철에 폭우로 생기는 문제를 막을 수 있습니다. 비가 내리는 대로 강을 따라 흘러가게 내버려 두면 강 하류에서는 강물이 넘쳐서 논과 밭이 빗물에 잠기기도 합니다. 그리고 집과 길이 부서지고, 심지어 사람의 목숨까지 잃을 만큼 위험합니다. 하지만 댐을 건설하면 홍수로 인한 이런 피해를 막을 수 있습니다.

우리는 상수리 마을 주민들에게 피해가 가지 않도록 ㉠주민들이 이사하는 데 모든 지원을 아끼지 않을 것입니다. 댐을 건설하기 위해서는 상수리 마을 주민들의 협조가 필요합니다. 김효은 학생도 이러한 점을 잘 이해하여 주시기 바랍니다.

20○○년 6월 13일
댐 건설 기관 담당자 드림

주제찾기   1. 두 사람이 주장을 주고받게 된 문제 상황은 무엇입니까?

     ① 아름다운 경치의 주인이 누구인지 가리려 하고 있다.
     ② 댐 건설을 둘러싸고 주민과 기관이 서로 다투고 있다.
     ③ 천연기념물의 보호에 관해 주도권을 서로 주장하고 있다.
     ④ 토종 물고기를 누가 잡을 것인지 마을 사람들이 다투고 있다.
     ⑤ 홍수가 났을 때 피해를 방지할 수 있는 방안을 제시하고 있다.

글감찾기   2. 주고받은 두 편의 편지에서 무엇을 문제로 삼았습니까?

만강의 □ □□

사실이해   3. 학생의 편지와 담당자의 편지에서 서로 차이 나는 점은 무엇입니까?

     ① 학생의 편지에는 높임말을 썼다.
     ② 담당자의 편지에는 높임말을 썼다.
     ③ 학생의 편지에는 주장을 분명히 말한 문장이 있다.
     ④ 담당자의 편지에는 주장을 분명히 말한 문장이 있다.
     ⑤ 학생의 편지에는 주장의 근거를 말한 문장이 있다.

미루어알기   4. 학생과 담당자의 주장과 근거에 대한 평가로 알맞은 것은 어느 것입니까?

     ① 학생의 주장과 근거만 타당성이 있다.
     ② 담당자의 주장과 근거만 타당성이 있다.
     ③ 학생의 주장은 타당하지만 근거는 타당하지 않다.
     ④ 담당자의 주장은 타당하지만 근거는 타당하지 않다.
     ⑤ 학생과 담당자의 주장과 근거가 모두 타당성이 있다.

세부내용

5. ㉠에 대해 주민들이 담당자에게 사용하기에 알맞은 속담은 무엇입니까?

① 김칫국부터 마신다.
② 꼬리가 길면 밟힌다.
③ 나이 이길 장사 없다.
④ 다 먹은 죽에 코 빠졌다.
⑤ 말 많은 집 장맛도 쓰다.

적용하기

6. 두 사람의 편지를 읽고 자신의 주장을 정하려 할 때, 먼저 생각해야 할 내용을 적었습니다. 빈칸을 채우세요.

> □□ □□과 마을 주민 터전 지키기, □□로 인한 피해를 막는 것 중 무엇이 더 중요한지 따져보고 주장을 정합니다.

요약하기

7. '효은'과 '담당자'의 주장과 근거로 나누어 편지의 내용을 정리해 보았습니다. 빈칸에 알맞은 말을 쓰세요.

	주장	근거
효은	댐 건설을 ①□□한다.	②□□들이 살 곳을 잃고, 물고기들을 다시는 볼 수 없게 된다.
담당자	댐을 건설해야 한다.	여름철 ③□□로 인한 피해를 막을 수 있다.

1~7번 문제의 점수를 더하여 총점을 쓰고 165쪽의 표에 막대그래프로 표시하세요

점 수

독해력 키움 | 25. 설득하는 글 읽기(4)

| 평가요소 | 1. ☐ 15점 | 2. ☐ 15점 | 3. ☐ 10점 | 4. ☐ 15점 | 5. ☐ 15점 | 6. ☐ 15점 | 7. ☐ 15점 |

169쪽 표의 해당하는 번호에 체크하세요.

　1980년대까지만 해도 우리나라에서는 아이를 많이 낳으면 가정에서도 나라에서도 살림살이에 큰 짐이 된다고 하면서 아이를 적게 낳는 것을 중요한 정책의 하나로 삼았습니다. 이런 정책을 몇십 년 시행하다 보니 2000년대 들면서 인구 구성이 크게 변해서 인구 문제가 생기게 되었습니다. 인구 구성의 변화로 생긴 인구 문제 중 대표적인 것이 저출산과 고령화입니다.

　저출산이란 아이를 적게 낳는 것을 말하는데, 아이를 적게 낳거나 아예 낳지 않는 가정이 늘어나면서 나타난 현상입니다. 우리나라에서는 1990년대 후반부터 이런 일이 벌어져서 시간이 지날수록 점점 더 심해지고 있습니다. 태어나는 아이의 수가 점점 줄어들면, 어른이 되어 생산에 종사할 사람의 수도 시간이 지날수록 줄어들 것이기 때문에 문제가 되는 것입니다. 고령화란 전체 인구에서 노인이 차지하는 비율이 높아지는 것을 뜻합니다. 우리나라에서는 2000년대 이후에 65세 이상 인구의 비율이 계속해서 크게 ㉠증가하고 있습니다. 고령화 역시 생산 가능한 인구의 수가 줄어들 수 있다는 점에서 큰 문제가 됩니다.

　저출산은 여성의 사회 진출이 늘어나고, 결혼과 아이들에 대한 생각이 변화하고, 일자리와 소득이 불안정한 현실 등 여러 가지 원인에 의해 생긴 현상입니다. 여성이 남성과 동등한 권리를 가져야 한다는 주장이 힘을 얻으면서 사회 진출이 증가하게 되었는데, 이는 경제적인 자립❶을 가능하게 해서 왜 여성만 아이를 낳고 길러야 하는가 하는 생각이 들게 했습니다. 결혼은 꼭 해야 하며 아이를 꼭 낳아야 하는가 하는 의문이 여성들에게 꼬리를 물고 일어났습니다. 한편 이렇게 해서 사회에 진출한 여성들이 아이를 키우는 데 필요한 만큼의 돈을 충분히 벌어들이는 것도 아니고보니 급기야 출산을 포기하는 일이 자주 나타나게 된 것입니다. 고령화의 원인은 비교적 간단히 분석될 수 있습니다. 사회 전반에 걸쳐 소득 수준과 복지가 확충❷되고 보니 평균 수명이 늘어나게 되었기 때문입니다.

　우리나라는 어린아이를 키우는 부모들을 지원하기 위하여 육아 휴직 제도를 권장하며 실시하고 있습니다. 2001년부터 육아 휴직을 하는 사람에게 매달 일정한 금액을

Note ❶ 자립: 남에게 예속되거나 의지하지 아니하고 스스로 섬. ❷ 확충: 늘리고 넓혀 충실하게 함.

ⓒ지원하면서 남성들도 육아 휴직을 하기 시작하였습니다. 육아 휴직을 하는 남성은 2001년 2명에서 시작하여 2012년에는 1,790명으로 크게 늘었습니다. 또한, 우리나라의 각 지방 자치단체에서도 여러 가지 노력을 하고 있습니다. 서울특별시는 두 명 이상의 자녀를 둔 가정을 위하여 여러 가지 혜택을 받을 수 있는 다둥이 행복 카드를 만들었습니다. 다둥이 행복 카드를 사용하면 물건을 사거나 아이들과 관련된 시설을 이용할 때 할인을 받을 수 있습니다.

고령화 문제 해결을 위해서 여러 나라에서 다양한 방법을 실시하고 있습니다. 독일에서는 2012년부터 2029년까지 단계적으로 근로자의 정년을 늘려나가고 있습니다. 영국의 경우, 2006년부터 근로자의 나이에 따른 취업 제한을 없앴습니다. 또한, 50세 이상 근로자가 직업 훈련을 받을 수 있도록 지원하고 있습니다. 일본은 법을 만들어 정년 나이를 65세까지로 늘렸습니다. 네덜란드는 이른 나이에 퇴직하는 것을 막고, 65세 이후에도 계속 일할 수 있는 자리를 마련하였습니다.

주제찾기

1. 글 전체에 걸쳐 다룬 중심 내용은 무엇입니까?

① 저출산과 고령화
② 저출산 정책의 시행
③ 고령화로 생기게 될 문제
④ 여성의 사회 진출과 사회 변화
⑤ 소득과 복지의 확충에 따른 사회 변화

글감찾기

2. 무엇을 글감으로 삼았는지 빈칸을 채우면서 확인하세요.

□□ □□

사실이해

3. 글의 내용과 일치하지 <u>않는</u> 것은 어느 것입니까?

① 1980년대부터 아이 낳기를 권장했다.
② 아이를 적게 낳으면 인구수가 줄어든다.
③ 2000년대 이후 고령화 현상이 뚜렷해졌다.
④ 여성이 직장을 얻어 경제적으로 자립하였다.
⑤ 복지가 확충되어서 평균 수명이 늘어나게 되었다.

관련 교과 **사회**

미루어알기 4. 글의 짜임새로 보아서 반드시 더 넣어야 할 내용은 무엇입니까?

① 2000년대 이후의 인구 정책
② 저출산이 큰 문제가 되는 이유
③ 고령화가 불러일으킬 문제의 상황
④ 우리나라에서 육아를 지원하는 노력
⑤ 우리나라에서 고령화를 해결하려는 노력

세부내용 5. ㉠과 ㉡을 모두 바르게 바꾸어놓은 것은 어느 것입니까?

	㉠	㉡
①	늘어나고	다가서면서
②	덧붙이고	다가서면서
③	높아지고	도와주면서
④	늘어나고	도와주면서
⑤	덧붙이고	살아나면서

적용하기 6. 글을 바탕으로 강연하기 위한 내용을 쓰기 위해 주제문을 썼습니다. 빈칸에 알맞은 말을 넣으세요.

> 저출산, 고령화 등으로 □□ □□가 변화하면, 생산 가능 인구가 줄어들어 □□ □□이 더 이상 가능하지 않게 된다.

요약하기 7. 글의 내용을 요약했습니다. 표의 빈칸에 알맞은 낱말을 넣으세요.

①□□ □□의 확인	저출산, 고령화로 인한 경제 성장의 둔화
문제의 원인 분석	• 여성의 ②□□□□ • ③□□□□이 늘어남
④□□을 위한 방안과 노력	• 출산과 육아에 대한 지원 • 정년의 연장, 노인 일자리 확충

점수

1~7번 문제의 점수를 더하여 총점을 쓰고 165쪽의 표에 막대그래프로 표시하세요

25. 설득하는 글 읽기(4) 83

독해력 키움 | 26. 설득하는 글 읽기(5)

| 평가요소 | 1. ☐ 15점 | 2. ☐ 15점 | 3. ☐ 15점 | 4. ☐ 15점 | 5. ☐ 10점 | 6. ☐ 15점 | 7. ☐ 15점 |

169쪽 표의 해당하는 번호에 체크하세요.

지역 문제에는 주차 문제, 통학 문제, 소음 문제, 쓰레기 문제, 환경오염 문제 등과 같이 주민과 주민 사이에 일어나는 문제가 있고, 지역과 지역 사이의 이익과 손해가 서로 어긋남에 따라 생기는 문제가 있을 수 있습니다.

최근 아파트나 다세대 주택과 같은 공동 주택에 사는 가정이 늘어나면서 층간 소음으로 인한 이웃 간의 분쟁이 많이 발생하고 있어요. 층간 소음은 대화 소리나 텔레비전 소리 등의 작은 소리부터 악기 연주 소리나 애완견이 짖는 소리 등의 큰 소리, 운동 기구나 세탁기에서 발생하는 진동까지 그 원인과 현상이 다양하게 나타납니다.

소음의 측정은 데시벨이라는 단위를 사용합니다. 데시벨은 소리의 상대적인 크기를 나타내는 단위로 일상 대화는 약 60데시벨, 집에서 음악을 감상하는 것은 약 85데시벨, 그리고 제트 엔진의 소음은 150데시벨에 가깝다고 합니다. 우리나라 환경부에서 이웃에게 피해가 된다고 제시하는 층간 소음의 기준은 30~40데시벨입니다.

말다툼을 넘어서 사회적인 큰 사건으로까지 이어진 '층간 소음' 문제, 과연 법으로 해결될 수 있을까요? 법보다는 이웃 간의 작은 배려로 해결되길 바라는 마음에 어떤 회사에서는 '층간 소음 해결을 위한 배려 수칙 십계명'을 ㉠아래와 같이 만들었다고 합니다.

> 층간 소음 해결을 위한 배려 수칙 십계명
> 1. 집안에서 뛰지 않도록 해요.
> 2. 체조, 운동 등은 될 수 있는 대로 밖에서 합시다.
> 3. 무거운 가구를 옮길 때는 소음 방지용 패드를 이용해 주세요.
> 4. 문을 여닫을 때는 조심스럽게 여닫읍시다.
> 5. 크게 음악을 듣거나 큰소리로 노래하는 것을 자제해 주세요.
> 6. 집안에서 러닝머신 등을 사용할 때는 패드를 깔고 이용하며, 이용 시간은 낮으로 제한해 주세요.
> 7. 기본 취침 시간에는 설거지나 빨래 등을 자제해 주세요.
> 8. 애완동물 사육 시에는 특히 주의해 주세요.
> 9. 우리 집 바닥이 아랫집 천장임을 잊지 마세요.
> 10. 이웃의 불편을 고려할 줄 아는 우리가 됩시다.

내가 사는 공동 주택의 방바닥이 나에게는 바닥이지만 아랫집 이웃에게는 천장이라는 것을 잊으면 안 될 거예요. 이웃을 배려하는 마음과 이해하려는 너그러움으로 생활하여 층간 소음으로 인해 이웃 간에 얼굴 붉히는 일이 없도록 해야겠지요?

주제찾기 **1.** 문제의 해결 방안은 어떤 방식으로 드러내 보였습니까?

① 글쓴이가 겪은 일을 말하는 방식
② 글쓴이가 느낀 점을 말하는 방식
③ 어떤 회사가 마련한 방안을 인용하는 방식
④ 어떤 지역이 마련한 방안을 인용하는 방식
⑤ 지역의 방안에 글쓴이의 생각을 덧붙이는 방식

제목찾기 **2.** 글에 붙일 제목을 아래와 같이 만들어 빈칸에 알맞은 말을 넣으세요.

□□ □□, 그 문제점과 해결 방안

사실이해 **3.** 글의 내용을 <u>잘못</u> 이해한 것은 어느 것입니까?

① 지역 문제는 개인 사이에서 일어날 수 있다.
② 공동 주택에서 층간 소음 문제가 일어나고 있다.
③ 세탁기에서 생긴 진동이 층간 소음이 되기도 한다.
④ 일상의 대화에서 약 60데시벨의 소음이 생길 수 있다.
⑤ 사람들은 층간 소음 문제가 법적으로 해결될 수 있다고 본다.

미루어알기 **4.** 글을 읽고 이끌어낸 새로운 생각은 어느 것입니까?

① 나라들 사이의 문제도 지역 문제이다.
② 층간 소음으로 인한 문제는 오래되었다.
③ 환경부에서 제시한 소음 기준은 엄격하다.
④ 층간 소음이 큰 사건으로 발전하기도 한다.
⑤ 층간 소음은 공동 주택의 윗집에서 발생한다.

관련 교과 **사회**

세부내용

5. ㉠과 같은 표현은 어떤 경우에 사용합니까?

① 나의 의견을 직접 말할 때
② 남의 의견을 빌려와서 말할 때
③ 나와 남이 서로 의견을 주고받을 때
④ 나의 의견을 강조해서 말할 때
⑤ 남의 의견에 찬성할 때

적용하기

6. 글을 펼쳐 보인 특징을 아래와 같이 파악했습니다. 빈칸에 알맞은 낱말을 넣으세요.

> 의견이나 주장을 펼쳐 보이는 글을 쓸 때, 보통은 '문제 상황[현상]의 확인 – 원인의 분석 – 해결책의 제시'로 단계를 나눕니다. 하지만 위의 글에서는 □□과 □□을 같은 것으로 보아 한 문단 안에서 함께 다루었습니다

요약하기

7. '층간 소음 해결을 위한 배려 수칙 십계명'을 한 문장으로 요약했습니다. 빈칸을 채우세요.

> 이웃을 □□하는 마음과 □□하려는 너그러움으로 생활합시다.

점수

1~7번 문제의 점수를 더하여 총점을 쓰고 165쪽의 표에 막대그래프로 표시하세요

독해력 키움 | 27. 설득하는 글 읽기(6)

| 평가요소 | 1. ☐ 15점 | 2. ☐ 10점 | 3. ☐ 15점 | 4. ☐ 15점 | 5. ☐ 15점 | 6. ☐ 15점 | 7. ☐ 15점 |

169쪽 표의 해당하는 번호에 체크하세요.

도시에 인구가 갑자기 늘어나는 데 비해 도시의 기반 시설이 부족하여 생기는 여러 가지 문제가 있습니다. 주택 문제, 교통 문제, 환경 문제를 비롯하여 대부분의 문제가 사람이 많아져서 생기는 생활 문제입니다. 주요한 도시 문제와 그 원인, 해결 방안을 표에 의해 정리해 보도록 합니다.

(가) 주택 문제

문제 확인	• 주택이 부족하여 주택 가격과 전세 가격이 올라감. • 집을 지을 땅이 부족하여 산이나 농토를 무분별하게 개발함.
원인	도시로의 지나친 인구 집중, 집을 지을 땅이 부족함.
해결 방안	• 주택 재개발(오래되고 낡은 주택을 새롭게 고쳐서 보다 많은 사람이 편리하게 살 수 있게 함.) • 고층 아파트 건설 • 신도시나 전원도시를 개발하여 대량 주택 단지 건설

(나) 교통 문제

문제 확인	• 출퇴근 시간에 교통 체증이 극심함. • 주차 공간이 부족해 도로나 골목길에 주차하는 경우가 많음. • 교통사고 건수가 많아짐.
원인	도시로의 인구 집중, 자동차 수의 증가, 주차 시설 부족
해결 방안	• 도로나 지하철 건설 • 대중교통, 자전거 이용 확대 • 버스 전용 차로제, 가변 차로제, 차량 요일제 시행.

(다) 환경 문제

문제 확인	• 자동차 배기가스와 공장의 매연으로 공기가 오염되고, 생활하수와 공장 폐수로 하천이 오염됨. • 생활 쓰레기와 공장 폐기물 등으로 땅이 오염됨.
원인	도시로의 인구 집중, 공장과 자동차 증가, 정화 시설의 부족 등
해결 방안	• 대기 오염 : 친환경 자동차 운행, 공장 매연 줄이기, 자전거 이용 확대 등. • 수질 오염 : 물 재생 시설 설치하기 등. • 쓰레기 문제 : 쓰레기 처리 시설 늘리기, 쓰레기 분리 배출하기 등.

주제찾기 1. 글에서 다루게 된 문제의 특성을 무엇이라 규정했습니까?

① 이권 다툼으로 생기는 문제
② 사람이 많아져서 생기는 생활 문제
③ 이웃 사이에 사소한 일로 생기는 문제
④ 개인들 사이에 의견 차이로 생기는 문제
⑤ 지역들 사이에 이익 다툼으로 생기는 문제

글감찾기 2. 글감으로 삼은 것은 무엇입니까?

□□ □□

사실이해 3. 글의 첫머리에서 도시 문제가 생기는 직접적인 원인으로 본 것은 무엇입니까?

① 인구가 갑자기 줄어듦.
② 비용 문제로 의견이 충돌함.
③ 도시의 기반 시설이 많이 부족함.
④ 계획 없이 마구잡이로 개발해나감.
⑤ 환경 문제를 다른 문제보다 소홀히 다룸.

미루어알기 4. 도시 문제를 해결할 수 있는 새로운 방안이라고 볼 수 있는 것은 무엇입니까?

① 논이나 밭에 집을 짓는다.
② 아파트의 층수를 점점 높인다.
③ 신도시를 지어 도시를 넓혀 나간다.
④ 친환경적인 새로운 교통수단을 개발한다.
⑤ 인구를 지방으로 분산하는 정책을 시행한다.

세부내용 5. (가)에 나타난 '재개발'의 뜻을 빈칸을 채워 밝히세요.

> 이미 있던 시설이나 □□을 고치거나 새로 지어서 □□와 효율을 높이는 것.

적용하기 6. 문제를 해결하는 가장 바람직한 과정은 어느 것입니까?

① 다른 도시의 해결 방법을 모방해 본다.
② 문제가 있는 상황을 집중적으로 알아본다.
③ 문제를 일으킨 사람을 이리저리 찾아본다.
④ 더 많은 사람에게 이익이 되는 해결책을 세운다.
⑤ 문제의 원인을 분석하고 그에 맞는 해결책을 마련한다.

요약하기 7. 도시 문제 해결 방안을 아래와 같이 정리했습니다. 빈칸을 채우세요.

이미 있는 것을 활용	주택 ①□□□, 버스전용차로제 시행, 공장 ②□□ 줄이기
새로운 것을 확충	③□□□ 건설, 도로와 ④□□□ 건설, 물 재생 시설 설치

점 수

1~7번 문제의 점수를 더하여 총점을 쓰고 165쪽의 표에 막대그래프로 표시하세요

독해력 키움 | 28. 설득하는 글 읽기(7)

| 평가요소 | 1. ☐ 15점 | 2. ☐ 15점 | 3. ☐ 10점 | 4. ☐ 15점 | 5. ☐ 15점 | 6. ☐ 15점 | 7. ☐ 15점 |

169쪽 표의 해당하는 번호에 체크하세요.

(가) 우리 학교는 날마다 8시 30분까지 등교하도록 정해져 있습니다. 그리고 9시에 1교시를 시작하는데 그사이 30분 동안 요일마다 다른 아침 활동을 합니다. 아침 활동은 학년마다 다른데, 4학년은 월요일에 청소와 독서 활동, 화요일에 글쓰기와 영어 회화 활동, 수요일에 방송 듣기와 명상 활동, 목요일에 체력 단련과 토의 활동, 금요일에 자기 반성과 학급회의 활동을 합니다. 이렇게 날마다 아침 시간 30분을 15분씩 나누어 두 가지 활동을 하고 있습니다.

　아침 활동을 하면 수업 시간에 배우지 않는 내용을 해 보며 여러 가지 경험을 할 수 있어서 좋습니다. 그렇지만 저는 아침 시간이 너무 힘듭니다. 왜냐하면 날마다 15분씩 시간을 나누어서 두 가지 활동을 하면 한 가지도 제대로 하지 못하고 넘어가는 경우가 많기 때문입니다. 앞의 활동이 채 끝나기도 전에 15분이 지나가 버려서 허겁지겁 다음 활동을 준비하여야 합니다. 어떤 날은 어느 것 하나도 제대로 하지 못하고 시간이 지나가 버릴 때도 있습니다.

　아침 시간에 여유 있게 공부할 준비를 하면 좋겠습니다. 이렇게 바쁘게 아침 활동을 하고 나면 수업 시간에 집중이 더 안 되는 것 같습니다. 그래서 저는 아침 활동을 하루에 한 가지씩만 하고 남는 시간은 저희에게 돌려주시면 좋겠습니다.

(나) 우리 학교는 날마다 여러 가지 아침 활동을 하고 있습니다. 아침에 8시 30분까지 등교하여 1교시를 시작하는 9시까지의 30분을 15분씩 나누어 두 가지 특별 활동을 합니다. 독서, 글쓰기, 영어 회화, 학급회의, 명상, 체력 단련, 토의, 방송 듣기 등 여러 가지 아침 활동을 요일별로 두 가지씩 하고 있습니다.

　저는 30분의 아침 시간이 참 소중하다고 생각합니다. 사실 아침에 학교에 온 뒤에 아무것도 하지 않으면 그 시간은 그냥 지나가 버릴 시간입니다. 친구와 수다를 떨거나 의미 없는 장난을 치며 보내기 일쑤이지만, 이렇게 알찬 아침 활동을 하고 나면 마음이 뿌듯합니다.

　"(㉠)"라는 말이 있습니다. 한번 지나간 시간은 다시 돌아오지 않기 때문에 우리에게 주어진 시간을 보물처럼 소중하게 써야 한다는 뜻입니다. 30분이 짧게 느껴질지 모르지만 짧은 시간이라도 알차게 보내야 합니다.

아침 시간에 하는 활동은 우리가 수업 시간에 교과서에서 배우기 어려운 것입니다. 그뿐만 아니라 아침 활동으로 우리는 지식을 쌓고 마음을 닦을 수 있습니다. 그래서 저는 아침 활동을 하고 나면 나를 위하여 스스로 노력하였다는 생각에 마음이 뿌듯합니다.

그런데 어떤 친구는 15분씩 나누어 하는 아침 활동이 너무 힘들다고 합니다. 그렇지만 시간을 낭비하는 것보다는 조금 힘들어도 알차게 이용하는 것이 낫다고 생각합니다. 앞으로 더욱 다양한 아침 활동이 만들어져서 더 많은 내용을 익혔으면 좋겠습니다.

주제찾기 **1.** 두 사람은 어떤 문제를 둘러싸고 서로 의견을 달리하고 있습니까?

① 아침 시간을 폐지할 것인가에 관해서
② 아침 시간을 지금보다 줄일 것인가에 관해서
③ 아침 시간을 지금보다 늘릴 것인가에 관해서
④ 아침 시간을 자율로 실행할 것인가에 관해서
⑤ 아침 시간을 선생님이 감독할 것인가에 관해서

글감찾기 **2.** 두 사람은 공통적으로 무엇에 대해 의견을 발표했습니까?

□□ □□

사실이해 **3.** (가)에서 의견을 드러낸 부분은 어느 것입니까?

① 우리 학교는 날마다 8시 30분까지 등교하도록 정해져 있습니다.
② 날마다 아침 시간 30분을 15분씩 나누어 두 가지 활동을 하고 있습니다.
③ 아침 활동을 하면 수업 시간에 배우지 않는 경험을 할 수 있어서 좋습니다.
④ 날마다 두 가지 활동을 하면 한 가지도 제대로 하지 못하고 넘어가는 경우가 많기 때문입니다.
⑤ 저는 아침 활동을 하루에 한 가지씩만 하고 남는 시간은 저희에게 돌려주시면 좋겠습니다.

미루어알기

4. (나)에서 의견에 대한 까닭의 요지로 볼 수 있는 것은 어느 것입니까?

① 아침 활동이 없으면 허송세월한다.
② 아침 활동이 없으면 교실이 소란해진다.
③ 아침 시간에 하는 활동은 우리에게 유익하다.
④ 알찬 아침 활동을 하고 나면 마음이 뿌듯해진다.
⑤ 시간을 보물처럼 소중하게 써야 한다는 뜻에 찬성한다.

세부내용

5. ㉠에 들어갈 격언으로 알맞은 것은 어느 것입니까?

① 시간은 금이다.
② 시간은 물과 같다.
③ 시간 가는 줄 모른다.
④ 시간은 번개처럼 지나간다.
⑤ 시간은 흘러 돌아오지 않는다.

적용하기

6. (가)와 (나)의 글쓴이가 토론을 한다고 할 때, (가)의 글쓴이가 (나)의 글쓴이를 공격할 때 쓸 수 있는 말로 빈칸을 채우세요.

> 제 의견에 대해 (　　　)고 지적했는데 그것은 제 의견을 오해한 것이고, 따라서 반대 의견에 대한 근거가 될 수 없습니다.

요약하기

7. 의견과 근거로 나누어 (가), (나)의 내용을 간추렸습니다. 빈칸에 알맞은 말을 쓰세요.

	의견	근거(까닭)
(가)	아침 시간 중 ①□□□ 꾸려갈 수 있는 시간을 주어야 한다.	15분씩 시간을 나누어서 ②□ □□ 활동을 하면 ③□ □□도 제대로 하지 못하고 넘어가는 경우가 많다.
(나)	아침 시간을 지금처럼 학교에서 정해놓은 대로 꾸려야 한다.	허송세월 않고 시간을 활용하여 ④□□ 것이 많다.

점수

1~7번 문제의 점수를 더하여 총점을 쓰고 165쪽의 표에 막대그래프로 표시하세요

독해력 키움 | 29. 설득하는 글 읽기(8)

| 평가요소 | 1. ☐ 15점 | 2. ☐ 15점 | 3. ☐ 10점 | 4. ☐ 15점 | 5. ☐ 15점 | 6. ☐ 15점 | 7. ☐ 15점 |

169쪽 표의 해당하는 번호에 체크하세요.

 웃음의 하루 권장량은 아주 큰 소리로 1회에 10초 이상, 하루에 10회 이상이다. 웃음 권장량을 채우는 사람은 몇 명이나 될까? 어렸을 때는 하루에 평균 400번을 웃지만, 다 자란 뒤에는 하루에 평균 8번밖에 웃지 않는다고 한다. 웃음이 설 자리를 잃은 것은 답답한 현실과 무거운 일상 때문이다. 그러나 삶이 무거울수록 웃음이 필요하다. 웃음에는 답답한 현실의 무게를 덜어주고, 삶에 탄력**❶**을 불어넣는 마법과 같은 힘이 담겨 있다. 이제는 삶의 뒷전으로 내몰았던 웃음을 되찾아야 한다.

 웃음은 여러 가지 면에서 도움을 준다. 첫째, 웃음은 우리를 건강하게 해 준다. 웃음은 혈압을 낮추고 혈액 순환에도 도움을 주어 면역 체계와 소화 기관을 진정시킨다. 또, 산소 공급을 두 배로 증가시켜 몸이 일시에 시원해지는 기분을 느끼게 해 준다. 웃을 때 분비되는 호르몬은 육체적 피로와 통증을 잊게 해 주고, 여러 가지 ㉠스트레스를 이겨 낼 수 있게 해 준다. 웃음은 그 어떤 약보다 뛰어난 효과를 가지고 있고, 돈을 들이지 않고도 얻을 수 있는 신비한 약이다.

 둘째, 웃음은 아름다운 얼굴을 만드는 최고의 화장품이기도 하다. 웃는 얼굴처럼 아름다운 모습은 없다. 아무리 조각 같은 미모를 가지고 있고 멋진 화장술로 치장**❷**을 한다고 해도, 웃을 줄 모르는 사람은 표정이 없는 인형보다 나을 것이 없다. 마음을 화장하는 웃음은 그 어떤 화장품보다 눈부신 매력과 화사한 생기**❸**를 얼굴에 불어넣는다.

 셋째, 사람과 사람의 마음을 이어 주는 데에도 웃음이 큰 역할을 한다. 웃음은 처음 만난 사람에게 마음의 문을 열게 하고, 인간관계의 윤활유가 된다. 실제로 사람들은 혼자 있을 때보다 다른 사람들과 함께 있을 때 더 많이 웃는다. 웃음이 가득한 밝은 얼굴은 자석처럼 사람을 끌어당기고 호감을 주어 사회적인 성공을 낳는 밑거름이 되기도 한다.

 넷째, 웃음은 회사나 학교생활에도 긍정적인 역할을 한다. 연구 결과에 따르면 회사 내에서 웃음은 사기를 높여 주고, 화합하게 하고, 창의력을 유발하여 생산성을 높인다고 한다. 또, 학습 과정에서 웃음은 흥미를 느끼게 하고, 기억력을 높이고, 긴장을 늦

Note **❶** 탄력: 용수철처럼 튀거나 팽팽하게 버티는 힘.   **❷** 치장: 잘 매만져 곱게 꾸밈.   **❸** 생기: 싱싱하고 힘찬 기운.

추어 주며, 학습 능력을 올린다고 한다.

　삶이 아무리 힘들어도 여유롭고 긍정적인 마음으로 시원하게 웃어보자. 배꼽을 움켜쥐고 눈물이 찔끔 날만큼 크게 웃어 보자. 그러면 기쁨의 에너지가 샘솟아 온갖 고민이 사라질 것이다. 그리고 하나의 웃음은 또 다른 웃음을 낳을 것이다. 세상을 기쁨으로 전염시킬 웃음 바이러스가 더 많은 웃음을 만들며 퍼져 갈 것이다.

주제찾기　**1.** 중심 생각이 담긴 문장은 어느 것입니까?

① 웃음 권장량을 채우는 사람은 몇 명도 되지 않는다.
② 웃음이 설 자리를 잃은 것은 답답한 현실과 무거운 일상 때문이다.
③ 웃음에는 답답한 현실의 무게를 덜어주고, 삶에 탄력을 불어넣는 마법과 같은 힘이 담겨 있다.
④ 마음을 화장하는 웃음은 그 어떤 화장품보다 눈부신 매력과 화사한 생기를 얼굴에 불어넣는다.
⑤ 삶이 아무리 힘들어도 여유롭고 긍정적인 마음으로 시원하게 웃어 보자.

제목찾기　**2.** 읽는 이의 행동을 촉구할 수 있도록 제목을 붙여 보세요.

□□ □□!

사실이해　**3.** 글의 내용을 <u>잘못</u> 이해한 것은 어느 것입니까?

① 나이가 들수록 점점 웃음을 잃게 된다.
② 웃음은 인간관계를 원활하게 해 준다.
③ 웃음은 우리의 몸과 마음을 건강하게 한다.
④ 웃음에는 현실의 답답함을 덜어주는 힘이 있다.
⑤ 웃음은 학습 과정에 크게 도움이 되지 않는다.

미루어알기

4. 내용으로 미루어 볼 때, 왜 이 글을 썼다고 볼 수 있습니까?

① 사는 것이 답답하고 무겁게 느껴져서
② 미래에 성공하는 삶을 추구하기 위해서
③ 웃음으로 아름다운 얼굴을 만들고 싶어서
④ 사람들과 함께 있을 때 더 많이 웃기 위해서
⑤ 웃음이 삶의 뒷전으로 내몰린 현실이 안타까워서

세부내용

5. ㉠을 글에 나온 다른 말로 바꿀 때, 알맞은 것은 어느 것입니까?

① 마법과 같은 힘
② 설 자리를 잃은 것
③ 인간관계에서 윤활유
④ 답답한 현실과 무거운 일상
⑤ 눈부신 매력과 튀는 듯한 생기

적용하기

6. 글의 짜임새를 3단계로 나누었을 때, 2단계의 내용을 모두 아우를 수 있는 문장을 글에서 찾아 쓰세요.

요약하기

7. 글의 짜임새에 따라 주요 내용을 아래의 표로 간추렸습니다. 빈칸에 알맞은 말을 쓰세요.

문제 제기	• 삶이 무거울수록 ①□□이 필요하다.
글 쓴 ②□□과 주제 제시	• 삶의 뒷전으로 내몰았던 웃음을 되찾아야 한다.
의견의 ③□□와 해결의 과정	• 웃음은 여러 가지 면에서 ④□□을 준다. -네 가지 항목으로 나누어 자세히 나열
요약-반복으로 ⑤□□의 강조	삶이 아무리 힘들어도 여유롭고 ⑥□□□인 마음으로 시원하게 웃어 보자.

점수

1~7번 문제의 점수를 더하여 총점을 쓰고 165쪽의 표에 막대그래프로 표시하세요

독해력 키움 | 30. 설득하는 글 읽기 (9)

| 평가요소 | 1. ☐ 15점 | 2. ☐ 15점 | 3. ☐ 10점 | 4. ☐ 15점 | 5. ☐ 15점 | 6. ☐ 15점 | 7. ☐ 15점 |

169쪽 표의 해당하는 번호에 체크하세요.

(가) 사회자: 지금부터 우리 반에서 자리를 어떻게 정할지에 대한 회의를 시작하겠습니다. 의견이 있는 분은 발표하여 주십시오. 네, 김경준 학생 발표하여 주십시오.

김경준: 저는 키순으로 자리를 정하고, 한 달에 한 번씩 자리를 바꾸는 것이 좋겠습니다. 키가 큰 사람이 뒤에 앉고, 작은 사람이 앞에 앉으면 공부 시간에 선생님을 잘 볼 수 있습니다. 그리고 앞사람 때문에 칠판 글씨가 안 보이는 일도 없습니다. 그런데 키순으로 앉으면 시력이 나쁜 친구들이 뒤에 앉게 되는 경우도 있고, 키가 작은 학생은 항상 앞에만 앉아야 하는 문제도 있습니다. 그래서 키 순서대로 자리를 정하되, 한 달에 한 번 정도 자리를 바꾸어서, 한 사람이 같은 자리에 계속 앉지 않도록 해 주면 좋겠습니다. 눈이 나쁜 친구들도 배려해서 앞으로 옮겨 주면 됩니다. 키 순서대로 앉고 한 달에 한 번씩 자리를 바꾸면 여러 친구와 짝을 할 수 있어서 친구도 많이 사귈 수 있습니다.

사회자: 다른 의견 있는 분은 발표하여 주십시오. 네, 강수빈 학생 발표하여 주십시오.

강수빈: 저는 좋아하는 친구끼리 자유롭게 자리를 정하여 앉으면 좋겠습니다. 좋아하는 친구끼리 자리를 정하면 여러 가지 좋은 점이 있습니다. 우선 짝끼리 협동이 잘되어 공부 시간이 즐거워집니다. 그리고 마음이 잘 맞아서 싸우는 일도 없어집니다. 좋아하는 사람끼리 짝을 정하고 모둠을 만들어 앉으면 모두가 즐거운 학급이 될 것입니다.

사회자: 다른 의견이 없으면 어떤 방법으로 자리를 정할지 결정하겠습니다. 먼저 키순으로 자리를 정하고, 한 달에 한 번씩 자리를 바꾸자는 의견에 찬성하는 친구는 손 들어 주십시오. (잠시 뒤) 모두 8명이 찬성하였습니다. 다음으로 좋아하는 친구끼리 자유롭게 앉으면 좋겠다는 의견에 찬성하는 분은 손들어 주십시오. (잠시 뒤) 모두 17명이 찬성하였습니다. 결과를 정리하면, 다음 주부터 우리 반은 좋아하는 친구끼리 자유롭게 자리를 정하여 앉는 것으로 결정되었습니다. 회의에서 결정된 내용을 잘 지켜 주시기 바랍니다. 이상으로 회의를 마칩니다. 감사합니다.

(나) 사회자: 안녕하십니까? 지난주 학급 회의에서 결정하였던 좋아하는 친구끼리 자리에 앉는 것에 ㉠여러 가지 문제점이 있어서 다시 회의를 열게 되었습니다. 많은 친구

가 찬성하여 결정된 일이지만, 그것에 대하여 불편해하는 친구들이 많았으므로 다시 신중하게 생각하고 의견을 말씀하여 주십시오. 네, 박승현 학생 말씀하여 주십시오.

박승현: 저는 학급 번호 순서대로 자리를 앉으면 좋겠습니다. 번호 순서대로 자리를 정하여 앉고, 일주일에 한 번씩 한 줄씩 자리를 옮겨 앉으면 좋겠습니다. 그러면 좋아하는 친구끼리만 앉지 않고, 여러 친구와 함께 골고루 짝을 할 수 있어서 좋습니다. 친구와 장난을 치지 않아 수업 분위기도 좋아질 것입니다.

사회자: 다른 의견 말씀하여 주십시오. 네, 김지언 학생 말씀하여 주십시오.

김지언: 저는 아침에 일찍 오는 순으로 자리를 정하여 앉으면 좋겠습니다. 일찍 오는 사람이 앉고 싶은 자리에 앉는다면 아침에 지각하는 사람도 없어지고, 부지런하게 학교생활을 할 수 있을 것입니다. 자기가 좋아하는 자리에 앉을 수 있어서 공부도 즐겁게 할 수 있습니다.

사회자: 지난번처럼 성급하게 의견을 정하여 실수하지 않도록 신중하게 의견을 들어보겠습니다. 지금까지 나온 의견에 대한 생각이나 ㉡다른 의견이 있으면 말씀하여 주십시오.

주제찾기 1. 회의의 의제를 글에서 찾아 쓰세요.

글감찾기 2. (가), (나)는 무엇을 하면서 있었던 일을 정리한 것입니까?

사실이해 3. (가)에서 의견을 결정한 방법은 무엇입니까?

① 선생님이 결정했다.
② 다수결 원칙에 따랐다.
③ 처음 발표한 의견을 우선했다.
④ 가장 나중에 발표한 의견을 따랐다.
⑤ 발표한 의견 중에서 사회자가 골랐다.

미루어알기   **4.** 사회자의 역할로 볼 수 <u>없는</u> 것은 어느 것입니까?

    ① 회의 주제를 알려준다.
    ② 의견 발표자를 지명해 준다.
    ③ 발표한 의견을 정리하여 알려준다.
    ④ 결정된 의견에 대한 느낌을 말해준다.
    ⑤ 회의를 하게 된 이유와 주의할 점을 말한다.

세부내용   **5.** ⓒ으로 예상되는 것은 무엇입니까?

    ① 학급 번호 순서대로 앉자.
    ② 아침에 일찍 오는 순서대로 앉자.
    ③ 남자는 남자끼리, 여자는 여자끼리 앉자.
    ④ 좋아하는 친구끼리 자유롭게 모둠을 정해 앉자.
    ⑤ 키순으로 자리를 정하고, 달마다 한 번씩 자리를 바꾸자.

적용하기   **6.** ㉠을 해결하기 위해 최선의 의견을 이끌어내기 위한 말하기의 방식을 한 낱말로 쓰세요.

요약하기   **7.** (가)에서 의견과 근거를 발표자에 따라 아래의 표로 정리했습니다. 빈칸에 알맞은 낱말을 쓰세요.

	김경준	강수빈
의견	① □□으로 자리를 정하고, 한 달에 한 번씩 자리를 바꾸자.	좋아하는 친구와 ③ □□□□ 앉자.
근거	• 공부 시간에 ② □□□을 잘 볼 수 있다. • 칠판 글씨가 안 보이는 일이 없다. • 여러 친구와 짝을 할 수 있다.	• 공부 시간이 즐거워진다. • 싸우는 일도 없어진다. • 모두가 ④ □□□ 학급이 된다.

1~7번 문제의 점수를 더하여 총점을 쓰고 165쪽의 표에 막대그래프로 표시하세요

독해력 키움 | 31. 설득하는 글 읽기(10)

| 평가요소 | 1. ☐ 15점 | 2. ☐ 15점 | 3. ☐ 15점 | 4. ☐ 15점 | 5. ☐ 10점 | 6. ☐ 15점 | 7. ☐ 15점 |

169쪽 표의 해당하는 번호에 체크하세요.

(가) 이튿날, 혜용이는 용기를 내어 민지에게 말을 걸었다. 혜용이를 바라보는 민지의 표정은 여전히 굳어 있었다.

"어제 내 생일잔치에는 왜 안 온 거야? 기다렸는데……."

혜용이의 말에 민지는 짜증스러운 표정을 지으며 대답하였다.

"날 생일잔치에 초대한 게 맞기는 하니?" / "그게 무슨 말이야?"

"난 네가 장난치는 줄 알았어." / "장난이라니?"

"넌 나를 쳐다보지도 않았고 초대장은 책상에 던져 놓고 갔잖아? 그런 행동을 보고서 생일잔치에 초대하는 거라고 생각하는 사람이 어디 있니? 남는 초대장 하나 던져 주면서 올 테면 오고 말 테면 말라는 것으로밖에 보이지 않던걸!"

"그런 말도 안 되는……. 내가 분명히 말했잖아. 생일잔치에 오라고."

"넌 오고 싶으면 오라고 했지. 그래, 말로는 오라고 한 거야. 하지만 행동은 아니었어."

이런 말도 안 되는 오해를 하다니! 혜용이는 가슴이 답답하였다.

(나) 위의 장면을 보면 알 수 있듯이, 눈 맞춤이나 몸동작 같은 몸짓 대화는 말이 생기기 이전에 살았던 원시인이나 갓난아이가 하는 것으로 생각한다면 큰 오해야. 몸짓은 우리의 말에 더 많은 정보를 실어 주는 거야. 우리가 말을 하면서 더 정확한 정보를 주기 위해서는 손짓이나 얼굴 표정을 사용하게 되잖아?

그것뿐이 아니야. 경우에 따라서 몸짓은 우리가 하는 말의 참 또는 거짓을 상대가 판단하는 수단으로 사용되기도 해. 그래, 맞아. 친구 사이에서도 입으로 하는 말로만 대화를 주고받는 것은 아니지. 말을 할 때 얼굴 표정, 손짓 등 몸짓을 사용해서 대화를 나누기 때문에 말뿐만 아니라 몸짓도 주의해서 사용해야 해.

대화를 나눌 때 상대와 눈을 맞추는 것은 매우 중요해. 눈 맞춤은 상대의 말을 잘 듣고 있다는 신호를 보내는 거야. 적절히 눈 맞춤을 하지 않는다면 상대의 말을 무시한다는 오해를 받을 수 있어. 반대로 네가 상대에게 이야기를 할 때도 눈 맞춤을 하는 것이 좋아. 이때의 눈 맞춤은 진심을 담아 이야기한다는 뜻을 전달할 수 있거든.

하지만 너무 지나치게 강한 눈 맞춤을 한다면 오히려 상대에게 적대감을 표현한다는 오해를 받을 수 있어. 특히, 우리나라에서는 어린 사람이 어른과 대화를 할 때에 너무 뚫어져라 쳐다보는 것은 예의에 어긋나는 일로 여긴단다. 그러니 부드럽고 온화한 눈빛을 보내도록 노력하는 것이 좋아.

앞의 이야기에서 혜용이가 민지에게 생일 초대장을 주던 때를 생각하여 보자. "오고 싶으면 너도 와라."라는 말도 예의 바른 초대라고 할 수 없는데, 초대장을 책상에 툭 던지는 행동은 그 말을 더욱 부정적으로 만들어 버렸지. ㉠민지에게 생일잔치에 오기를 진심으로 원한다는 것을 전하려면 어떻게 하는 것이 좋을까?

이렇게 말을 할 때의 행동과 태도가 생각지도 않은 오해를 불러일으키기도 하고 좋지 않은 인상을 주기도 해. 몸의 움직임이 너무 과장되게 크거나 껄렁한 태도를 보이는 것은 상대를 무시하는 것으로 여겨져 기분을 상하게 할 수 있어. 반대로 너무 나무토막처럼 ㉡경직되어 무표정하거나 몸의 움직임이 없어도 상대를 불편하게 할 수 있지. 그러니까 말의 내용은 물론이고 말을 전달하기 위한 행동과 태도에도 적절한 예의를 갖추는 것이 필요해.

주제찾기 **1.** (가)에 의해 전달하고자 한 중심 내용은 무엇입니까?

① 몸짓의 중요성　　② 친구 사이의 오해
③ 생일잔치 참석하기　　④ 생일 초대할 때의 태도
⑤ 초대장을 전달하는 방법

글감찾기 **2.** 무엇을 글감으로 삼아 쓴 글입니까?

□□ 대화

사실이해 **3.** (나)에서 말한 내용이 아닌 것은 어느 것입니까?

① 갓난아기는 몸짓으로 의사를 표현한다.
② 몸짓이 말의 참과 거짓을 판단하도록 한다.
③ 지나치게 강한 눈 맞춤은 진심을 강조하여 전한다.
④ 대화할 때 말뿐만 아니라 몸짓에도 주의해야 한다.
⑤ 눈 맞춤은 상대의 말을 잘 듣고 있다는 신호를 보내는 것이다.

미루어알기

4. ㉠에 대한 답으로 알맞은 것은 어느 것입니까?

① 다른 아이들에게 하듯이 초대한다.
② 친구들을 모두 불러놓고 한꺼번에 전한다.
③ 시선을 마주치지 않으면서 수줍게 초대장을 전한다.
④ 남자답게 껄렁한 태도를 보이며 초대장을 툭 던져 전한다.
⑤ 진지한 표정으로 공손하게, 참석해 달라고 하면서 초대장을 전한다.

세부내용

5. ㉡을 쉬운 우리말로 바르게 고친 것은 어느 것입니까?

① 밋밋하게 서서
② 딱딱하게 굳어
③ 후들후들 떨며
④ 무뚝뚝이 보며
⑤ 데면데면 넘겨

적용하기

6. 글의 끝에 덧붙여 내용을 강조하려고 합니다. 빈칸에 알맞은 낱말을 쓰세요.

> 꼭 기억하자! 몸짓은 너무 □□□□ 안 되고, 반대로 너무 없어도 안 된다는 것을.

요약하기

7. 글의 내용을 아래의 표로 요약하였습니다. 빈칸을 채우세요.

> 몸짓으로 대화의 효과를 더욱 크게 하는 대화 기술
> • 부드러운 눈빛으로 상대와 ①□ □□을 한다.
> • 얼굴에 ②□□를 잃지 않는다.
> • 너무 크거나 부산한 ③□□□이나 몸의 움직임을 피한다.
> • 물건을 건네주거나 몸을 부딪치는 일이 필요하다면 ④□□□ 태도로 한다.
> • 시기적절한 ⑤□□, 고개를 끄덕임, 박수 등으로 상대의 말에 호응을 보낸다.

점수

1~7번 문제의 점수를 더하여 총점을 쓰고 165쪽의 표에 막대그래프로 표시하세요

독해력 키움 | 32. 설득하는 글 읽기(11)

| 평가요소 | 1. ☐ 15점 | 2. ☐ 15점 | 3. ☐ 15점 | 4. ☐ 10점 | 5. ☐ 15점 | 6. ☐ 15점 | 7. ☐ 15점 |

169쪽 표의 해당하는 번호에 체크하세요.

(가) 지구에는 많은 사람이 살고 있습니다. 시간이 갈수록 지구는 점점 더 붐비게 되겠지요. 세계의 인구는 68억 명이 넘습니다. 인구가 1억 명이 넘는 나라는 열한 개나 된답니다. 인구가 가장 많은 나라는 중국인데, 이 나라 인구는 13억 명이 넘지요. 이렇게 큰 숫자를 이해한다는 건 어려운 일이에요.

이제부터는 지구를 딱 100명이 사는 마을로 상상하여 보아요. ㉠이 상상의 마을에서 한 명의 사람은, 실제 세계에서 약 6천 8백만 명을 말하는 거예요.

자, 여기 100명의 사람이 작은 마을에 살고 있습니다. 이 마을 사람들에 대하여 여러 가지를 알아볼까요? 그러면 실제 지구촌의 여러 나라 사람들에 대해서 이해할 수 있게 될 거예요. 그리고 우리의 지구가 맞이하게 될지도 모르는 많은 문제에 대하여 알게 될 거예요.

(나) 지구마을 사람들은 어디에서 왔을까요?

지구마을 사람 100명 가운데 61명은 아시아에서, 14명은 아프리카에서, 11명은 유럽에서, 8명은 남아메리카와 중앙아메리카에서, 5명은 캐나다와 미국에서, 1명은 오세아니아에서 왔습니다.

지구마을 사람의 절반 이상은 인구가 많은 여섯 개의 나라에서 왔지요. 20명은 중국에서, 17명은 인도에서, 5명은 미국에서, 4명은 인도네시아에서, 3명은 브라질에서, 3명은 파키스탄에서 왔습니다. 한국에서 온 사람은 1명이랍니다.

(다) "안녕!", "니하오마!", "헬로!", "나마스테!", "즈드라스트부이체!", "올라!", "아흘란!", "나마스카르!"

마을 사람들이 여러 나라 말로 인사를 나누네요. 지구마을 사람들은 어떤 언어로 말할까요? 지구마을에는 대략 6,000개의 언어가 있다지만, 사람들의 반 이상은 여덟 개의 언어 중에서 하나로 말하지요. 21명은 중국어, 9명은 영어, 9명은 인도어, 7명은 스페인어, 4명은 아랍어, 4명은 벵골어, 3명은 포르투갈어, 3명은 러시아어로 말합니다. 여기서 말한 여덟 가지 언어의 인사말을 할 줄 안다면, 절반이 넘는 지구마을 사람들과 반갑게 인사를 나눌 수 있답니다.

(라) 마을 사람들은 여러 가축을 기릅니다. 가축들은 농사일을 돕기도 하고, 음식의 재료가 되기도 하지요. 마을에는 31마리의 양과 염소, 23마리의 젖소와 황소, 15마리

의 돼지, 3마리의 낙타, 2마리의 말, 250마리의 닭이 있어요.

지구마을에는 가축 말고 다른 먹을거리도 있어요. 밀, 쌀, 콩, 채소,……. 한마디로 지구마을에는 식량이 모자라지 않아요. 모든 사람에게 음식이 고루 나누어진다면, 배고픈 사람은 없을 거예요. 하지만 사람들은 음식을 나누어 먹지 않아요. 30명의 사람은 종종 굶주리고 있어요. 47명은 음식을 구하기가 어려워요. 53명은 그럭저럭 끼니를 잇거나 배불리 먹을 수 있답니다.

(마) 지구마을에는 지금 100명의 사람이 살고 있습니다. 그럼 옛날에는 몇 명이 살았을까요?

기원전 1000년에는 마을에 단 1명만 살았지요. 기원전 500년에는 2명이 살았어요. 기원후 100년에는 마을에 3명이 살았어요. 1000년에는 5명, 1500년에는 8명이 살았어요. 1650년에는 10명이 살았어요. 1800년에는 17명, 1900년에는 32명이 살았지요. 2010년에는 지구마을에 100명이 살고 있었답니다.

앞으로 지구마을에는 얼마나 많은 사람이 살게 될까요? 또 얼마나 빠른 속도로 사람들이 늘어날까요? 지구마을 사람들의 인구는 1년에 1.15명씩 늘어나고 있어요. 지금 100명이 있다면 2050년에는 약250명이 살게 될 거예요.

지구마을이 유지되려면 인구가 250명을 넘어서는 안 된다고 많은 전문가가 말하였어요. 250명이 넘으면 음식이나 집, 그 밖의 생활 자원들이 부족해진다고요.

다행스럽게도 국제연합이나 여러 국가, 민간단체들이 지혜를 모아 지구마을을 살기 좋은 곳으로 가꾸기 위하여 열심히 일하고 있어요. 배불리 먹을 것과 편히 쉴 곳이 있는 지구마을을 만들기 위하여 노력하고 있답니다.

주제찾기 **1.** 가장 중요한 문제로 다루고 있는 것은 무엇입니까?

① 식량　　② 나라　　③ 언어　　④ 인구　　⑤ 환경

제목찾기 **2.** 글의 내용과 잘 어울리도록 제목을 붙여보세요.

□□가 100명의 □□이라면

사실이해 **3.** 지구에서 가장 많은 사람들이 살고 있는 곳은 어디입니까?

① 유럽 ② 아시아 ③ 아프리카
④ 아메리카 ⑤ 오세아니아

미루어알기 **4.** 글에서 답을 찾을 수 <u>없는</u> 질문은 어느 것입니까?

① 지구의 인구가 언제 100명이었습니까?
② 인구가 1억 명이 넘는 나라가 몇입니까?
③ 지구 인구의 절반 이상은 어디에 삽니까?
④ 지구에서 가장 많은 수의 가축은 무엇입니까?
⑤ 지구 마을의 사람들이 굶주리는 이유는 무엇입니까?

세부내용 **5.** ㉠과 같이 말한 까닭은 무엇입니까?

① 실제로 6천 8백만 명이 살고 있기 때문에
② 68억 명이 10개 대륙에 살고 있기 때문에
③ 실제의 세계 인구가 68억 명이 넘기 때문에.
④ 우리나라 인구가 약 6천 8백만 명이기 때문에.
⑤ 가상의 지구에 6천 8백만 명이 넘으면 안 되기 때문에.

적용하기 **6.** 지금처럼 증가한다면 2050년에 살게 될 지구의 인구수를 셈해 보세요.

(①)×6천 8백만 명=(②) 명

요약하기 **7.** 마지막 문단을 중심으로 내용을 간추렸습니다. 빈칸에 알맞은 말을 쓰세요.

지구의 인구가 20세기 이후, 이전과 비교할 수 없을 만큼 증가 폭이 커져서 2050년이 되면 지구가 감당하기 어려울 정도의 인구에 이르게 되리라고 합니다. 특히, ①□□이나 ②□, 그 밖의 ③□□ □□들이 부족해져서 큰 문제가 될 것이라고 해요. 우리 모두 지혜를 모아 지구마을을 살기 좋은 곳으로 가꾸기 위하여 열심히 노력합시다.

점 수

1~7번 문제의 점수를 더하여 총점을 쓰고 165쪽의 표에 막대그래프로 표시하세요

독해력 키움 | 33. 설득하는 글 읽기(12)

169쪽 표의 해당하는 번호에 체크하세요.

부모님과 선생님이 항상 우리에게 "이거 해라, 저거 해라!" 시킵니다.

부모님과 선생님이 시키는 일들이 정당하고 꼭 해야 할 일들인데도, 우리 마음대로 못 하게 하려고 그러는 거라는 생각이 들 때도 있나요?

우리 부모님이나 선생님의 생각과 다르다는 것을 말할 수도 있고, 그분들의 말을 안 들을 수도 있지 않나요? / 우리는 혼자서 자신의 삶을 살 수 있을까요?

모든 사람이 우리에게 명령할 권리를 갖고 있나요?

나를 사랑하는 사람들은 내 마음대로 할 수 있도록 내게 날개를 달아 줍니다.

사랑하는 사람들이 우리에게 갖는 믿음 때문에 우리가 잘못된 생각을 할 수도 있을까요? / 우리는 자신감을 갖기 위해서 우선 자신부터 사랑해야 하지 않을까요?

우리를 못살게 구는 사람들도 우리에게 날개를 달아 줄 수 있을까요?

우리는 다른 사람들을 기쁘게 하기 위해서 그 사람들을 따라 해야 한다고 느낄 때도 있어요.

다른 사람들을 따라 하지 않고도 그 사람들을 기쁘게 할 수는 없을까요?

자유로우려면 반드시 다른 사람들과 달라야만 할까요?

다른 사람들을 따라 하라고 시키는 건 자기 자신일까요? 아니면 다른 사람들일까요?

어쨌든 우리 자신은 다른 사람들과 닮지 않았나요?

여러 가지 활동을 배우고 직접 해 보려면 다른 사람들이 필요합니다.

이런저런 일들을 혼자서 하는 게 더 편하지 않을까요?

그런데 만약 다른 사람들이 나쁜 방법으로 우리를 해치려고 한다면 어떻게 해야 할까요? / 다른 사람이 필요할 때도 우리는 자유로운 걸까요?

어려운 일을 혼자 해결할 수 있도록 사람들이 우리에게 가르쳐 주어야만 할까요?

우리는 스스로를 지킬 줄 알지요.

다른 사람들은 우리에게 언제나 겁을 주려고 그렇게 하는 걸까요?

다른 사람들로부터 끊임없이 자기 자신을 보호한다면 자유롭게 살 수 있을까요?

다른 사람들에 대한 두려움으로부터 우리는 자신을 지킬 수 있을까요?

다른 사람들로부터 자신을 지킬 수 있다면, 다른 사람들도 우리들로부터 자신을 지킬 수 있어야 할까요?

다른 사람들이 나의 자유에 방해가 되는 건 확실해요!

언제나 명령을 하고 싶어 하는 어른들은 특히 방해가 되지요.

그런데 부모님이 명령하는 게 거슬린다고 해도 부모님의 사랑은 우리에게 자신감을 준답니다. / 부모님의 사랑이 우리에게 용기를 준다고 상상해 보세요!

때때로 우리는 부모님을 실망시킬까 봐 두려워서, 부모님을 따라 하고, 부모님처럼 생각하고 살아가야 한다고 마음먹지요.

그래서 우리 자신은 자유롭지 않다고 생각을 하기도 합니다.

그건 다른 친구들과도 마찬가지랍니다.

우리가 자신을 두려워하지 않으면서 다른 사람들을 인정하고 믿게 된다면 오히려 자유로워지는 게 아닐까요?

이런 질문을 하는 것은 말이야……[앞의 질문을 한 까닭 4가지]

다른 사람들과 함께 사는 것의 좋은 점과 어려운 점들을 이해하고 받아들이도록 하기 위해서랍니다.

다른 사람들을 비난만 하는 게 아니라 다른 사람들과 함께 행동하는 것도 배우기 위해서지요.

누구나 다른 사람이 필요하다는 걸 인정하기 위해서랍니다.

자유로운 게 외롭다는 것도 깨닫고, 외로운 것을 참을 줄도 알아야 하기 때문입니다.

주제찾기 **1.** 글의 중심 내용을 가장 잘 드러낸 것은 어느 것입니까?

① 자유와 간섭
② 자유로움의 행복
③ 자유의 참된 의미
④ 자유를 사랑하는 마음
⑤ 자유와 모든 사람의 권리

제목찾기 **2.** 글 전체의 내용을 아우를 수 있도록 제목을 붙여보세요.

□□가 뭐예요?

사실이해 **3.** 글쓴이는 무엇을 바탕 자리에 놓고 질문을 계속 펼쳐나간 것입니까?

① 부모님과 선생님은 정당하다.
② 우리는 명령할 권리를 가지고 있다.
③ 우리는 사람들을 기쁘게 해주어야 한다.
④ 우리는 모두 다른 사람과 더불어 살아간다.
⑤ 누구든 다른 사람들로부터 자신을 지켜야 한다.

미루어알기 4. 글의 내용과 관련되는 장면을 떠올려 주장을 제시하고, 그 까닭을 밝혔습니다. 빈칸에 알맞은 낱말을 넣으세요.

> [주장] 어떤 ①□□을 받을 때 자유를 방해받는다고 느끼지만, 사실은 여러 사람과 ②□□□ 살면서 진정으로 자유롭기 위한 훈련을 받고 있는 것입니다.
> [까닭] 식당에서 아이들이 시끄럽게 뛰어다닐 때 식당의 다른 사람들은 편안하게 쉴 자유를 방해받고 있습니다. 나의 자유를 누리기 위해서 남의 자유를 침해한다면 거꾸로 남도 자신의 자유를 위해서 나의 자유를 ③□□할 것입니다.

세부내용 5. 글을 마무리 짓기 위해 반드시 말할 수밖에 없는 것은?

① 모든 사람이 우리에게 명령할 권리를 갖고 있지는 않습니다.
② 우리는 자신감을 갖기 위해서, 우선 자신부터 사랑해야 합니다.
③ 이런저런 일들을 혼자서 하는 게 오히려 더 편할 때가 있습니다.
④ 우리가 다른 사람들을 인정하면서 믿게 된다면 더 자유로워집니다.
⑤ 다른 사람의 자유를 위해서 우리의 자유를 제한할 때도 가끔 있습니다.

적용하기 6. 글을 읽고, 토론의 주제로 삼기에 어울리지 않는 질문은 어느 것입니까?

① 우리는 혼자서 살아갈 수 있을까요?
② 우리 자신은 다른 사람들과 닮지 않았나요?
③ 다른 사람이 필요할 때도 우리는 자유로운 걸까요?
④ 자유로우려면 반드시 다른 사람들과 달라야만 할까요?
⑤ 사람들로부터 자신을 보호한다면 자유롭게 살 수 있을까요?

요약하기 7. 다음은 글쓴이가 제시한 결론입니다. 앞의 글과 연결하면서 빈칸을 채우세요.

> 우리는 자신만의 ①□□만 주장할 수 없습니다. 우리는 여러 사람과 함께 살고 있기 때문에 다른 사람의 자유를 위해서 자신의 자유를 조금 ②□□하고 상대방을 ③□□해야 합니다. 이것을 깨닫게 된다면 우리는 자기 마음대로 하고 싶은 충동을 스스로 참고 절제할 것입니다. 이때 우리는 자율적으로 행동하는 사람이 되며, 그때에야 비로소 사회 속에서 참된 자유를 누릴 수 있게 됩니다.

점수

1~7번 문제의 점수를 더하여 총점을 쓰고 166쪽의 표에 막대그래프로 표시하세요

독해력 키움 | 34. 이야기 글 읽기(1)

| 평가요소 | 1. ☐ 15점 | 2. ☐ 15점 | 3. ☐ 10점 | 4. ☐ 15점 | 5. ☐ 15점 | 6. ☐ 15점 | 7. ☐ 15점 |

170쪽 표의 해당하는 번호에 체크하세요.

　옛날, 어느 마을에 부지런한 농부가 살고 있었다. 농부는 열심히 일하여 욕심쟁이 부자 영감의 밭을 샀다. 그 밭은 돌멩이가 많아 농사를 지을 수 없는 밭이었다. 그래서 농부는 새벽부터 밭을 갈고 돌멩이를 골라내었다.

　그러던 어느 날, 농부가 열심히 괭이질을 하고 있는데 갑자기 괭이 끝에 무엇인가 부딪혔다. 농부가 땅을 깊이 파자 커다란 항아리가 나왔다. 항아리는 금 간 곳 하나 없이 말짱하였다. 일을 마친 농부는 항아리 안에 괭이를 넣어 집으로 돌아왔다.

　이튿날 아침, 농부는 밭에 나가려고 항아리 안에 넣어 둔 괭이를 꺼내었다. 그런데 항아리 안에는 괭이가 또 하나 들어 있었다. 농부는 다시 괭이를 꺼내었다. 그런데도 항아리 안에는 여전히 괭이가 있었다.

　'이거 혹시 요술 항아리가 아닐까?'

　이렇게 생각한 농부는 일부러 엽전 하나를 항아리 안에 넣었다가 꺼내어 보았다. 그랬더니 정말 항아리 안에 엽전이 그대로 남아 있는 것이었다. 꺼내고 또 꺼내어 엽전은 어느새 마당에 그득 쌓였다. 농부는 곧 부자가 되었다.

　이 소문은 온 마을에 퍼져 농부에게 밭을 판 욕심쟁이 부자 영감도 듣게 되었다. 부자 영감은 어떻게 하면 그 요술 항아리를 빼앗을 수 있을까 온갖 궁리를 하다가 농부를 찾아갔다.

　"여보게, 자네 집에 있는 그 요술 항아리는 어디에서 얻었는가?"

　"제 밭에서 파내었습니다."

　"나는 자네에게 밭만 팔았지 항아리까지 팔지는 않았네. 그러니까 어서 그 항아리를 내놓게."

　"아닙니다. 항아리는 제 것입니다."

　농부와 부자 영감의 다툼은 끝이 없었다.

　두 사람은 고을 원님에게 가서 판결을 받기로 하였다. 그런데 두 사람의 말을 듣자, 원님도 그 항아리가 몹시 탐이 났다.

　"이 항아리 때문에 사이좋게 지내던 이웃이 서로 다투어서야 쓰겠느냐? 이 항아리는 관가에 보관하겠다. 그러면 너희도 싸우지 않고 잘 지내지 않겠느냐?"

㉠원님이 그럴듯하게 말하자, 농부와 부자 영감은 그대로 돌아갈 수밖에 없었다. 원님은 요술 항아리를 자기 집 대청마루에 옮겨 놓았다.

그날 저녁이었다. 원님의 아버지가 대청마루로 나왔다가 요술 항아리를 보게 되었다.

'웬 항아리인고? 무슨 맛있는 것이라도 들었나?'

원님의 아버지는 허리를 굽히고 안을 들여다보았다. 그러다가 그만 항아리에 빠지고 말았다.

[뒤의 이야기] 살려 달라는 소리에 달려온 원님은 항아리 속에서 아버지를 꺼내지만 또 다른 아버지가 계속 나오게 됩니다. 아버지들은 모두 자신이 진짜 아버지라고 호통을 치며 원님을 괴롭힙니다.

주제찾기 1. 이야기를 통해 전하고자 한 교훈은 무엇입니까?

① 마술로 부자 되기
② 부자의 억지 부리기
③ 원님의 현명한 다툼 해결
④ 허황한 욕심에 대한 경계
⑤ 부지런히 일할 것을 권장함

글감찾기 2. 이야기가 이루어지도록 한 물건을 글에서 찾아 쓰세요.

사실이해 3. 등장인물에 대한 설명 중, 잘못된 것은 어느 것입니까?

① 농부는 변함없이 부지런하다.
② 부자는 갈수록 욕심을 더 부린다.
③ 원님은 욕심 때문에 화를 입게 되었다.
④ 원님은 귀한 물건을 보고 욕심이 생겼다.
⑤ 농부는 열심히 일을 하여 부자가 되었다.

미루어알기

4. 이야기의 결말이 아래와 같다면, 생략된 줄거리에서 빠질 수 없는 내용은 무엇입니까?

> 항아리를 돌려받은 농부는 한참을 고민하다 원님을 위하여 항아리를 깨어 버리기로 결심합니다. 항아리를 깨자 원님의 아버지는 한 명만 남고 모두 사라집니다. 원님은 농부에게 고맙다고 인사를 하고는 다시는 욕심을 부리지 않기로 결심합니다.

① 부자는 농부에게 사과하였다.
② 원님은 부자를 불러 크게 꾸짖었다.
③ 부자는 원님에게 항아리를 돌려달라고 했다.
④ 부자와 원님, 농부가 모여 항아리를 가질 사람을 결정했다.
⑤ 원님은 농부에게 항아리를 돌려주었지만 수많은 아버지는 사라지지 않았다.

세부내용

5. 이야기의 시간적 배경을 알려주는 낱말은 어느 것입니까?

① 옛날 ② 돌멩이 ③ 괭이
④ 항아리 ⑤ 농부

적용하기

6. ㉠으로 미루어보아, 이야기가 보여 주는 말투의 특징을 아래와 같이 정리했습니다. 빈칸을 채우세요.

> 이야기를 이끌어가는 사람(서술자)은 구성 요소인 인물의 ①□□, ②□□의 흐름을 모두 잘 알고 하는 말투이다.

요약하기

7. 이야기의 흐름이 크게 바뀌는 것을 '반전'이라고 합니다. 위의 이야기에서 큰 반전 둘을 가려낼 수 있습니다. 빈칸을 채우면서 정리하세요.

제1 반전	농부가 ①□□ □□□ 덕분에 큰 부자가 되었다.
제2 반전	원님의 ②□□□가 요술 항아리에 빠졌다.

점수

1~7번 문제의 점수를 더하여 총점을 쓰고 166쪽의 표에 막대그래프로 표시하세요

독해력 키움 | 35. 이야기 글 읽기(2)

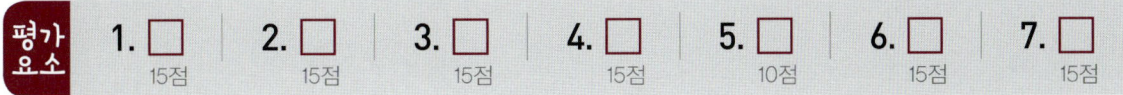

170쪽 표의 해당하는 번호에 체크하세요.

　옛날 어느 마을에 나무꾼이 살았는데 깊은 산 속에 가서 나무를 한 지게 해 왔지. 그런데 나뭇짐을 뒤란에 부려 놓고 보니까 어라, 도끼가 안 보이네. 깜빡 잊고 도끼를 산에 놓고 온 거야.

　도끼를 찾으러 가려고 했더니 벌써 날이 까무룩 저물었어.

　"밤새 누가 도끼를 집어 가면 어쩌나?"

　나무꾼은 울상이 되어 어쩔 줄 모르고 서 있었어.

　이것 참 큰일은 큰일이지 나무꾼이 도끼를 잃어버리면 뭘 해서 벌어먹고 사냔 말이야.

　나무꾼은 망설이고 망설이다가 큰맘 먹고 컴컴한 산길을 더듬더듬 올랐지. 돌부리에 차이고 나뭇가지에 긁히면서 나무하던 자리를 찾아갔지.

　그런데 어이쿠, 이게 웬일이냐! 사방에 도깨비가 우글우글한 거야. 노래하고 춤추고, 웃고 떠들고, 먹고 마시고 도깨비들 잔치판이 벌어졌어.

　"이키, 내가 도깨비 소굴에 들어왔구나."

　나무꾼이 도로 내려갈까 어쩔까 망설이고 있는데 도깨비가 하나 불쑥 나서더니 넙죽 인사부터 하네.

　"아이구, 아재 지금 올라옵니까?" / "그래, 볼일이 있어서 왔다."

　"헤헤, 안 그래도 올 줄 알고 기다리고 있었지요." / "네가 왜 날 기다리냐?"

　"헤헤, 이거 찾으러 올 줄 알았지." 그러면서 도깨비가 도끼를 쑥 내미는 거야.

　"내 도끼를 다 찾아 주다니, 고맙기도 해라."

　나무꾼은 반가워서 도낏자루를 꽉 잡았어. 그런데 아무리 당겨도 꼼짝을 안 하네. 도깨비가 꼭 잡고 놓아주질 않는 거야.

　"헤헤, 우리 터에 놓고 간 도끼를 그냥 넘겨줄 수야 있나요."

　"그럼 어찌해야 줄 테냐?" / "수수께끼 내기를 해서 이기면 두말하지 않고 내주지요."

　"그럼 내가 지면 어쩔 테냐?" / "헤헤, 그러면 아재는 우리 밥이 돼야지요."

　잡아먹는다니 좀 무섭기는 해도 도끼를 찾으려면 어쩔 수 없지 뭐.

　나무꾼은 수수께끼 내기를 하자고 했지. 그러자 도깨비가 먼저 수수께끼를 냈어.

　"아재 아재, 동쪽 하늘 끝에서 서쪽 하늘 끝까지 해가 하루에 몇 만 리나 돌게?"

"이 한심한 도깹아, 몇 만 리를 돌긴 무슨 몇 만 리를 도누. 새끼손가락에서 엄지손가락까지 한 뼘이면 될 걸."

나무꾼은 이마 위에 손을 펼치면서 말했지. / "아이코, 진짜 그렇구나!"

도깨비는 무릎을 탁 쳤어. 그러자 뒤에 있던 도깨비가 썩 나서더니 그렇게 쉬운 수수께끼를 내면 어쩌냐고 투덜거리면서 자기가 수수께끼를 냈어.

"아재 아재, 저 산을 넘고 내를 건너고 들판을 지나면 바다가 나오는데, 그 바닷물은 몇 쪽배기나 되지?"

"이 멍청한 도깹아, 바닷물이 무슨 몇 쪽배기나 되누. 바다만 한 쪽배기로 딱 한 쪽배기면 될 걸." / "아이코, 진짜 그렇다!" / 도깨비는 무릎을 탁 쳤어.

이번에는 나무꾼이 수수께끼를 낼 차례야. 나무꾼은 몸을 옆으로 건들건들 흔들면서 수수께끼를 냈어.

"도깹아 도깹아, 내가 지금 곧 자빠질 건데 왼쪽으로 자빠질까, 오른쪽을 자빠질까?"

그 말을 듣고 도깨비들은 ㉠눈알이 똥그래져서 자기들끼리 멀뚱멀뚱 바라보기만 하네. 왼쪽으로 자빠진다고 하면 오른쪽으로 자빠질 테고, 오른쪽으로 자빠진다고 하면 왼쪽으로 자빠질 거 아니야.

도깨비는 수수께끼를 못 풀고 바닥에 털썩 주저앉았어.

"아이고, 아재가 이기고 우리가 졌네."

도깨비들은 두말하지 않고 나무꾼에게 도끼를 건네주었지. 그리고 잔뜩 풀이 죽어 더 깊고 깊은 숲 속으로 가 버렸지. 나무꾼은 도깨비한테서 찾은 도끼로 나무를 많이 해서 오래오래 잘 먹고 잘 살았다지.

주제찾기 **1.** 이야기를 이끌어가는 주된 내용의 요소는 무엇인가요?

① 나무꾼의 불행
② 도깨비의 수수께끼
③ 나무꾼의 기발한 지혜
④ 도깨비와 나무꾼의 대화
⑤ 나무꾼이 부자가 된 사연

제목찾기

2. 등장인물을 넣어서 글의 제목을 붙여 보세요.

□□□과 □□□

사실이해

3. 이야기에 나타난 것과 다른 사건은 어느 것입니까?

① 나무꾼이 도끼를 잃어버렸다.
② 나무꾼이 컴컴한 산길을 올랐다.
③ 나무꾼이 산중에서 도깨비를 만났다.
④ 나무꾼이 지혜롭게 수수께끼를 잘 풀었다.
⑤ 나무꾼이 도깨비들에게 수수께끼 내기를 제안했다.

미루어알기

4. ㉠의 까닭으로 알맞은 것은 어느 것입니까?

① 놀랍고 당황스러워서
② 말뜻을 알아듣지 못해서
③ 예상하지 못한 질문이어서
④ 자신들의 약점을 찔린 듯해서
⑤ 도망갈 궁리만 하고 있던 터여서

세부내용

5. 나무꾼의 성격으로 알맞은 것은 무엇입니까?

① 심술궂다   ② 대범하다   ③ 장난스럽다
④ 신경질적이다   ⑤ 다정다감하다

적용하기

6. 학교신문에 이야기를 소개하기 위해 알림 문구를 아래와 같이 썼습니다. 빈칸에 알맞은 낱말을 쓰세요.

도깨비들의 ①□□□□ 질문에 ②□□□□ 맞선 나무꾼의 이야기!!!

요약하기

7. 이야기의 사건만 주된 내용으로 간추렸습니다. 빈칸을 채워서 완성하세요.

나무꾼이 산에서 나무를 하고 ①□□를 산에 두고 왔다. 날이 저문 뒤에 나무꾼은 도끼를 찾으러 다시 산에 올라갔다. 도깨비가 나무꾼에게 ②□□□□ 내기를 해서 이기면 도끼를 돌려주겠다고 하였다. 나무꾼은 ③□□를 마음껏 드러내며 내기에 이겨 도끼를 되찾았다.

점수

1~7번 문제의 점수를 더하여 총점을 쓰고 166쪽의 표에 막대그래프로 표시하세요

독해력 키움 | 36. 이야기 글 읽기(3)

수업이 끝나고 교문을 나섰다. 그런데 횡단보도 앞에서 준혁이가 서 있었다.

"양준혁." / 준혁이가 돌아보았다.

"어디 가냐?" / "영어 학원……."

준혁이의 목소리는 힘이 없고, 눈빛도 흐릿하였다. 내가 돌아서서 가려고 하자 준혁이가 나를 불렀다.

"김상보." / 뜸을 들이던 준혁이가 말을 꺼냈다.

"음, 김상보, 저기 말이야……. 그 지우개…… 그 지우개 말이야."

"그 지우개라니?"

"아까 네가 딴 지우개…… 맘모스 지우개, 다시 주면…… ㉠안 돼?" / ㉡"안 돼!"

나는 뒤통수를 한 대 맞은 기분이었다. 아직 아빠께 보여 주지 못하였다. 그리고 그건 내가 딴 지우개다. 무엇보다 난 그 맘모스 지우개가 마음에 쏙 든다. 그렇게 커다란 지우개는 이 세상에 단 하나밖에 없을 것이다. 그런 지우개를 가지고 있는 나를 보면 아이들이 얼마나 부러워할까? 난 정말 돌려주고 싶지 않다.

"그거 말이야. 건축 설계 공부하는 삼촌 거야. ㉢삼촌이 이탈리아에서 공부하는 여자 친구한테 선물 받은 거야. 삼촌이 여행 간 동안 내가 몰래 갖고 다닌 거야. 삼촌 오늘 온대. 삼촌이 오기 전에 꼭 갖다 놔야 해. 안 그러면 난 곤란해."

당당하고 자신감에 차 있던 준혁이가 고개를 떨어뜨렸다. 순간 마음이 흔들렸다.

'싫어, 싫어!'

그런데 준혁이는 간절히 말하였다. / "돌려주면 안 돼?"

나도 풀 죽은 목소리로 대답하였다. / "그건 내 거야. 내가 딴 거야."

준혁이는 돌아섰다. 한 발짝 떼는 걸음이 어찌나 무거워 보이는지 발목에 쇠고랑을 찬 것 같았다. 난 그런 준혁이의 뒷모습을 보고 싶지 않아서 집으로 뛰어갔다. 하지만 마음이 무겁고 답답하였다.

나는 벌떡 일어나 맘모스 지우개를 가지고 준혁이 집으로 뛰어갔다. 준혁이가 대문 앞 계단에 앉아 있었다.

"양준혁." / 준혁이는 나를 보더니 놀라서 자리에서 일어났다.

"김상보, 어쩐 일이야?" / 나는 맘모스 지우개를 준혁이에게 건네주었다.
"이건 너무 커서 내 지우개 상자에 들어가지 않아. 그리고……."
나는 더 말을 잇지 못하였다. 준혁이가 물었다.
"그리고 뭐?" / 나는 들릴락 말락 하게 말하였다.
"지우개 따먹기 법칙 10을 지키려고……. 지우개 따먹기 법칙 10, 지우개 따먹기를 할 때 상대는 내 친구이다. 지우개 따먹기를 하면서 친구와 싸우지 말 것. 친구와 싸우게 된다면 '지우개 대장'이라는 명예로운 이름은 더럽혀지게 된다."

주제찾기   **1.** 중심 내용으로 알맞은 것은 어느 것입니까?

① 양준혁이 기가 죽은 까닭
② 김상보가 지우개를 따게 된 힘
③ 양준혁이 삼촌의 지우개에 보인 관심
④ 김상보가 복잡한 마음을 정리해 간 과정
⑤ 양준혁이 김상보와 다툼을 그만두고 화해를 함

글감찾기   **2.** 사건을 일으킨 원인이 된 물건을 글에서 찾아 쓰세요.

사실이해   **3.** 다음 중, 가장 먼저 일어난 사건은 어느 것입니까?

① 한 사람이 횡단보도 앞에 서 있었다.
② 두 사람이 횡단보도 앞에서 만났다.
③ 두 사람이 지우개 따먹기 놀이를 했다.
④ 한 사람이 친구의 요청을 거절했다.
⑤ 지우개를 돌려주기 위해 친구의 집으로 갔다.

미루어알기

4. ㉠과 ㉡을 통해 알 수 있는 사실은 무엇입니까?

① 같은 생각은 한 가지 문장으로만 나타낸다.
② 전하려는 뜻에 따라 문장의 끝맺음이 달라진다.
③ 상황이 달라지더라도 문장의 끝맺음은 달라지지 않는다.
④ 문장의 끝맺음이 달라져도 말하는 이의 뜻은 달라지지 않는다.
⑤ 말하는 이와 듣는 이의 관계에 따라 문장의 끝맺음이 달라질 수 있다.

세부내용

5. ㉢의 두 문장은 그 종류가 무엇입니까?

① 설명하는 문장
② 느낌을 표현하는 문장
③ 무엇인가를 묻는 문장
④ 무엇을 하도록 시키는 문장
⑤ 함께 하기를 요청하는 문장

적용하기

6. 다음 밑줄 친 부분을 보고, 표의 빈칸에 알맞은 말을 쓰세요.

대화의 상황	전하려는 뜻
양준혁: 삼촌 지우개인데, 원래 자리에 돌려놓지 않으면 혼이 날 거야. 제발, 지우개 돌려 줘.	①□□하게 소망하면서, 돌려주기를 ②□□함.
김상보: 아빠에게 자랑하고 싶었는데, 그런데도 지우개 돌려 줘?	상대방의 뜻을 묻는 척하면서, 단호하게 ③□□함

요약하기

7. 줄거리를 아래와 같이 요약했습니다. 빈칸을 채우세요.

아빠로부터 '①□□□ □□□ □□'을 배운 김상보는 지우개 따먹기 대장이다. 같은 반의 양준혁은 상보를 이겨 보고 싶어서 삼촌의 맘모스 지우개를 가져왔지만 놀이에서 져서 지우개를 상보에게 넘긴다. 상보는 아빠에게 자랑하고 싶었지만, 준혁의 딱한 사정을 듣고 지우개를 돌려줌으로써 마음의 ②□□에서 벗어난다.

점 수

1~7번 문제의 점수를 더하여 총점을 쓰고 166쪽의 표에 막대그래프로 표시하세요

독해력 키움 | 37. 이야기 글 읽기(4)

[앞의 줄거리] '나'(성미)는 교실 뒤에 붙어 있던 자신의 사진이 없어졌다는 소식을 듣고 누가 사진을 뜯어 갔냐며 소리를 질렀다. '나'는 남자아이들을 의심했지만 오히려 영만이는 '나'를 약 올리며 놀렸다.

그때 교실 뒷문으로 민철이가 들어왔다. / "순둥아, 네가 사진 가져갔지?"

영만이는 마침 잘됐다는 듯이 민철이를 다그쳤다. 민철이는 고개를 빠르게 가로저었다. 겁에 질린 표정이었다. / "왜 또 엉뚱한 사람을 괴롭히니?" / 나는 야무지게 소리쳤다.

영만이와 몇몇 아이가 민철이를 두둔하는 나를 더 약 올리려고 일부러 짓궂게 굴었다. 아이들은 민철이의 주머니를 뒤졌다. 민철이는 몸만 움찔거렸다.

민철이는 우리 옆집에 산다. 그래서 민철이 어머니께서 민철이를 야단치시는 소리를 자주 듣는다.

"아이들이 널 괴롭혀도 가만있으니까 더 얕보는 거야. 키는 멀쑥하게 커 가지고 왜 당하기만 하니?"

나는 민철이 어머니의 말씀을 그대로 흉내 내었다. 나는 내 사진을 누가 뜯어낸 것이나 아이들이 나를 놀리는 것보다 민철이가 바보같이 당하는 것 때문에 약이 올랐다.

나는 조심스럽게 내 손수건을 주었다.

"저 앤 겁쟁이만 아니면 참 좋은데……." / "겁쟁이라도 난 민철이가 좋아."

쉬는 시간에 혼자서 책을 읽는 민철이를 보며 이렇게 자기 마음을 털어놓는 여자아이들도 있었다. 그럴 땐 나도 모르게 얼굴이 빨개진다. 사실은 나도 민철이가 좋기 때문이다.

남자아이들은 민철이 주머니에서 껌을 꺼냈다. / "이런 건 나누어 먹어야지."

남자아이들은 자기들 마음대로 포장을 뜯어 껌을 나누어 먹으면서 이번에는 책가방을 뒤지기 시작하였다. 그런데도 민철이는 가만히 서 있기만 하였다.

"에그! 저 바보." / 나는 나도 모르게 입술을 꼭 깨물며 중얼거렸다.

"민철이 너, 엄마한테 혼나도 좋지?"

나는 어떻게 하든지 민철이가 자기 힘으로 남자아이들을 밀쳐 내게 하고 싶었다. 그러나 민철이는 겁을 잔뜩 먹은 눈으로 자기 책가방만 내려다보고 있었다.

남자아이들은 책가방 여기저기를 살펴보고 필통도 열어 보았다. 책가방에서는 귤 두 개가 나왔다. / "히히, 먹을 것은 잘 가지고 다닌단 말이야."

영만이가 귤 한 개를 까먹으면서 민철이의 가방에서 작은 수첩 한 권을 꺼냈다.

그러자 뜻밖의, 정말 뜻밖의 일이 벌어졌다. 민철이가 재빠르게 영만이의 손에서 수첩을 낚아챈 것이다. 민철이가 다른 아이에게 대항한 최초의 행동이었다. 다른 사람이 아닌 싸움 대장 영만이에게…….

민철이의 갑작스러운 행동에 영만이가 재미있다는 표정을 지었다. 그리고 민철이의 손에서 수첩을 빼내려고 잡았다. 민철이는 수첩을 빼앗기지 않으려고 힘을 주어 잡아당겼다. / "하하하, '지렁이도 밟으면 꿈틀한다.'는 말이 맞긴 맞구나."

옆에서 찬영이가 배꼽을 쥐는 시늉을 하며 웃었다.

"너, 아무래도 수상해. 이리 안 줘?"

영만이가 눈을 부라리며 민철이의 팔을 잡아 비틀었다. 나는 그러는 영만이를 뒤에서 확 밀어 버릴 생각으로 몸을 움직였다. 그러나 내가 한 발을 움직이는 순간에 누구인가 교실 바닥에 나뒹굴었다.

나는 내 눈을 의심하였다. 교실 바닥에 나뒹군 아이는 민철이가 아닌 영만이었다. / "어?"

반 아이들이 믿기지 않는다는 눈빛으로 민철이와 영만이를 번갈아 보았다.

자존심이 상한 영만이는 입술을 잔뜩 깨물더니 벌떡 일어나 민철이에게 달려들었다. 영만이의 무서운 기세에 아이들은 얼어붙은 듯 서 있었다. 나는 눈을 질끈 감아 버렸다.

"어어?" / "아니?"

우당탕하는 소리를 듣고 나는 눈을 떴다. 정말 놀라운 일이었다. 떡 버티고 선 민철이 앞에 영만이가 넘어져 있었다. / "사진, 저기 있다!"

누구인가 소리쳤다. 속이 펼쳐진 수첩 사이에서 환히 웃고 있는 내 사진이 보였다. 나는 멍하게 서 있는 아이들은 밀치고 여유 있게 수첩을 집어 들었다. 민철이는 죄를 지은 사람처럼 울상이 되어 어쩔 줄 몰라 하였다.

주제찾기 **1.** 이야기의 제목은 '행복한 비밀 하나'입니다. 이 비밀은 누가 간직한 비밀인지 글에서 찾아 이름을 쓰세요.

제목찾기 **2.** 이야기의 줄거리를 이끌어가도록 하는 중심 소재는 무엇입니까?

① 성미의 사진 ② 성미의 성격 ③ 영만의 능청
④ 민철의 수첩 ⑤ 민철의 강아지

사실이해

3. 성미의 사진을 가져간 사람은 누구였습니까?

① 성미   ② 영만   ③ 민철
④ 여자아이들   ⑤ 남자아이들

미루어알기

4. 이야기의 흐름을 온통 바꾼 사건은 무엇입니까?

① 성미의 사진이 사라졌다.
② 남자아이들이 성미를 약 올렸다.
③ 영만이가 사진 대신 종이쪽지를 붙였다.
④ 민철이네 집에서 키우던 강아지가 죽었다.
⑤ 영만이가 민철이의 가방에서 수첩을 꺼냈다.

세부내용

5. 영만의 사람 됨됨이를 가장 잘 표현한 말은 어느 것입니까?

① 밉다   ② 짓궂다   ③ 정의롭다
④ 욕심 많다   ⑤ 인정이 많다

적용하기

6. 민철이의 행동에서 성격을 떠올려 빈칸에 알맞은 낱말을 쓰세요.

민철이의 행동	미루어 짐작해 본 성격
지난겨울에는 민철이네 집에서 키우던 강아지가 차에 치어 죽은 일이 있었다. 그 일로 민철이는 아파트 계단에 앉아서 하루를 꼬박 훌쩍이며 보냈다.	민철이는 ① □이 많은 것 외에는 나무랄 데가 없는 아이이다. 책 읽기를 좋아하고 ② □□도 많은 아이이다.

요약하기

7. 결말을 아래와 같이 간추렸습니다. 빈칸을 채워 완성하세요.

① □□는 ② □□이가 자신을 좋아한다는 사실을 알아차리고 민철이에게 자신의 ③ □□을 주었다.

점수

1~7번 문제의 점수를 더하여 총점을 쓰고 166쪽의 표에 막대그래프로 표시하세요

독해력 키움 | 38. 이야기 글 읽기(5)

170쪽 표의 해당하는 번호에 체크하세요.

"비가 주룩주룩 내리는 캄캄한 밤이었어. 그날도 어김없이 열두 시가 되자 벽시계가 종을 쳤지. 댕, 댕, 댕, 댕……"

나는 이불 속에서 동생에게 무서운 이야기를 해 주고 있었어요. 그런데 갑자기 어디선가 "으악!" 하는 소리가 들렸어요. 이건 진짜 비명 소리였어요. 이서서 우당탕, 와장창! 도대체 무슨 일이 일어난 걸까요?

살금살금 일 층으로 내려가 본 우리는 깜짝 놀랐어요. 엄마는 야구 방망이를 들고 있고, 아빠는 거실 바닥에 쓰러져 있었으니까요.

"엄마, 무슨 일이에요?" / "이 일을 어쩌지? 쥐를 잡으려다가 네 아빠를 잡았나 보다."

바로 그 순간, 아빠가 살짝 눈을 뜨셨어요.

"사실은 소파 뒤에 숨어 있던 쥐와 눈이 마주친 순간 나도 모르게 기절했단다."

그때 할아버지께서 잠이 덜 깬 눈으로 방문을 열고 나오셨어요.

"집 안에 무슨 일이 있냐?" / "할아버지, 쥐가 나왔대요." / "에구머니나!"

할아버지께서는 깜짝 놀라며 얼른 소파 위로 올라가셨어요.

"어이쿠, 나는 세상에서 쥐가 가장 싫다." / 그러자 아빠도 말씀하셨어요.

"저도요." / 엄마는 쥐를 잡기 전에는 도저히 잠을 잘 수 없다고 하셨어요.

'오늘 밤에 당장 잡아야 한다고.'

하지만 내가 먼저 하품을 하였고, 그다음에는 내 동생 딴지가, 그리고 그다음에는 할아버지께서 늘어지게 하품을 하셨어요. / 그때 고모가 살금살금 나타났어요.

"무슨 일 있니?" / "글쎄, 쥐가 나왔어요." / "내가 거의 잡을 뻔했는데……."

할아버지의 말씀에는 관심도 없는 듯 고모는,

"난 또 무슨 일이라고. 뭐 먹을 게 없나?" / 하면서 냉장고만 뒤집니다.

이튿날 아침, 할아버지께서는 가족회의를 열었어요.

㉠"이제부터 쥐와 전쟁을 시작한다! 내가 사령관을 맡으마, 나머지 식구들은 모두 행동 대원이다."

할아버지의 비장한 말씀에 나는 왠지 가슴이 두근거렸어요. 쥐를 잡는 작전 이름은 '독 안에 든 빵 작전'이에요. 할아버지께서는 쥐라는 이름을 직접 부르면 쥐들이 알아듣고 모두 도망간대요. 하지만 빵이라고 부르면 쥐들이 맛있는 빵이 있는 줄 알고 모여든다나요?

아빠는 어느 전쟁에서나 아군끼리만 통하고 적군을 따돌릴 수 있는 암호가 필요하대요. 그래서 우리도 암호를 정하였어요. 쥐가 나타났을 때 '우왕 찍', 쥐가 지나간 자리를 발견하면 '찍', 쥐를 추격하다 놓치면 '찍 쌌다'예요. / 작전 개시! 쥐구멍을 찾아라.

우리는 쥐구멍 수색 작전을 시작하였어요. 엄마와 동생은 일 층, 고모는 지하실(지하에 고모 방이 있거든요. 거기를 다른 사람이 뒤지면 절대 안 된대요. 뭐, 중요한 것이라도 숨겨 놓았는지…….) 그리고 아빠는 마당을 살피시겠대요. 마당에 쥐가 파 놓은 쥐구멍이 있을 거라나요. 그러면 나는 어디냐고요? 나는 할아버지와 함께 이 층을 맡았어요. 이 층 천장에서 가끔 이상한 소리가 나거든요.

"집을 들어 올려서라도 쥐 소굴을 찾아내고야 말겠다. 옛날부터 쥐란 녀석들은 마루 밑을 좋아했지, 내가 오늘 쥐 소굴을 꼭 찾고야 말겠다."

엄마는 두 주먹을 불끈 쥐셨어요. 그러고는 마룻바닥에 바짝 귀를 대고 쥐 소리가 나지 않나 귀를 기울이셨어요. / 그때 갑자기 아빠가 후닥닥 뛰어들어 오셨어요.

"여보, 어떡하지? 쥐를 만졌어. 쥐를 만졌다고!"

엄마는 아빠를 따라 마당으로 나가셨어요. 그리고 형사처럼 예리한 눈초리로 마당을 이곳저곳 살피더니 아빠에게 물으셨어요.

"여보, 쥐를 만진 게 분명해요?" / "음…… 그게…… 그러니까……."

엄마는 홈통 근처에 떨어진 털 솔을 집어 들며 말씀하셨어요.

"봐요, 혹시 이 털 솔을 잘못 알고……."

"아니, 그건 절대 아냐. 아닐 거야. 아니어야 하는데……."

그럼 그렇지. 아빠가 만진 것은 홈통을 청소하는 털 솔이었어요.

주제찾기 **1.** 가장 강조해서 드러낸 이야기의 요소는 무엇입니까?

① 구성 ② 문체 ③ 인물
④ 사건 ⑤ 배경

글감찾기 **2.** 사건을 일으켜 줄거리를 이루게 한 소재를 글에서 찾아 쓰세요.

사실이해 **3.** 솔직하고 적극적이어서 가장 긍정적이라 할 수 있는 인물은 누구입니까?

① 나　　　　　② 엄마　　　　　③ 아빠
④ 고모　　　　⑤ 할아버지

미루어알기 **4.** ㉠으로 미루어본 할아버지의 성격은 어떠합니까?

① 어질다　　　② 너그럽다　　　③ 소심하다
④ 무심하다　　⑤ 허풍스럽다

세부내용 **5.** 이야기를 전달하는 사람(서술자)에 대한 설명으로 알맞은 것은 어느 것입니까?

① 등장인물이다.　　　　　　　　② 작품의 바깥에 있다.
③ 등장인물이면서 관찰하고 있다.　④ 작품밖에서 관찰하고 있다.
⑤ 작품의 안팎을 오가면서 관찰과 간섭을 한다.

적용하기 **6.** 이야기를 역할극 대본으로 바꾸어 써보았습니다. 빈칸에 알맞은 낱말을 쓰세요.

이야기	역할극 대본
엄마는 아빠를 따라 마당으로 나가셨어요. 그리고 형사처럼 예리한 눈초리로 마당을 이곳저곳 살피더니 아빠에게 물으셨어요. "여보, 쥐를 만진 게 분명해요?"	• 때: 아침 • 곳: ①□□ • ②□□: (아빠를 따라 나와 예리한 눈초리로 마당을 이곳저곳 살핀 뒤, ③□□□□□ 목소리로) 여보, 쥐를 만진 게 분명해요?

요약하기 **7.** 인물의 성격이 드러나는 말이나 행동을 찾아 아래 표로 정리했습니다. 빈칸에 알맞은 낱말을 쓰세요.

인물	말이나 행동	성격
엄마	"집을 들어 올려서라도 쥐 소굴을 찾아내고야 말겠다."	①□□하다. ②□□□이다.
아빠	(쥐가 나왔다는 엄마의 말에) 아빠는 거실 바닥에 쓰러졌어요.	③□□하고 겁이 많다.
할아버지	"이제부터 쥐와 전쟁을 시작한다! 내가 사령관을 맡으마."	활동적이고 ④□□스럽다.

1~7번 문제의 점수를 더하여 총점을 쓰고 166쪽의 표에 막대그래프로 표시하세요

점수

독해력 키움 | 39. 이야기 글 읽기(6)

170쪽 표의 해당하는 번호에 체크하세요.

[앞의 이야기] 할아버지는 떠돌이 개 굿모닝을 집으로 데리고 와 목욕을 시켜 주고 담요도 깔아주면서 식구로 맞아주었다. 할아버지는 굿모닝처럼 가족에게 버림받고 가난하게 살고 있었다.

그런데 할아버지는 무슨 생각을 했는지 곧바로 손사래를 쳤다.

"아니다. 녀석아, 그런 표정으로 보지 마라. 그래도 한 달에 한 번은 꼭 전화를 한단다. 이것 봐라. 이 할아비도 휴대 전화가 있잖아."

할아버지는 허리춤에서 휴대 전화를 꺼내어 보여 주었다. / "킁킁!"

휴대 전화에 코를 댔다. 할아버지의 땀 냄새가 났다. 하지만 그나마도 아주 희미했다. ㉠자주 사용하지는 않는 듯했다.

"참, 지난달에는 뭐랬는지 아니? 영어 좀 배웠다고 할아비한테도 가르쳐 주더구나. 아침에 하는 인사는 굿모닝, 점심때는 구댑떠눈, 저녁때는 뭐라더라……."

"컹컹!" / '이제야 알겠어요.'

할아버지가 지어 준 내 이름이 왜 굿모닝인지 이해가 되었다. 굿모닝, 굿모닝……. 혼자 그 이름을 반복하는 동안에도 할아버지는 떠벌리듯 말을 잇고 있었다.

"아무튼, 그건 모르겠고. 생큐, 오케이, 하하, 어떠냐? 이 할아비도 꼬부랑말 좀 하지? 그리고 또 뭐라고 했는데, 원체 혀를 꼬부려 놔서 알아들을 수가 있어야지. 허허."

할아버지는 겸연쩍은 듯 웃었다.

하지만 할아버지의 웃음은 곧 쓸쓸하게 변했다. 눈가가 촉촉하게 젖어드는 것을 볼 수 있었다.

할아버지 얼굴을 핥았다. 할아버지는 얼굴을 내맡긴 채 내 머리를 쓰다듬었다.

"이런! 할아비가 주책을 부렸구나. 옛날 생각이 나서 말이다!" / "컹컹!"

나도 눈치는 좀 있다. '손자가 생각나시는 거죠? 저도 공주네 집에 처음 갔을 때 며칠 동안은 엄마 생각이 나서 매일 밤마다 울었어요.' / 과연 내 생각은 틀림이 없었다.

"예전에 손자랑 함께 살던 때가 생각나서 말이다. 하긴 내가 있었으면 짐이 되었을 거야." / 헉! 숨이 탁 막혔다. 짐이 되었을 거라는 말은 두리가 했던 말이었다.

할아버지 품에 얼굴을 묻었다. 할아버지가 내 머리를 쓰다듬었다. 목덜미도 간질였다. 그러다 물방울이 머리 위로 떨어졌다. 할아버지는 한동안 말이 없었다.

꽤 시간이 지난 뒤 할아버지는 입을 열었다.

"이제 네 녀석 이야기 좀 해 보아라. 어떻게 하다가 혼자 떠돌이 신세가 된 거냐? 네 주인이 너를 버리고 간 거야?" / "끄응! 킁!"

'두리가 그랬어요. 저는 버려진 거라고 말이에요. 하지만······.'

나는 무슨 말을 더 하려다가 그만두었다.

"아무 말도 없는 걸 보니 정말 버려진 거로구나. 이렇게 털이 망가져서 그런 거냐? 아무리 그래도 한때는 가족처럼 보살펴 주었을 것 아니냐?" / "컹컹."

'그랬어요. 사고가 나기 전까지는 가족처럼 함께 지냈어요.'

할아버지 말에 소리를 높여 대답했다. 그러자 할아버지는 고개를 끄덕였다.

"그래, 무슨 사정이 있었겠지. 아마 무슨 사정이 있었을 게야."

할아버지의 말에 고개를 숙였다. 사실 나도 그렇게 이해하려던 참이었으니까.

오해 때문에 그런 것 같다고 말이다. 그런데 뭔가 미흡했는지 할아버지가 말을 이었다.

"하지만 말이다, 가족이란 건 어떤 일이 있어도 함께해야 하는 거야. 어려운 일이 있다고 이렇게 거리로 내몰면······."

할아버지가 말끝을 흐렸다. 그러더니 내 머리를 쓰다듬던 손길도 멈추었다. 할아버지를 올려다보았다. 할아버지 눈가가 다시 젖어 있었다. 무슨 생각을 하고 계실까?

"녀석, 뭘 그리 빤히 쳐다보누? 할아비가 무슨 어려운 약속 하자고 할까 봐? 하하하!"

속마음을 들킨 기분이 들었다. 이번에도 대꾸하지 않고 할아버지의 손등을 핥았다.

"다른 게 아니고, 앞으로는 무슨 일이 있어도 서로 지켜주고, 서로 곁에 있어 주기로 말이다." / '네, 물론이에요. 가족은 그래야 하니까요.'

주제찾기 1. 이야기를 통해 전달하고자 한 중심 내용이 무엇인지 빈칸을 채워 답하세요.

삶에서 □□이 갖는 □□

글감찾기 2. 이야기의 중심에 놓여있는 글감은 무엇입니까?

□□□ □

사실이해

3. 등장인물에게 있었던 일을 바르게 말한 것은 어느 것입니까?

① 할아버지는 아들과 함께 살았다.
② 굿모닝은 주인인 '두리'와 함께 살았다.
③ 할아버지는 손자에게 영어를 가르쳐주었다.
④ 굿모닝이 사고를 당한 날 할아버지를 만나게 되었다.
⑤ 할아버지와 굿모닝은 같은 사람으로부터 버림을 받아 쫓겨났다.

미루어알기

4. 할아버지의 성격을 알맞게 표현한 것은 어느 것입니까?

① 순하고 여리다
② 모나고 예민하다
③ 무심하고 무뚝뚝하다
④ 다정다감하고 너그럽다
⑤ 호기심이 많고 쾌활하다

세부내용

5. ㉠에서 떠올릴 수 있는 할아버지의 처지는 어떠합니까?

① 외롭다   ② 한가하다   ③ 어수선하다
④ 슬퍼하고 있다   ⑤ 헤어지게 되었다

적용하기

6. 글을 읽고 떠올린 한자 숙어로 알맞은 것은 어느 것입니까?

① 감언이설(甘言利說): 비위를 맞추거나 이로운 조건으로 꾀는 말.
② 노심초사(勞心焦思): 마음을 몹시 수고롭게 하고 애쓰면서 속을 태움.
③ 동병상련(同病相憐): 처지가 비슷한 사람끼리 서로 동정하고 위로함.
④ 면종복배(面從腹背): 겉으로는 순종하는 체하고 속으로는 배척함.
⑤ 방약무인(傍若無人): 말과 행동이 방자하고 거리낌이 없음.

요약하기

7. 이야기를 읽고 쓴 감상문의 요지입니다. 빈칸을 채워 완성하세요.

> 떠돌이 개 '굿모닝'의 시선(눈)을 따라 이야기가 펼쳐졌습니다. 굿모닝과 '할아버지'는 모두 사랑하는 사람과 헤어져 ① □□□ 살아가는 처지에 놓여, 서로를 ② □□하는 모습을 보여 줍니다. 이런 장면을 통해, ③ □□의 의미가 무엇인지 생각하게 하였습니다.

1~7번 문제의 점수를 더하여 총점을 쓰고 166쪽의 표에 막대그래프로 표시하세요

점수

독해력 키움 | 40. 이야기 글 읽기(7)

| 평가요소 | 1. ☐ 15점 | 2. ☐ 15점 | 3. ☐ 10점 | 4. ☐ 15점 | 5. ☐ 15점 | 6. ☐ 15점 | 7. ☐ 15점 |

170쪽 표의 해당하는 번호에 체크하세요.

옛날 어느 마을에 무서운 병이 돌았대. 무슨 병인데 그렇게 무섭냐고? 음, 그런 병이 있어. ㉠눈알은 빨갛게 달아오르는데 가슴은 얼음덩이처럼 꽁꽁 얼어붙는 병, 그래서 서로 쳐다보기도 싫어하고 이야기도 안 나누고 누가 곁에 오기만 해도 싫어서 몸서리가 나는 병인데, 이 돌림병이 온 마을을 덮친 거야.

이렇게 되자 마을에서 가장 나이가 많아서 마을 어르신 노릇을 하고 있는 할아버지는 걱정이 태산 같아. 별수 없이 할아버지는 길을 떠나시기로 했어. 사람들 마음을 녹일 수 있는 약을 찾아 나서신 거지.

새벽에 일어나 문밖을 나서는데, 노새 한 마리와 반딧불이 하나가 따라나서. (생략)

할아버지 일행은 어느덧 깊은 산 속에 접어들었어. 시냇물을 건너는데 때마침 봄이어서 시냇물에 연분홍 꽃잎이 떠내려와. 참 곱지. 오랜만에 노새도 시냇물로 목을 축이고, 반딧불이도 풀잎 그늘 밑에서 쉬고 있는데, 어, 고운 꽃잎 사이로 뭐가 떠내려 오네. 눈여겨보니 댓잎으로 만든 조그마한 배야.

할아버지 일행은 시냇물을 따라 위로 위로 올라갔어. 점점 더 깊은 산 속으로 들어간 거지. (생략)

갑자기 앞이 환해졌어. 숲 사이로 숲에 둘러싸인 빈터가 보이고, 시냇가에서 댓잎으로 배를 만들어 물에 띄우고 있는 애가 있어. 얼마나 반가웠겠어. 그런데 어, 할아버지가 노새에서 내리자마자 그 애가 두 팔을 벌리고 달려오더니 늙은 노새의 절름거리는 다리를 꼭 붙들어 안고, "앙." 하고 울음을 터뜨리는 거야. 그러면서 조그맣게 부르짖어. / "불쌍해, 불쌍해."

그랬더니 놀라운 일이 일어났어. 노새는 그 자리에 주저앉고 싶을 만큼 기운이 빠져 있었는데, 그 애 눈물이 다리를 적시자마자 다시 기운이 솟아나는 거야. 그리고 절름거리던 다리도 멀쩡해졌어. / 다음에는 반딧불이를 손바닥에 놓고 또 울음을 터뜨려.

"불쌍해, 불쌍해, 얼마나 외로웠니? 지금도 동무들이 보고 싶지?"

눈물이 반딧불이 몸에 떨어지자 반딧불이 꽁무니에서 갑자기 별빛처럼 초롱초롱한 불빛이 되살아났어.

할아버지가 이게 꿈인가 생시인가 멍하니 지켜보고 있는데, 어느새 할아버지보다 훨씬 더 늙으신 할머니 한 분이 나타나서 할아버지 일행을 맞으시는 거야. 할머니 얼굴에 피어난 웃음이 어찌나 따뜻한지. 할머니가 사시는 집 둘레에 피어난 온갖 예쁜 꽃이 다 그 웃음을 보고 피어난 것 같았어.

할머니가 할아버지에게 말씀하셨어.

"기다렸어요. 그러잖아도 이 세상 떠날 날이 오늘내일하는데, 저 아이를 어찌하나 걱정하고 있었다오. 오늘 밤 푹 쉬고 내일 저 아이와 함께 집으로 돌아가세요. 다 잘 될 거예요."

이 말을 듣자 할아버지는 그만 "엉." 하고 울음보를 터뜨리셨어. 할아버지는 울어 보신 지 하도 오래돼서 어떻게 울어야 할지도 잊고 있었는데, 속절없이 눈물이 터져 나오는 거야. 노새도 울고, 반딧불이도 울고, 그 자리가 온통 눈물바다가 되었어. 이 눈물이 떨어진 꽃잎들과 함께 시냇물을 이루어 아래로 아래로 흘러내려 갔어. 시냇가에서 빨래를 하던 아주머니들은 그 물에 손을 적시자마자 얼어붙은 마음이 스르르 풀리는 걸 느꼈어. 그 순간 아주머니들은 서로 다정한 눈빛으로 웃으며 수다를 떨기 시작했어. 마을 가까이 개울에서 민물고기를 잡고 있던 남자들도 그 물을 마신 고기들을 솥에 끓여 맛있게 먹고 나서 눈빛이 달라지는 거야. 옛날처럼 눈에 장난기가 가득해져 서로 안고, 뒹굴고, 소리를 지르고 야단이 났네.

울보 바보는 지나는 마을마다 마음이 얼어붙은 사람을 만나면 "불쌍해, 불쌍해." 하면서 울음보를 터뜨렸어. 그러면 온 마을 사람들이 덩달아 목 놓아 울었어.

그 눈물이 사람들 마음을 녹이고, 녹아서 흐르는 눈물은 개울을 이루고, 강물을 이루고, 바다로 흘러가면서 온 세상 얼어붙은 사람들 마음을 녹이고, 온갖 풀과 나무와 짐승과 바닷물고기에게도 생기를 주었어.

주제찾기 **1.** 이야기에 담겨 있는 중심 생각은 무엇입니까?

① 공감은 상대방을 감동하게 한다.
② 병든 마음은 치유하기가 어렵다.
③ 공감 어린 마음이 병든 마음을 치유한다.
④ 병든 마음은 마법에 의해서 치유할 수 있다.
⑤ 공감하지 못하는 사람은 마을에서 살아가기 어렵다.

제목찾기 2. 등장인물의 이름을 빈칸에 넣어 이야기에 어울리는 제목을 붙이세요.

| □□ □□ 이야기 |

사실이해 3. 이야기의 사건 중, 가장 먼저 일어난 것은 어느 것입니까?

① 마을에 무서운 병이 돌았다.　　② 할아버지가 새벽에 길을 떠났다.
③ 할아버지가 할머니를 만났다.　　④ 할아버지 일행이 울보를 만났다.
⑤ 할아버지 일행은 깊은 산 속에 이르렀다.

미루어알기 4. ㉠의 원인으로 볼 수 있는 것은 무엇입니까?

① 할머니가 저주를 해서　　② 할아버지가 길을 떠나서
③ 노새가 다리를 심하게 다쳐서　　④ 따뜻한 마음을 베풀지 않아서
⑤ 숲 속의 빈터를 찾아가지 못해서

세부내용 5. 글의 문장들에 나타난 특징을 알맞게 설명한 것은 어느 것입니까?

① 풍경을 자세히 그리고 있다.　　② 자세히 설명하느라 길이가 길다.
③ 짤막하게 끝맺어 긴장감을 일으킨다.　　④ 듣는 이를 마주하고 이야기하는 느낌이다.
⑤ 글쓴이의 느낌이 뚜렷하게 드러나도록 하고 있다.

적용하기 6. 이야기 갈래의 글에서 첫머리에 반드시 나타나는 내용 두 가지를 쓰세요.

요약하기 7. 이야기 구성의 3요소에 따라 글의 내용을 요약했습니다. 빈칸에 알맞은 말을 넣으세요.

인물	할아버지, ①□□ □□, 할머니
배경	옛날, 어느 마을 → 산속 → ②□□□□ → 여러 마을
사건	마을에 ③□□이 얼어붙는 돌림병이 돌아 할아버지가 약을 찾아 나섰는데, 숲 속에서 만난 ④□□가 불쌍하다며 ⑤□□을 터뜨리자 노새와 반딧불이의 병이 나았다. 숲에서 만난 할머니의 ⑥□□으로 위로를 받은 할아버지의 눈물이 시냇물을 이루어 흘렀고, 울보 바보는 가는 곳마다 울음보를 터뜨려 사람들의 ⑦□□을 녹였다.

점 수

1~7번 문제의 점수를 더하여 총점을 쓰고 166쪽의 표에 막대그래프로 표시하세요

독해력 키움 | 41. 이야기 글 읽기(8)

| 평가요소 | 1. ☐ 15점 | 2. ☐ 15점 | 3. ☐ 15점 | 4. ☐ 15점 | 5. ☐ 15점 | 6. ☐ 10점 | 7. ☐ 15점 |

170쪽 표의 해당하는 번호에 체크하세요.

　창남이는 우리 반에서 가장 인기 있는 친구이다. 이름이 창남이고 성이 한 씨인데, 안창남 아저씨와 이름이 비슷하여 친구들은 모두 그를 '비행사'라고 부른다.
　창남이는 비행사같이 시원스럽고 유쾌한 성격을 가진 친구이다.
　창남이네 집은 어려운 것 같았다. 창남이는 모자가 다 해어져도 새것으로 사서 쓰지 않았고, 바지가 해어져도 헝겊으로 기워 입고 다녔다. 하지만 단 한 번도 창피해하거나 남의 것을 부러워하지 않았다.
　체육 시간이 되었다. 오늘은 올겨울 들어 가장 추운 날이었다. 아이들은 추운 날씨를 참지 못하고 체육복 위에 웃옷을 입고 있었다. 체육 선생님께서는 아이들에게 웃옷을 벗으라고 말씀하셨다. 아이들은 무서운 체육 선생님의 말씀에 하나둘 두꺼운 웃옷을 벗고 체육복만 입었다. 다만 한 사람, 창남이가 웃옷을 벗지 않고 있었다.
　"한창남, 왜 웃옷을 안 벗니?"
　창남이의 얼굴은 푹 수그러지면서 빨개졌다. 창남이가 그런 행동을 하는 것은 처음 보았다. 창남이는 한참 동안 멈칫멈칫하다가 고개를 들고 말하였다.
　"선생님 만년 샤쓰도 괜찮습니까?"
　"무엇이라고? 만년 샤쓰? 만년 샤쓰가 무엇이냐?" / "(㉠) 말입니다."
　체육 선생님께서는 창남이의 말에 화가 나 뚜벅뚜벅 걸어가시며 큰소리로 말씀하셨다.
　"웃옷을 벗어라."
　창남이는 웃옷을 벗었다. 아무것도 입지 않은 맨몸이었다. 선생님께서는 깜짝 놀라셨고, 아이들은 깔깔 웃었다.
　"한창남, 왜 외투 안에 옷을 입지 않았니?" / "없어서 못 입었습니다."
　그때 선생님의 무섭던 눈에 눈물이 고였다. 그리고 아이들의 웃음소리도 갑자기 없어졌다. '창남이네 집이 이렇게 어려웠구나.'라고 모두 생각하였다.
　"창남아, 정말 샤쓰가 없니?" / 선생님께서는 다정한 목소리로 물으셨다.
　"오늘과 내일만 없습니다. 모레는 인천에 사시는 형님이 올라와서 사 주십니다."
　"그럼 웃옷을 다시 입어라. 오늘은 웃옷을 입고 운동하도록 해라."
　만년 샤쓰! '비행사'라는 말도 없어지고 그날부터 '만년 샤쓰'라는 말이 온 학교 안에 퍼져서 친구들은 창남이를 만년 샤쓰라고 부르게 되었다.
　이튿날, 만년 샤쓰 창남이가 교문 근처에 오자 학생들이 허리가 부러지게 웃기 시작하였다. 창남이가 얇은 웃옷에 얄따랗고 해어진 바지를 입고, 양말도 안 신고 뚜벅뚜벅 걸어왔기 때문이다.

떠드는 학생들 틈을 헤치고 체육 선생님께서 "무슨 일이지?" 하고 들여다보시다가 창남이의 그 모습을 보고 놀라셨다. / "한창남, 너, 옷이 왜 그 모양이야?"

"없어서 못 입고 왔습니다."

"어째 그렇게 없어지니? 날마다 한 가지씩 없어진단 말이냐?"

"네, 그렇게 하나씩 둘씩 없어집니다." / "어째서?"

선생님과 친구들은 창남이의 말에 귀를 기울였다.

"그저께 저녁, 저희 동네에 큰불이 났습니다. 저희 집도 반이나 넘게 탔어요. 그래서 모두 없어졌습니다." / "바지는 어제도 입고 있지 않았니?"

"네, 저희 집은 반만 타서 쓰던 물건을 몇 가지 건졌지만, 이웃집들은 모두 타 버려서 동네가 온통 난리입니다. 저희 집은 반이라도 남았으니까 그나마 나은 편입니다. 그런데 동네 사람들은 이 추운 날에 집이 없어 고생을 하고 있습니다. 저희 어머니께서 우리는 집이 있어 추운 것은 면할 수 있으니까 입을 것 한 벌씩만 남기고, 나머지는 추위에 떨고 있는 동네 사람들에게 나누어 주자고 하셨습니다. 그래서 어머니 옷과 제 옷을 모두 동네 어른들께 드렸습니다. 바지는 제가 입고 있었는데 어제 옆집의 편찮으신 할아버지께서 하도 추워하시기에 벗어 드렸습니다. 그리고 저는 가을에 입던 바지를 꺼내 입었습니다."

창남이가 말을 끝내자 주변이 고요해졌다. 친구들은 아무 말 없이 고개를 숙였다. 선생님께서도 고개를 숙이셨다.

주제찾기 **1.** 이야기에서 감동을 주는 중심 내용은 무엇입니까?

① 창남이 '비행사' 별명을 가졌다.
② 창남이 비행사같이 유쾌한 성격을 가졌다.
③ 창남이 체육 시간에 선생님께 꾸중을 들었다.
④ 창남이 남의 어려움을 돕고 스스로의 고통은 참고 견뎠다.
⑤ 창남이 겨울에 얇은 웃옷에 해어진 바지를 입고 학교에 나타났다.

제목찾기 **2.** 주인공의 별명을 글에서 찾아, 글의 제목을 붙이세요.

사실이해

3. '한창남'의 별명이 '비행사'인 까닭은 무엇입니까?

① 비행사가 되고 싶어 해서
② 비행기에 대해 많이 알아서
③ 비행기를 조종해본 적이 있어서
④ 비행기를 누구보다 많이 타보아서
⑤ 비행기 조종사 안창남과 이름이 같아서

미루어알기

4. '한창남'의 성격, 사람 됨됨이를 표현하는 데 알맞지 않은 말은 어느 것입니까?

① 나눔
② 배려
③ 당당함
④ 미련스러움
⑤ 시원스러움

세부내용

5. ㉠에 알맞은 낱말은 무엇입니까?

① 속옷
② 맨몸
③ 웃옷
④ 바지
⑤ 겉옷

적용하기

6. '한창남'과 비슷한 성격을 지닌 인물을 현실에서 찾아 다음과 같이 기록했습니다. 빈칸에 알맞은 말을 쓰세요.

> 우리 동네 한 씨 아저씨는 막노동을 하여 ①□□하지 않게 살아가지만, 시간을 쪼개어 거리에서 폐휴지를 주워서 모은 돈을 가난한 학생들의 장학금으로 ②□□하셨습니다.

요약하기

7. 글의 주요 내용과 떠올릴 수 있는 생각을 표로 정리해 보았습니다. 빈칸을 채워 완성하세요.

주요 내용	떠올린 생각
한창남은 ①□□한 것을 부끄럽게 생각하지 않고 당당하게 살았다. 한창남은 자신보다 더 어려운 사람들을 도와주면서 스스로의 ②□□은 참았다.	⇒ 항상 ③□□□□ 살면서 주변의 어려운 사람들을 도울 줄 아는 사람이 되어야 하겠다.

점수

1~7번 문제의 점수를 더하여 총점을 쓰고 166쪽의 표에 막대그래프로 표시하세요

독해력 키움 | 42. 이야기 글 읽기(9)

| 평가요소 | 1. ☐ 15점 | 2. ☐ 15점 | 3. ☐ 10점 | 4. ☐ 15점 | 5. ☐ 15점 | 6. ☐ 15점 | 7. ☐ 15점 |

170쪽 표의 해당하는 번호에 체크하세요.

[앞의 줄거리] 숲 속 대장간에서 일하는 꼬마에게 할머니가 칼을 급히 갈아달라고 부탁한다. 칼을 가는 꼬마에게 참새는 꼬마의 좋은 점을, 까마귀는 꼬마의 나쁜 점을 노래한다. 꼬마는 사냥꾼에게 쫓겨 도망쳐 온 토끼를 대장간 안의 솥에 숨겨주었는데, 꼬마와 참새의 말을 듣고 사냥꾼은 토끼를 잡으러 숲 속으로 달려갔고, 그 사이에 읍내에 갔던 대장간 주인이 돌아온다.

　주인, 방 안으로 들어가자 꼬마, 한 걸음 두 걸음 솥 쪽으로 다가간다.
참새 1, 2, 3, 까마귀 1, 2, 3 : (노래)
　이때다, 이때다, 지금이 좋지. / 토끼를 살리기는 지금 이때지.
　사냥꾼이 없는 새, 불 때기 전에 / 토끼를 놓아주면 된단 말이야.
　방 안에서 주인이 나오기만 하면 / 토끼는 솥 안에서 익혀 죽겠지.
　빨리빨리 하세요, 꼬마 대장꾼 대장장이님.

　꼬마가 솥뚜껑을 열자 토끼가 얼굴을 내민다. 그러나 사냥꾼이 되돌아오는 통에 토끼 다시 숨어버린다.

참새 1, 2, 3 : 이크, 사냥꾼이 온다.
사냥꾼 : (투덜거리며 들어오면서) 흥, 숲 속에는 개미 한 마리도 없는걸. 그런 토끼는 처음 봤어.
　꼬마, 솥 앞을 막아서고 사냥꾼, 총을 세워 놓고 이마의 땀을 씻으며 꼬마 쪽으로 다가선다.
사냥꾼 : 빨리 물 좀 줘. / 꼬마 : 당신이 없기에 내버렸어요. / 사냥꾼 : 내버렸다고?
꼬마 : 물 길어 오라고 해 놓고 어디 갔어요?
사냥꾼 : 토끼 찾으러 갔지……. 그럼 또 떠 오려무나.
꼬마 : 싫어요! 나는 바빠요. 아궁이에 불을 지펴야 하니까요.
사냥꾼 : 그럼 잘됐군. 그 솥 안의 물이라도 좀 주렴.
꼬마 : 이 솥 안에는 물이 없다고 그랬잖아요.
사냥꾼 : 참 이상한 애야. 아궁이에다 불을 지피면서 솥에 물이 없다면 말이 돼?
꼬마 : 참, 그렇지. 솥에 물부터 길어 넣어야지. (물통을 들고 밖으로 나가다가 사냥꾼에게)

주인님이 와 계시니까 함부로 뒤지지 마셔야 해요.

사냥꾼 : 오냐. (머리를 갸우뚱거리며) 이상하다. 아까부터 자꾸만 아무 데나 손을 대지 말라고 하니 웬일일까? 정말 솥 안에 물이 없을까? (솥뚜껑에 손을 댄다.)

참새 1, 2, 3 : (숲 속에서 고개를 내밀며) 불이야, 산불이야!

까마귀 1, 2, 3 : (숲 속에서 고개를 내밀며) 까옥까옥!

사냥꾼 : 뭐, 산불? (밖으로 달려 나간다.)

참새 1, 2, 3, 까마귀 1, 2, 3 : (노래)
　때가 왔다, 때가 왔다, 도망칠 때가.
　사냥꾼이 오기 전에 도망쳐야지. / 머뭇머뭇하다가는 잡혀서 죽어.

이때 꼬마, 재빨리 들어와 물통을 내려놓고 솥뚜껑을 열어 토끼를 도망치게 한다.
토끼, 달아나면서 꼬마에게 고맙다고 인사한다. (생략)

토끼, 다른 쪽을 도망쳐 나간다. 꼬마, 사냥꾼 총에서 총알을 빼 버린다.

사냥꾼 : (들어오며 큰 소리로) 아, 토끼가 도망치고 있군. (총을 집어 들고 방아쇠를 당기다가) 어, 웬일일까? (총을 꺾어 보고는) 총알이 없군. 분명히 총알을 넣어 두었는데…….

주제찾기 　**1.** 글쓴이가 강조하고자 한 내용은 무엇입니까?

　　① 나쁜 사람에게 벌주기　　② 사람과 자연의 아름다운 어울림
　　③ 생명을 소중히 여기는 착한 마음　　④ 열심히 일한 데서 얻는 보람
　　⑤ 착한 사람에게 상 주기

제목찾기 　**2.** 아래의 도움말에 따라 글의 제목을 써 보세요.

　지은이가 마음먹고 고른 작품의 요소가 있다면 그런 요소가 작품의 제목에 들어가는 경우가 많습니다. 이 작품처럼 배경이 특이해서 지은이의 관심이 쏠려 있다면, 그 배경이 제목에 포함됩니다.

사실이해 3. 가장 자주 등장하는 인물은 누구입니까?

① 참새 1 ② 꼬마 ③ 참새 2
④ 사냥꾼 ⑤ 까마귀 1

미루어알기 4. 사냥꾼은 왜 토끼를 잡으러 숲으로 갔을까요?

① 까마귀가 울어서 ② 참새가 날아다녀서
③ 할머니가 숲에서 나와서 ④ 토끼의 흔적이 숲으로 나 있어서
⑤ 토끼가 숲으로 갔다는 말에 속아서

세부내용 5. 글의 종류는 무엇입니까?

① 희곡 ② 동시 ③ 동화
④ 소설 ⑤ 동요

적용하기 6. 작품에 등장한 인물의 행동을 보고 성격을 판단한 글입니다. 빈칸에 알맞은 말을 넣으세요.

> 쫓기는 토끼를 숨겨주는 꼬마의 행동에서 ①□□ 성격을 떠올릴 수 있다. 토끼를 끝까지 찾으려는 사냥꾼의 행동에서 ②□□□ 성격을 짐작해볼 수 있다.

요약하기 7. 작품의 인물, 배경, 사건을 정리한 표입니다. 빈칸을 채우세요.

인물	꼬마, 참새들, 까마귀들, 토끼, ①□□□, 주인
배경	마을에서 떨어진 ②□□□
사건	꼬마가 사냥꾼에게 쫓기던 토끼를 ③□□□에 숨겨서 구해줌

점수

1~7번 문제의 점수를 더하여 총점을 쓰고 166쪽의 표에 막대그래프로 표시하세요

독해력 키움 | 43. 이야기 글 읽기(10)

평가요소 1. ☐ 20점 2. ☐ 10점 3. ☐ 10점 4. ☐ 15점 5. ☐ 15점 6. ☐ 15점 7. ☐ 15점

170쪽 표의 해당하는 번호에 체크하세요.

바다가 훤히 보이는 4층짜리 복음병원 안에서 장기려는 항상 종종걸음을 쳤습니다. 몰려드는 환자가 워낙 많다 보니 끼니도 거르기 일쑤였습니다.

하지만 환자가 아무리 넘쳐나도 병원의 경제 사정은 마찬가지였습니다. 환자들에게 돈을 조금 받기는 하였지만 큰 수술 환자가 많은 데다가 가난한 장기 입원환자가 많아 적자를 벗어나지 못하였습니다. 사정이 이렇다 보니 극빈자 증명서를 가지고 온 사람만이 무료 진료를 받을 수 있게 하였습니다.

장기려는 환자들에게 돈을 받는다는 게 속상하였습니다. 극빈자가 아니더라도 하루 벌어 하루 먹고 사는 노동자들이 환자의 대부분이었기 때문입니다.

환자를 진료하다 보면 질병의 원인과 치료 방법을 아주 잘 알고 있으면서도 치료하지 못하는 경우가 있었습니다. 특히 영양실조가 그랬습니다. 고깃국에 잘 먹으면 훌훌 털고 일어나는 병이었지만 보리밥, 감자밥도 못 먹는 마당에 고깃국은 호사였습니다.

"박사님, 귀에서 '위잉' 하는 소리가 들리고 앞이 어뜩어뜩한 게 정신이 하나도 없습니다. 게다가 자꾸 몸이 처지는 게 이상해요."

장기려는 환자의 얼굴을 바라보았습니다. 피골이 상접한 얼굴에서 가난이 줄줄 흘렀습니다. 청진기를 대어 본 환자 가슴도 뼈만 앙상하였습니다.

"처방전을 써 줄 테니 의국으로 가세요." / 장기려는 환자에게 처방전을 건네주었습니다.

㉠환자에게 닭을 두 마리 살 수 있는 돈을 주시오.

풀뿌리와 나무껍질로 명줄을 겨우 이어 가던 환자를 살릴 수 있는 것은 충분한 영양분이었던 것입니다.

또 하루는 이런 일도 있었습니다. 몸이 다 나아 퇴원해도 되는 환자가 원장실 문 앞에서 들어오지 못한 채 쭈뼛쭈뼛하고 있었습니다.

"왜 여태 퇴원 안 하셨어요?" / 그러자 환자는 눈물을 글썽이며 사정을 말하였습니다.

"지금 입원비를 못 내서 퇴원을 못 하고 있습니다."

장기려는 직원들의 몰인정에 화가 났습니다. 그래서 담당 직원을 불러 호통을 쳤습니다.

"환자가 입원비를 못 내는 거지, 안 내는 거요? 우리가 언제부터 돈 있는 환자만 받았단 말이오? 일단 사람은 살게 해 주고 돈 있으면 내고, 없으면 못 낼 수도 있는 거지, 입원

비를 못 받았다고 환자를 병원에 묶어 놓는다는 게 말이 되느냐 말이오."

"병원 살림이 하도 어려워서……." / 담당 직원은 우물우물하며 말끝을 흐렸습니다.

병원 규모도 있고, 직원도 많아지니 당연히 돈 문제로 허덕이게 되었습니다. 그래서 직원들은 극빈자가 아닌 환자들한테는 입원비를 받아 내려 하였습니다. (생략)

장기려는 입원비를 못 내는 환자를 불러 나직이 말하였습니다.

"여보시오. 그냥 도망 빼시오. 우리 병원 앞뒤를 보세요. 울타리가 어딨어요? 해 지면 그냥 도망 빼시오. 나중에 혹시 누구한테 잡히면 원장이 도망가라고 하더라고 말하시오."

환자는 귀를 의심하였습니다. 의사가 병을 낫게 해 준 것도 모자라 병원비도 내지 말고 도망을 가라니 (㉡). / "감사합니다, 감사합니다. 언젠가는 이 은혜를 꼭 갚겠습니다."

장기려는 자신을 보고 연거푸 고개를 조아리는 환자를 위하여 뒷문을 열어 주며 망을 봐 주기도 하였습니다. 이런 원장이 병원 입장에서는 아무리 봐도 골칫거리였습니다. 마음이 좋아 환자들한테 인심을 쓰다 보니 병원의 큰살림을 꾸려가기가 여간 힘든 게 아니었습니다.

주제찾기 1. 글에서 어떤 삶을 두드러지게 드러내었습니까?

① 이웃을 사랑하는 삶   ② 가르침을 베푸는 삶
③ 사회 복지를 실천하는 삶   ④ 남을 위해 봉사하고 희생하는 삶
⑤ 국가와 민족의 번영을 위해 헌신하는 삶

제목찾기 2. 빈칸에 낱말을 넣어 글의 내용에 어울리는 제목을 붙이세요.

□□□ 사람들의 아버지

사실이해 3. 글의 내용과 거리가 먼 것은 어느 것인가요?

① 장기려는 끼니를 자주 걸렀다.
② 장기려는 치료비를 받지 않으려 했다.
③ 장기려의 병원에는 가난한 사람들이 많이 왔다.
④ 장기려는 직원들이 정직하지 않다고 해서 화를 내었다.
⑤ 장기려는 입원비를 못 내는 환자를 불러 도망가라고 일러주었다.

미루어알기

4. ㉠과 같은 처방전을 써준 까닭은 무엇인가요?

① 환자가 영양실조에 걸려 있어서
② 보통의 약으로 듣지 않을 것 같아서
③ 닭이 약의 효능을 높여 줄 수 있을 것 같아서
④ 환자가 돈으로 필요한 약을 살 수 있을 것 같아서
⑤ 지금 나와 있는 약으로는 치료가 불가능한 병이어서

세부내용

5. ㉡에 알맞은 말은 어느 것입니까?

① 두려워 떨었지요.   ② 어안이 벙벙하였지요.
③ 머리를 들지 못하였지요.   ④ 당장 도망을 빼고 싶었지요.
⑤ 감사하다는 말을 하고 싶었지요.

적용하기

6. 이 글로 미루어 장기려의 행동을 떠올려 다음 글의 빈칸을 채워 보세요.

- 추운 날 자신의 외투를 벗어 굶주리며 떨고 있는 ①□□에게 주었다.
- 도둑이 허리끈이 없어 한복을 입지 못할까 봐 ②□□□을 갖다 주고 싶어 했다.
- ③□□□가 해 온 혼수를 고학생에게 주었다.

요약하기

7. 글을 읽고 나서 떠올린 생각을 중심으로 쓴 감상문의 요지입니다. 빈칸에 알맞은 말을 쓰세요.

장기려 박사에 대한 일화가 그의 말과 행동에 의해 생생하게 그려졌습니다. 이를 통해 그의 ①□□과 사람 됨됨이를 떠올릴 수 있었습니다. 가난한 사람들의 아버지로서 평생 ②□□하고 ③□□하는 삶을 살았던 장기려 박사의 정신을 본받고 싶습니다.

점수

1~7번 문제의 점수를 더하여 총점을 쓰고 166쪽의 표에 막대그래프로 표시하세요

독해력 키움 | 44. 이야기 글 읽기(11)

| 평가요소 | 1. ☐ 15점 | 2. ☐ 15점 | 3. ☐ 10점 | 4. ☐ 15점 | 5. ☐ 15점 | 6. ☐ 15점 | 7. ☐ 15점 |

170쪽 표의 해당하는 번호에 체크하세요.

　제인은 너비는 좁지만 물살이 센 시냇가 근처에 텐트를 쳤다. 첫 탐험을 나서려는데 국립공원 관리인이 찾아왔다. 너무 위험하므로 캠프 주변이 아닌 지역을 혼자 돌아다녀서는 안 된다고 하였다. 제인은 경비원과 함께 탐험에 나설 수밖에 없었다. 그러나 그렇게 하여서는 제인이 생각한 것처럼 침팬지들과 친해질 수가 없었다.

　"혼자 숲 속을 돌아다니게 해 주세요. 위험하지 않도록 조심하겠어요."

　제인은 침팬지들을 조심스럽게 관찰하고 그것을 정확하고 꼼꼼하게 기록하였다. 제인의 관찰 일지 속에서 아무도 알지 못하였던 침팬지의 세계가 하나하나 발견되어 가고 있었다.

　제인은 침팬지와 친구가 되고 싶었지만 침팬지는 경계심을 가지고 달아나기만 하였다. 제인은 언젠가는 침팬지가 자기를 찾아와 줄 것이라고 믿었다.

　마침내 덥수룩한 흰 턱수염이 아주 멋진 수컷 침팬지가 제인의 캠프로 직접 찾아왔다. 제인은 뛸 듯이 기뻐하였고, 그 뒤로 제인은 침팬지들의 진정한 친구가 되었다.

　침팬지들이 여러 번 세대를 교체하며 세월이 흐르는 동안, 부드러운 금발의 아가씨였던 제인도 머리가 희끗희끗한 할머니가 되었다.

　㉠1989년에 제인은 이미 멸종 위기에 있는 동물로 지정된 침팬지를 보호하는 일에 힘을 쏟고 있었다.

　그러던 어느 날, 아프리카 콩고에서 침팬지 장사꾼을 만났다.

　"할머니! 싸게 드릴 테니까 하나 사시라니까요. 요놈이 얼마나 재롱을 잘 부리는데요."

　허리를 꽉 조이고 있는 철사 줄에 묶인 아기 침팬지는 잔뜩 겁먹은 얼굴을 하고 쇠로 만든 우리 꼭대기에 매달려 있었다.

　"이렇게 작은 새끼를 어디서 잡았나요?"

　제인이 물어보자 침팬지 장사꾼은 눈을 번뜩이며 떠들어 댔다.

　"요즈음에는 단속이 심하여서 깊은 밀림으로 들어가지 않으면 어림도 없다니까요. 이놈은 실수로 잡힌 거지요. 이렇게 작은놈은 값도 제대로 못 받아요. 오동통하고 큼직한 놈이 걸려야 고기로 팔든, 실험용으로 팔든 돈을 벌지요. 그런 놈들을 팔아야 짭짤한데! 에이. 이놈은 진짜 거저라니까요!"

제인은 더 이상 듣고 싶지도 않았다. 아기 침팬지를 바라보던 제인은 조그맣게 헐떡거리는 소리를 냈다. 그것은 서로 친한 침팬지 사이의 인사였다. 눈에 초점도 못 맞추던 조그만 아기 침팬지가 갑자기 팔을 뻗었다. 제인의 얼굴을 만지려는 것이었다.

침팬지 장사꾼은 화가 나서 제인의 팔을 거칠게 끌었다.

"에잇, 할머니. 저리 가요. 장사하는 데 방해하지 말고!"

결국 제인은 경찰관과 함께 아기 침팬지를 구하러 왔다.

"아니, 아프리카에서 침팬지를 사고파는 것은 흔한 일인데! 대체 왜 이래요? 돈도 얼마 되지 않는 아기 침팬지를 팔려고 한 것뿐인데……."

침팬지 장사꾼은 경찰관에게 끌려가며 제인을 무섭게 노려보았다.

제인은 아기 침팬지를 찬찬히 살폈다. 조그만 아기 침팬지는 심하게 병들고 겁에 질려 있는데다가 다리에 총알까지 박혀 있었다. 아기 침팬지의 비참한 모습을 본 제인은 깊은 신음 소리를 냈고, 안전한 곳으로 아기 침팬지를 데려가 정성껏 돌보았다.

'이 세상은 사람들만을 위하여 만들어진 것이 아니야! 인간이건 인간이 아니건, 이 세상을 함께 살아갈 권리가 있어. 사람들에게 바로 그것을 알려야 해!'

ⓒ그 뒤로 제인은 동물과 인간과 지구를 살리기 위한 환경 운동을 시작하였다. 야생 침팬지를 연구하러 탄자니아 밀림에 처음 발을 들여놓았던 그 날처럼, 제인은 사십여 년이 지난 오늘도 여전히 침팬지와 함께 생활하고 있다. 그리고 지구에 있는 모든 생물 하나하나의 가치가 존중되는 진짜 멋진 세상을 위하여 노력하고 있다.

주제찾기 **1.** 글의 주인공이 삶에서 목표로 삼은 것은 무엇입니까?

① 침팬지를 관찰하고 연구하는 직업
② 멸종 위기에 처한 동물을 찾아 보호하는 일
③ 아프리카에서 인간을 닮은 동물을 찾아 친해지는 일
④ 지구에 있는 모든 생물 하나하나의 가치가 존중되는 세상
⑤ 인간에 의해 상처 입은 동물을 구출해서 자연으로 돌려보내는 일

제목찾기 **2.** 글의 제목을 완성하는 데 필요한 말을 빈칸에 넣으세요.

□□□와 평생을 함께 한 □□

사실이해

3. 주인공이 아프리카에서 가장 먼저 한 일은 무엇입니까?

① 침팬지와 친해지기
② 밀림에 캠프 세우기
③ 국립공원 관리인 찾기
④ 침팬지 장사꾼 만나기
⑤ 아기 침팬지 상처 치료하기

미루어알기

4. '아기 침팬지'가 팔을 뻗어 '제인'의 얼굴을 만지려고 한 이유로 볼 수 있는 것은 어느 것입니까?

① 심하게 병이 들어서
② 친한 사이라고 느껴져서
③ 얼굴에 검불이 붙어 있어서
④ 장사꾼에게서 도망가기 위해서
⑤ 상처가 심해지고 있음을 알리기 위해서

세부내용

5. ㉠과 ㉡의 공통된 기능은 무엇입니까?

① 과거로 되돌아감을 알린다.
② 사건이 일어난 시간을 알린다.
③ 누가 한 일인지 알린다.
④ 시간이 흐르고 있음을 알린다.
⑤ 어떤 장소에서 일어났는지 알린다.

적용하기

6. 제인이 오랫동안 힘을 쏟았던 일을 아래와 같이 정리하려고 합니다. 빈칸을 채워 완성하세요.

> 침팬지를 ①□□하고 ②□□하는 일과, 동물과 인간과 지구를 살리기 위한 ③□□ □□에 힘을 쏟았다.

요약하기

7. 글의 주요 내용을 아래에 간추렸습니다. 빈칸에 알맞은 낱말을 넣으세요.

> 제인은 숲 속 침팬지를 관찰하며 침팬지들의 진정한 ①□□가 되었으며, 침팬지 장사꾼에게 어린 침팬지를 구하여 정성껏 돌보기도 했다. 그 뒤로 ②□□과 ③□□과 ④□□를 살리기 위한 환경 운동을 하는 등, 지구에 있는 모든 ⑤□□ 하나하나의 가치가 존중되는 멋진 세상을 위해 노력하고 있다.

점수

1~7번 문제의 점수를 더하여 총점을 쓰고 166쪽의 표에 막대그래프로 표시하세요

독해력 키움 | 45. 이야기 글 읽기(12)

세상엔 두 종류의 사람들이 있다. 천재들과 그 밖의 사람들. 이건 엄마의 말이다.

천재들 중에는 오빠가 있다. 그 밖의 사람들에게는 내가 있다. 엄마가 딱히 그렇게 말한 건 아니지만, 그렇게 생각한다는 걸 난 알고 있다. 나도 그렇게 생각한다. 정말이다.

내 이름은 롤라. 축구를 좋아하는 열 살 소녀다. (생략)

나는 여자이긴 하지만, 우리 학교 축구팀의 선수다. 비단 우리 팀뿐만이 아니다. 내가 살고 있는 도시의 북서 지구 학교 리그를 통틀어 유일한 여자 선수다. 한 번씩 다른 팀 선수들이 여자와 경기하는 걸 이상하게 여길 때도 있지만, 내가 어떻게 수비하고, 어떻게 달리고, 어떻게 공을 차는지 일단 보기만 하면 얼굴 표정이 싹 바뀐다. 우리 학교를 포함해서 이 지역 학교들이 여자 축구팀을 만든다면야 여자애들과 같이 경기를 뛰겠지만, 과연 그런 날이 올지는 미지수다. (생략)

나는 길을 걸을 때 멀리뛰기 세계 기록을 갈아치우는 상상을 하면서 항상 바닥 타일을 서너 개씩 폴짝폴짝 뛰어넘는다. 깡충깡충 한 발로도 뛰고 두 발을 모으고 뛰기도 한다. 그리고 폴짝 뛰는 동시에 머리 위로 공을 던져 받아내기도 한다.

내가 공을 놓치면, 별로 그럴 일은 없지만, 엄마는 내가 길바닥에 넘어질까 봐 안절부절못하며 당장 그만두라고 한다. / "잠시라도 얌전히 있을 수는 없니?"

엄마는 내가 잠시도 가만있지 못한다고 야단이다. 아빠와 오빠도 그렇게 말한다. 모두 내가 움직일 공간만 있으면 들썩거린다고 한다. 손에 잡히는 건 던지고, 뛸 곳이 있으면 뛰어 댄단다. 나보고 '에너지 덩어리'라고도 했다. 그리고 무척 소란스럽다고도.

심지어 나는 잘 때도 가만히 있지를 못한다고 한다. 밤에는 연신 다리를 움직이며 '골'을 외치고 눈을 감은 채로 쉬지도 않고 말을 한단다.

올해 엄마는 내가 들을 바이올린 수업을 등록했다. 또. 벌써 삼 년째다. 나는 매주 월요일과 수요일 오후에 바이올린 수업을 들으러 간다. 내 생각에 바이올린만큼 어려운 악기는 없는 것 같다. 바이올린으로 곡을 연주하려면 먼저 소리 내는 법부터 배워야 하는데, 그게 그렇게 만만한 일이 아니다. 피아노는 건반을 누르기만 해도 소리가 나는데, 바이올린은 그렇지 않다. 바이올린에서 고양이 밟았을 때 나는 소리가 나지 않기까지는 상당한 시간이 필요하고, 그건 내가 아직까지 성공하지 못한 일이다.

엄마는 내가 오빠와 비교당하지 않게 하려고 피아노가 아니라 바이올린을 배우게 한 거라고 늘 말한다. ㉠그러니까 엄마는 내가 절망하지 않도록 나를 위하여 소리도 나지 않는 악기를 고른 거다.

[중간의 줄거리] 바이올린 선생님의 이름은 가헌자. 한국 사람이고 바이올린을 환상적으로 연주하신다. 가헌자 선생님은 '나'가 현을 켤 때가 유일하게 얌전히 있는 순간이라고 말씀하셨다. 하지만 '나'가 바이올린을 연주하는 데 있어 가장 어려운 것은 몸의 자세이다. 선생님은 내게 앉아서 바이올린 연습을 하라고 하셨지만 내 머릿속에는 축구 시합을 하는 장면만 떠올라 연습의 효과가 나지 않는다. 엄마는 '나'가 좀 더 진지하게 바이올린 수업을 듣는다는 조건으로 새 축구화를 사 주셨다.

나는 축구화를 어루만졌다. 그리고 토요일에 있을 시합에 대하여 생각했다. (생략)
우리가 리그 4강에 들어 6월에 있을 자치구 선수권 대회에 나가기 위해서는 이런 팀과의 경기에서 이기는 게 무척 중요하다. 적어도 코치님 말대로라면 그렇다.
갑자기 엄마가 물었다. / "세 번째 손가락은 벌써 시작했니?" / "네?"
"딸, 바이올린 말이야." / "아, 아니요."
㉡나는 축구화를 어루만지던 손길을 거두지 않은 채 덧붙여 말했다.
"보세요! 진짜 부드러워요."

주제찾기 1. 글을 읽고, 친구들과 의견을 나누기 위해 떠올린 생각으로 알맞은 것은 어느 것입니까?

① 적성에 맞아야 일을 하는가?
② 나의 취미 활동은 누구를 위한 것인가?
③ 피아노와 바이올린 중 어느 악기가 배우기 쉬운가?
④ 나의 꿈과 부모님의 바람이 다를 때 어떻게 해야 하는가?
⑤ 방과 후 활동으로 구기 운동에 집중하는 것이 과연 바람직한가?

제목찾기 2. 이야기 속의 '롤라'가 했음 직한 말로 글의 제목을 붙여보았습니다. 빈칸에 알맞은 낱말을 쓰세요.

나는 □□가 아니야

사실이해 **3.** 이야기 속에 나타나지 <u>않은</u> 사건은 어느 것입니까?

① 롤라는 선수로서 축구 경기를 하였다.
② 롤라의 학교에서는 여자 축구팀을 만들었다.
③ 롤라의 식구들은 롤라가 여자답지 못하다고 불평했다.
④ 롤라의 엄마는 의견도 듣지 않고 롤라의 바이올린 수업을 등록했다.
⑤ 롤라가 열심히 바이올린 수업을 듣는다는 조건으로 축구화를 사 주셨다.

미루어알기 **4.** ㉠으로 미루어 알 수 있는 사실은 무엇입니까?

① 엄마는 오빠의 음악적 재능을 믿고 있었다.
② 엄마는 롤라보다 그녀의 오빠를 더 좋아하였다.
③ 엄마는 롤라에게 음악적 재능이 없음을 알고 있었다.
④ 엄마는 바이올린보다 피아노 배우기가 쉽다고 생각하였다.
⑤ 엄마는 바이올린을 배우게 하면 롤라가 운동을 포기할 줄 알았다.

세부내용 **5.** ㉡의 '나'와 잘 어울리는 속담은 어느 것입니까?

① 마음 있어야 꿈도 꾸지.
② 마음은 콩밭에 가 있네.
③ 마음이 흔들비쭉이로구나.
④ 마음이 고와야 옷깃이 바로 선다.
⑤ 마음이 열두 번씩 뒤집기를 한다.

적용하기 **6.** '롤라'가 축구를 계속 하고 싶다고 말하려 합니다. 빈칸을 채우세요.

> 축구는 ① □□가 하는 운동이라는 ② □□을 갖지 말고 저한테 축구를 할 수 있는 기회를 주세요.

요약하기 **7.** 이야기의 줄거리를 요약하고 생각을 덧붙여 감상문의 요지를 썼습니다. 빈칸에 알맞은 낱말을 쓰세요.

> 축구를 좋아하는 열 살 소녀 ① □□는 자신이 알고 있는 도시의 북서 지구 학교 리그를 통틀어 유일한 ② □□ 축구 선수입니다. 엄마께서는 그녀가 과격한 축구보다는 ③ □□□□을 배우기를 바라십니다. 축구를 계속하려는 그녀와 악기 연주를 시키려는 엄마의 입장이 ④ □□을 이루는 작품입니다.

점 수

1~7번 문제의 점수를 더하여 총점을 쓰고 166쪽의 표에 막대그래프로 표시하세요

독해력 키움 | 46. 시 읽기(1)

평가요소
1. ☐ 20점 | 2. ☐ 15점 | 3. ☐ 15점 | 4. ☐ 15점 | 5. ☐ 15점 | 6. ☐ 20점

171쪽 표의 해당하는 번호에 체크하세요.

"벌레 먹어
숭숭 뚫렸어요.
내다 버려요."

텃밭에서 캐어 온
배추를 보며
먹을 게 없다고 내가 말했죠.

"벌레가
먼저 먹어 보고
'이상 없음'을
알려 주는 것이란다."

농약을
치지 않아
무공해 식품이라며
아빠와 나는 쌈을 하지요.
'아삭아삭!'

주제찾기

1. 시에서 읊은 주요 내용을 아래와 같이 간추렸습니다. 빈칸에 알맞은 낱말을 쓰세요.

□□를 보고 □□와 '나'가 다투는 장면을 그리고 있습니다.

글감찾기

2. 시에 나오는 아빠의 말로 작품의 제목을 붙여 보세요.

□□ □□

사실이해

3. 표현의 특징을 알맞게 설명한 것은 어느 것입니까?

① 동물이 사람처럼 그려지고 있다.
② 흉내말로 그려서 실감을 더하고 있다.
③ 소리가 같은 말이 꼬리를 물고 이어지고 있다.
④ 두 물건을 공통점에 의해 같은 뜻을 지닌다고 놓는다.
⑤ 하나의 물건이 여러 가지 뜻을 지니도록 말을 배열하고 있다.

미루어알기

4. 시를 읽고 떠올린 생각이나 느낌으로 적절한 것은 어느 것입니까?

① 사람마다 처한 환경이나 겪은 일이 다르다.
② 농약을 치지 않아야 무공해 식품이 재배된다.
③ 농사를 지으면 자연을 사랑하는 마음이 생긴다.
④ 벌레 먹은 채소는 건강을 위해 버리는 편이 낫다.
⑤ 텃밭에서 채소를 키우면 절약하는 정신을 배운다.

세부내용

5. 시에서 말하는 사람(화자)에 대해 알맞게 설명한 것을 고르시오.

① 농사를 짓고 있다.
② 아빠의 일을 돕고 있다.
③ 텃밭에서 배추를 캐어 왔다.
④ 벌레보다 먼저 배추를 먹었다.
⑤ 배추를 두고 아빠와 생각이 다르다.

적용하기

6. 시를 읽고 생각이나 느낌을 표현하는 방법을 떠올려 아래와 같이 정리했습니다. 빈칸에 알맞은 낱말을 넣으세요.

- 노래나 몸짓으로 ①□□하기
- 그림으로 그려보거나 ②□□□을 써서 비교하기

점수

1~6번 문제의 점수를 더하여 총점을 쓰고 167쪽의 그래프에 막대그래프로 표시하세요

46. 시 읽기(1)

독해력 키움 | 47. 시 읽기(2)

| 평가요소 | 1. ☐ 15점 | 2. ☐ 20점 | 3. ☐ 15점 | 4. ☐ 15점 | 5. ☐ 15점 | 6. ☐ 20점 |

171쪽 표의 해당하는 번호에 체크하세요.

잘한 일은 동그라미표(○)다
잘못한 일은 가위표(×)다

오르막에 힘들어하는 / 수레가 있었지
밀어주면 동그라미표야. / 못 본 체하면 가위표

힘이 드는가 봐, 하고 / 밀어주었지
동그라미 하나

길에서 넘어진 아기 / 일으켜 주었지
동그라미 하나

학교서 돌아와 / 손과 발을 씻었지
이것도 동그라미표

동생과 놀아 주면 / 이것도 동그라미
엄마 일을 거들었지 / 이것도 동그라미

㉠동그라미표 쌓기 참 쉽네

주제찾기 1. 시에 담겨 있는 중심 생각은 무엇입니까?

① 잘못한 일 반성하기
② 엄마 일손 거들어주기
③ 착한 일을 실천해 보기
④ 힘든 일 서로 나누어 하기
⑤ 학교에서 집으로 바로 돌아오기

제목찾기

2. 시에 나온 말로 알맞은 제목을 붙이세요.

□□□□□ 쌓기

사실이해

3. '가위표'에 해당하는 일은 어느 것입니까?

① 엄마 일 거들기
② 동생과 놀아주기
③ 학교에서 돌아와 손과 발 씻기
④ 길에서 넘어진 아기 일으켜 주기
⑤ 오르막에서 힘들어하는 수레 못 본 체하기

미루어알기

4. 시를 읽고 자신의 경험과 관련지어 말한 것은 어느 것입니까?

① 내 할 일만 잘하면 돼.
② 수레를 밀어줄 힘이 없어.
③ 가위표가 쌓여도 불편하지 않아.
④ 동생과 놀아주고 칭찬 받은 적이 있어.
⑤ 설거지거리가 없으면 칭찬도 받을 수 없어.

세부내용

5. ㉠처럼 말한 이유는 무엇입니까?

① 착한 일은 누구나 할 수 있으므로
② 조금만 힘쓰면 할 수 있는 일이므로
③ 자신이 한 일에 비해 보람이 매우 크므로
④ 엄마, 아빠의 칭찬이 바로 돌아오므로
⑤ 아무 데서나 할 수 있는 일이므로

적용하기

6. '동그라미'로 사행시를 지어보겠습니다. 빈칸을 채워 완성하세요.

동	동그랗게 ①□□에 동그라미 그려요.
그	②□□으로 그려본 착한 일에도
라	라라라 ③□□□와 더불어 기쁘게 한 일
미	④□□로 가득한 즐거운 하루

점 수

1~6번 문제의 점수를 더하여 총점을 쓰고 167쪽의 표에 막대그래프로 표시하세요

독해력 키움 | 48. 시 읽기(3)

| 평가요소 | 1. ☐ 20점 | 2. ☐ 20점 | 3. ☐ 15점 | 4. ☐ 10점 | 5. ☐ 15점 | 6. ☐ 20점 |

171쪽 표의 해당하는 번호에 체크하세요.

웅덩이가 작아도
흙 가라앉히면

하늘 살고
구름 살고
별이 살고

마당이 좁아도
나무 키워 놓으면

새가 오고
매미 오고
바람이 오고

주제찾기 1. 시의 중심 생각으로 알맞은 것은 어느 것입니까?

① 작은 것도 큰 뜻을 지닐 수 있다.
② 흐려 보이는 것도 맑아질 때가 있다.
③ 좁아 보이는 것 같아도 넓어질 때가 있다.
④ 깨끗한 환경에서 온갖 자연이 살아서 숨 쉰다.
⑤ 터전이 시원스러우면 온갖 생명이 힘차게 살아간다.

글감찾기 2. 무엇을 읊은 시인지 빈칸을 채워서 답하세요.

☐☐ ☐☐☐와 ☐☐ ☐☐을 바라보며 떠올린 것을 읊고 있습니다.

사실이해 **3.** 시가 보여 주는 표현의 특징을 적절하게 설명한 것을 고르세요.

① 물건이 여러 색깔을 띠는 것으로 그리고 있다.
② 특별한 의미의 낱말을 문장의 머리에 두고 있다.
③ 일정한 위치에 같은 소리를 반복하여 나타내고 있다.
④ 순우리말의 소리가 지니는 아름다움을 잘 살리고 있다.
⑤ 설명하는 방식으로 문장을 끝내어 이야기의 느낌이 든다.

미루어알기 **4.** 시를 통해 떠올려 본 형상과 거리가 먼 것은 어느 것입니까?

① 맑은 하늘
② 피어오르는 구름
③ 반짝이는 별
④ 지저귀는 새
⑤ 팔랑거리는 나비

세부내용 **5.** 시의 모양이 보여 주는 특징은 어떠합니까?

① 모든 문장이 짧다.
② 모든 문장이 길다.
③ 한 개의 연으로 이루어졌다.
④ 행의 수가 같은 연이 번갈아가며 나타난다.
⑤ 모든 연이 같은 수의 행으로 이루어지고 있다.

적용하기 **6.** 시를 음미하고 느낌을 두 가지로 떠올려보았습니다. 빈칸에 알맞은 낱말을 넣으세요.

> 웅덩이가 ①□□처럼 맑아, 그 속에 ②□□, □□, □이 살고 있는 듯했습니다.
> 마당에 키운 ③□□가 무성해지니, ④□와 □□와 □□이 깃듭니다.

점 수

1~6번 문제의 점수를 더하여 총점을 쓰고 167쪽의 표에 막대그래프로 표시하세요

독해력 키움 | 49. 시 읽기(4)

| 평가요소 | 1. ☐ 20점 | 2. ☐ 15점 | 3. ☐ 15점 | 4. ☐ 15점 | 5. ☐ 15점 | 6. ☐ 20점 |

171쪽 표의 해당하는 번호에 체크하세요.

㉠바다는 엄마처럼
가슴이 넓습니다.
온갖 물고기와
조개들을 품에 안고
파도가
칭얼거려도
다독다독 달랩니다.

㉡바다는 아빠처럼
못하는 게 없습니다.
시뻘건 아침 해를
번쩍 들어 올리시고
배들도
갈매기 떼도
둥실둥실 띄웁니다.

주제찾기 1. 시를 새겨 읽고 떠올릴 수 있는 생각은 무엇입니까?

① 엄마의 외로움
② 아빠를 향한 그리움
③ 엄마 아빠의 자식 사랑
④ 바다가 들려주는 포근한 노래
⑤ 바다에 떠 있는 여러 가지 물건들

글감찾기 2. 글감이 무엇인지 시에서 찾아 쓰세요.

사실이해 3. ㉠과 ㉡에서 공통적으로 떠올릴 수 있는 표현의 특징은 무엇입니까?

① 두 사람을 나란히 놓고 견주고 있다.
② 두 사람이 서로 다르다는 사실을 밝히고 있다.
③ 차이점을 드러내고, 차이가 난 까닭을 밝히고 있다.
④ 빗대어 표현하고, 그렇게 빗댄 까닭을 드러내고 있다.
⑤ 하나의 물건을 놓고, 거기에 여러 가지 뜻을 덧붙이고 있다.

미루어알기 4. 시에서 떠올린 느낌으로 알맞은 것은 어느 것입니까?

① 밝다　　　　② 어둡다　　　　③ 모자라다
④ 넉넉하다　　⑤ 어수선하다

세부내용 5. 이런 시를 읽을 때 자신의 경험과 관련지으면 어떤 점이 좋은가요?

① 시를 빨리 감상할 수 있다.
② 시의 내용을 더 잘 이해할 수 있다.
③ 시와 내 생각을 비교할 필요가 없다.
④ 시와 관련된 나의 경험을 자랑할 수 있다.
⑤ 시를 자신의 경험에 한정하여 감상할 수 있다.

적용하기 6. 시를 읽고 생각하거나 느낀 점을 그림으로 나타내는 방법을 3단계로 정리해 보았습니다. 빈칸을 채워 완성하세요.

> 시의 ① □□ 떠올려 보기
>
> ↓
>
> 무엇을 표현하고 싶은지 알아보기 쉽게 ② □□□
>
> ↓
>
> 어떠한 경험인지 알 수 있게 간단히 글로 쓰기

점 수

1~6번 문제의 점수를 더하여 총점을 쓰고 167쪽의 표에 막대그래프로 표시하세요

독해력 키움 | 50. 시 읽기(5)

| 평가요소 | 1. ☐ 20점 | 2. ☐ 15점 | 3. ☐ 15점 | 4. ☐ 15점 | 5. ☐ 15점 | 6. ☐ 20점 |

171쪽 표의 해당하는 번호에 체크하세요.

자다가도 아프면
쪼르르 달려가는 / 응급실

약 챙겨 주고 / 이마에 물수건 올려 주고
밤새 따뜻한 불 환히 켜 놓는 / 안방 응급실

치료비 공짜

친구에게 따돌려 슬플 때
터덜터덜 찾아가는 / 편의점

호빵처럼 따끈한 손길
아이스크림처럼 달콤한 목소리
가득가득 차려져 있는 / 안방 편의점

무조건 공짜

주제찾기   **1.** 시를 지은 동기라 할 수 있는 것은 어느 것입니까?

① 간호사에게 입은 신세를 갚기 위해서
② 응급실에 대한 기억을 되새기기 위해서
③ 친구에게 따돌림당한 슬픔을 떨치기 위해서
④ 불행한 처지에 놓인 친구를 위로하기 위해서
⑤ 아낌없이 주는 어머니의 사랑에 감사하기 위해서

글감찾기   **2.** '엄마'를 비유한 장소 둘을 시에서 찾아 쓰세요.

사실이해 **3.** 소리의 규칙적인 질서를 만들기 위해 어떤 방법을 썼습니까?

① 모든 행의 글자 수를 똑같도록 했다.
② 행이 진행될수록 글자 수가 많아지도록 했다.
③ 글자 수가 같은 소리마디를 네 묶음씩 놓았다.
④ 발음하는 시간이 같은 소리마디를 두 묶음씩 놓았다.
⑤ 짜임새가 비슷한 어구가 간격을 두고 반복되도록 하였다.

미루어알기 **4.** 시에서 말하는 사람이 겪은 일로 볼 수 <u>없는</u> 것은 무엇입니까?

① 자다가 아픈 적이 있었다.
② 병원 응급실로 달려간 적이 있었다.
③ 밤새 불 밝히고 간호를 받은 것이 있었다.
④ 친구를 따돌리고 마음이 울적한 적이 있었다.
⑤ 따스한 손길, 달콤한 목소리에 가슴 벅찬 적이 있었다.

세부내용 **5.** 각 연의 끝은 모두 어떤 품사로 되어 있습니까?

① 명사　　② 동사　　③ 형용사
④ 부사　　⑤ 감탄사

적용하기 **6.** 아래의 시는 위의 시를 바꾸어 쓴 것입니다. ① 어떤 인물을 떠올리며 쓴 시입니까? ② 또 그 인물을 빗대어 표현한 것을 아래의 시에서 찾아 쓰세요.

> 장난감이 고장 나면 / 쪼르르 달려가는 / 만물상
>
> 나사로 조이고 / 고무줄로 / 동여매 주고
> 언제나 뚝딱뚝딱 고쳐 주시는 / 안방 만물상 / 수리비 공짜
>
> 친구랑 다투고 슬플 때 / 터덜터덜 찾아가는 / 휴게실
> 나무 그늘처럼 시원한 손길 / 식혜처럼 달콤한 목소리
> 가득가득 차려져 있는 / 안방 휴게실 / 무조건 공짜

점 수

1~6번 문제의 점수를 더하여 총점을 쓰고 167쪽의 표에 막대그래프로 표시하세요

독해력 키움 | 51. 시 읽기(6)

단 하루만이라도 어른들을 거인국으로 보내자.
그곳에 있는 것들은 모두 어마어마하게 크겠지.
거인들 틈에 끼이면 어른들은 우리보다 더 작아 보일 거야.
찻길을 가로지르는 횡단보도는 얼마나 길까?
아마 100미터도 넘을 텐데
신호등의 파란불은 10초 동안만 켜지겠지.
거인들은 성큼성큼 앞질러 건너가고
어른들은 종종걸음으로 뒤따를 텐데…….
글쎄, 온 힘을 다해 뛰어도
배가 불뚝한 어른들은 찻길을 다 건널 수 없을 걸.
절반도 채 건너기 전에 빨간불로 바뀌어
길 한복판에 갇히고 말 거야.
뭘 꾸물거리느냐고 차들은 빵빵거리고
교통순경은 삑삑 호루라기를 불어 대겠지.
이마에 흐르는 땀을 훔쳐 내며
어른들은 쩔쩔맬 거야.
그때, 어른들은 무슨 생각을 하게 될까?

주제찾기

1. 시의 중심 생각을 주제로 삼아 편지를 쓴다면, 주제문으로 알맞은 것은 어느 것입니까?

① 거인 나라에도 신호등이 있어요.
② 아이들은 거인만큼 클 수 있지요.
③ 거인들에게는 어른들이 작아 보이지요.
④ 횡단보도의 신호등을 바꾸지 말아 주세요.
⑤ 어린이가 겪는 어려움을 어른들도 알아주세요.

글감찾기 2. 시에서 말하는 사람이 떠올려 본 세계는 어떤 곳입니까?

□□들이 사는 나라

사실이해 3. 현실에서 아이들이 경험하고 있는 일을 강조하여 드러낸 것은 무엇입니까?

① 횡단보도를 건너는 일
② 찻길을 가로질러 가는 일
③ 어른들을 빠르게 뒤따르는 일
④ 거인국에서 거인을 따라잡는 일
⑤ 교통순경의 호루라기 소리를 듣는 일

미루어알기 4. 어른들이 거인국으로 간다고 했을 때, 겪을 어려움과 거리가 먼 것은 어느 것인가요?

① 어른들이 성큼성큼 앞질러 길을 건너간다.
② 숟가락이 너무 커서 음식 먹기가 불편하다.
③ 어른들이 종종걸음으로 횡단보도를 건너간다.
④ 계단이 너무 높아 오르락내리락하기 불편하다.
⑤ 다리가 너무 길어 걸어서 건너가기가 무척 힘들다.

세부내용 5. '거인들이 사는 나라'에서 '어른'은 현실에 사는 누구를 대신하고 있습니까?

① 어린이　　② 청소년　　③ 부모님
④ 선생님　　⑤ 경찰관

적용하기 6. '현실'과 '거인국'의 비슷한 점을 정리해 보았습니다. 빈칸을 채워 완성하세요.

- ① □□□의 ② □□□이 켜지는 시간이 짧다.
- 교통질서를 지키지 않을 때 교통순경이 호루라기를 불어댄다.
- ③ □□들 위주로 규칙을 만든다.

점수

1~6번 문제의 점수를 더하여 총점을 쓰고 167쪽의 표에 막대그래프로 표시하세요

독해력 키움 | 52. 시 읽기(7)

| 평가요소 | 1. ☐ 20점 | 2. ☐ 15점 | 3. ☐ 15점 | 4. ☐ 15점 | 5. ☐ 15점 | 6. ☐ 20점 |

171쪽 표의 해당하는 번호에 체크하세요.

작은 누나가 엄마보고
엄마 런닝구 다 ㉠떨어졌다.
한 개 사라 한다.
엄마는 옷 입으마 안 보인다고
떨어졌는 걸 그대로 입는다.

런닝구 구멍이 콩만 하게
뚫어져 있는 줄 알았는데
대지비만 하게 뚫어져 있다.
아버지는 그걸 보고
런닝구를 쭉쭉 쨌다.

엄마는
와 이카노.
너무 째마 걸레도 못 한다 한다.
엄마는 새 걸로 갈아입고
두 번 더 입을 수 있을 낀데 한다.

주제찾기 1. 강조해서 전달하고자 한 내용은 무엇입니까?

① 가난의 고통
② 가난한 삶과 옷
③ 가난 속에서 느낀 행복
④ 가난을 이겨내는 슬기로움
⑤ 가난에서 피어나는 가족사랑

글감찾기 2. 글감이서 가장 자주 사용한 낱말을 찾아 쓰세요.

사실이해 3. 작품에서 어떤 지역의 방언이 사용되었습니까?

① 경기도　　　　　　② 경상도
③ 충청도　　　　　　④ 전라도
⑤ 제주도

미루어알기 4. 시에서 말하는 사람에 대한 설명으로 알맞은 것은 어느 것입니까?

① 관찰한 장면을 그리고 있다.
② 느낌을 자세히 나열하고 있다.
③ 생각의 깊이를 더해가며 말하고 있다.
④ 다른 사람과 대화를 하고 있다.
⑤ 스스로에 대해 반성하고 있다.

세부내용 5. ㉠과 같은 쓰임새의 '떨어지다'가 나타난 문장은 어느 것입니까?

① 결국 일감이 떨어졌다.
② 방금 선생님의 호령이 떨어졌다.
③ 개구쟁이라서 무릎이 금방 떨어졌다.
④ 고생하고서야 겨우 감기가 떨어졌다.
⑤ 한참 있으니 사과나무에서 사과가 떨어졌다.

적용하기 6. 다음 낱말들을 표준어로 바꾸어 쓰세요.

대지비, 쨌다, 이카노

1~6번 문제의 점수를 더하여 총점을 쓰고 167쪽의 그래프에 막대그래프로 표시하세요

독해력 키움 | 53. 시 읽기(8)

| 평가요소 | 1. ☐ 20점 | 2. ☐ 15점 | 3. ☐ 15점 | 4. ☐ 15점 | 5. ☐ 15점 | 6. ☐ 20점 |

171쪽 표의 해당하는 번호에 체크하세요.

나하고 싸운
아이네 집을
지났다.

그 아이는
지금
무얼 하고 있을까?

불러 볼까 말까
그냥 지났다.

어쩐지 마음에 걸린다.

뒤돌아보니
그 아이는
장미꽃 울타리에서
웃고 있었다.

나는 번쩍 손을 들어 보이고
㉠힝 달려
집으로 왔다.

주제찾기 1. 시의 중심 내용은 무엇입니까?

① 싸운 친구에 대한 미안함
② 친구의 집에 피어있는 아름다운 꽃
③ 학교에서 집으로 돌아오는 길의 풍경
④ 싸웠던 친구와 서로 마음을 풀게 되는 과정
⑤ 친구와 싸운 뒤에 느끼게 되는 불편한 마음

제목찾기 2. 2연의 '그 아이'를 구체적으로 풀어놓은 부분을 시에서 찾아 쓰세요.

사실이해 3. 시에서 말하는 사람이 망설이는 마음을 표현한 구절은 어느 것입니까?

① 나하고 싸운
② 무얼 하고 있을까?
③ 불러 볼까 말까
④ 어쩐지 마음에 걸린다.
⑤ 손을 들어 보이고

미루어알기 4. ㉠에 배어있는 마음으로 알맞은 것은 어느 것입니까?

① 쑥스럽다
② 궁금하다
③ 안타깝다
④ 안쓰럽다
⑤ 불쾌하다

세부내용 5. 시의 내용이 펼쳐진 방법에 대한 설명으로 알맞은 것을 고르시오.

① 생각이 떠오르는 순서에 따라
② 장소와 시간이 변화하는 데 따라
③ 사건이 일어난 장소가 어디인지에 따라
④ 말하는 사람이 누구인지에 따라
⑤ 장면을 주도하는 인물에 따라

적용하기 6. 시에서 4연과 같이 말한 까닭을 떠올려보았습니다. 빈칸에 알맞은 낱말을 넣으세요.

> 친구와 싸웠지만 친구의 마음이 지금 어떠할지 ① ☐☐☐☐도 하고, 싸운 일이 ② ☐☐☐☐도 하여 그냥 지나치기가 ③ ☐☐☐☐☐ 때문입니다.

점 수

1~6번 문제의 점수를 더하여 총점을 쓰고 167쪽의 그래프에 막대그래프로 표시하세요

53. 시 읽기(8) 159

독해력 키움 | 54. 시 읽기(9)

| 평가요소 | 1. ☐ 15점 | 2. ☐ 15점 | 3. ☐ 15점 | 4. ☐ 15점 | 5. ☐ 20점 | 6. ☐ 20점 |

171쪽 표의 해당하는 번호에 체크하세요.

엄마
저 땜에 걱정 많으시죠?
어설프고 철이 없어서요

봄이 왔다고 다 서둘러
꽃이 피나요?
늦게 피는 꽃도 있잖아요

덤벙대고
까불고 철없다고
속상하지 마세요

나도 느림보
늦게 피는 꽃이라면
자라날 시간을 주세요

조금만
조금만 더
기다려 주세요
철들 시간이 필요해요

주제찾기 1. '엄마'에게 부탁하는 내용의 요지를 가장 잘 표현한 것은 어느 것입니까?

① 철부지를 돌봐 주세요.
② 철없는 동생 걱정을 하세요.
③ 철들 때까지 저를 기다려 주세요.
④ 철들 시간까지 눈감고 무관심하세요.
⑤ 철드는 어른도 있다는 사실을 알아주세요.

글감찾기   **2.** 시에서 말하는 사람이 자신을 빗댄 말이 글감이 될 수 있습니다. 글감을 시에서 찾아 쓰세요.

사실이해   **3.** 시에서 말하는 사람이 스스로의 모습으로 알아차린 것과 거리가 먼 것은 무엇입니까?

① 서두른다.   ② 철이 없다.
③ 어설프다.   ④ 느림보이다.
⑤ 자라나고 있다.

미루어알기   **4.** '나'가 스스로 '늦게 피는 꽃'이라고 말한 까닭은 무엇입니까?

① 걱정이 많아서   ② 서둘러 봄이 와서
③ 어설프고 철이 없어서   ④ 자라날 시간이 없어서
⑤ 철들 시간이 지나가 버려서

세부내용   **5.** 시에서 '말하는 사람–듣는 사람'을 모두 옳게 나열한 것은 어느 것입니까?

① 나–꽃   ② 꽃–나
③ 꽃–엄마   ④ 나–엄마
⑤ 나–사람들

적용하기   **6.** '꽃'과 '나'를 비교하여 시의 내용을 정리한 표입니다. 빈칸을 채워 완성하세요.

늦게 피는 꽃	'나'
① □이 되어도 늦게 핌.	② □□□□ 철이 없음.
③ □□□ 시간이 필요함.	④ □□ 시간이 필요함.

	점수
1~6번 문제의 점수를 더하여 총점을 쓰고 167쪽의 표에 막대그래프로 표시하세요	

독해력 키움 | 55. 시 읽기(10)

평가요소 | 1. ☐ 20점 | 2. ☐ 15점 | 3. ☐ 15점 | 4. ☐ 15점 | 5. ☐ 15점 | 6. ☐ 20점

171쪽 표의 해당하는 번호에 체크하세요.

거미 한 마리
천장에서 뚝 떨어진다
대롱대롱 공중에 매달려
가슴 덜컹하게 한다

저 녀석,
모르나 보다

저처럼 줄에 매달려
빌딩 벽을 청소하는
우리 아빠를

엉덩이가 콩알만 한
저 녀석

아빠 땀방울보다
작은 저 녀석 / 모르나 보다
저를 보고 놀라는 내 마음도

몰라서 / 몰라서
장난을 치나 보다

주제찾기 1. 시를 통해 전하고 싶어 한 중심 생각은 무엇입니까?

① 가족의 행복을 도모하는 마음
② 가족의 노력에 대가가 없다는 마음
③ 가족이 처할 위험에 미리 대비하는 마음
④ 가족에 대한 사랑과 노고에 감사하는 마음
⑤ 가족에 대한 이웃 사람들의 도움에 감사하는 마음

제목찾기   **2.** 글감과 연관지어 시의 내용에 어울리는 제목을 붙여 보세요.

□□□ □□

사실이해   **3.** 시에서 말하는 사람이 거미를 보고 떠올린 것은 무엇입니까?

① 아빠께서 출근하는 모습
② 아빠께서 장난치시는 모습
③ 아빠께서 빌딩에 올라가시는 모습
④ 아빠께서 줄에 매달려 일하시는 모습
⑤ 아빠께서 빌딩 꼭대기를 바라보시는 모습

미루어알기   **4.** '거미'에서 '아빠'를 떠올린 까닭은 무엇입니까?

① 줄에 매달려 있어서   ② 장난을 치며 놀고 있어서
③ 위험한 상황에 놓여 있어서   ④ '나'를 쳐다보고 있어서
⑤ 아빠를 보고 싶어서

세부내용   **5.** 2연의 '저 녀석'과 '모르나 보다' 사이에 보충할 말로 알맞은 것은 어느 것입니까?

① '거미 한 마리'   ② '가슴 덜컹하게'
③ '우리 아빠를'   ④ '콩알만 한 녀석'
⑤ '아빠 땀방울'

적용하기   **6.** '거미'와 '아빠'의 비슷한 점과 다른 점을 아래의 표로 정리했습니다. 빈칸에 알맞은 낱말을 넣으세요.

	비슷한 점	다른 점
거미	①□에 매달려 ②□□에 떠 있다.	거미줄에 매달려 ③□□을 친다.
아빠		④□□을 위해 빌딩 청소를 하신다.

	점 수
1~6번 문제의 점수를 더하여 총점을 쓰고 167쪽의 표에 막대그래프로 표시하세요	

회차별 점수표 1 [01~21]

1. 설명하는 글 읽기 (평균 점수 _____ 점)

- 각 회차에서 얻은 점수를 막대그래프로 그리고, '1 설명하는 글 읽기'의 평균 점수를 써 넣으세요.
- 평균 이하의 점수가 나온 회차에서는 어떤 유형이 왜 틀렸는지 따져 보세요.

회차\점수	이론부터 익히고 많이 읽기				설명하는 글 많이 읽기				참하 야전 만만 보면				완성을 위해 남은 한 걸음			
01																
02																
03																
04																
05																
06																
07																
08																
09																
10																
11																
12																
13																
14																
15																
16																
17																
18																
19																
20																
21																
점수	10	15	20	25	30	35	40	45	50	55	60	65	70	75	80	85	90	95	100

회차별 점수표 2 [22~33]

2. 설득하는 글 읽기 (평균 점수 _____점)

- 각 회차에서 얻은 점수를 막대그래프로 그리고, '2 설득하는 글 읽기'의 평균 점수를 써 넣으세요.
- 평균 이하의 점수가 나온 회차에서는 어떤 유형이 왜 틀렸는지 따져 보세요.

회차\점수	이론과 비판하고 많이 읽기	설득하는 글 많이 읽기	맥락 따져 문항 파악	글을 위주로 꼼꼼한 것 읽기
22				
23				
24				
25				
26				
27				
28				
29				
30				
31				
32				
33				
회차\점수	10 15 20 25	30 35 40 45	50 55 60 65	70 75 80 85	90 95 100

회차별 점수표 3 [34~45]

3. 이야기 글 읽기 (평균 점수 _____ 점)

- 각 회차에서 얻은 점수를 막대그래프로 그리고, '3 이야기 글 읽기'의 평균 점수를 써 넣으세요.
- 평균 이하의 점수가 나온 회차에서는 어떤 유형이 왜 틀렸는지 따져 보세요.

	아무렇게나 답하고 있음	이야기 글 읽기	글의 내용을 잘 모름	완성을 위해 한 것임
34				
35				
36				
37				
38				
39				
40				
41				
42				
43				
44				
45				
회차\점수	10 15 20 25	30 35 40 45	50 55 60 65	70 75 80 85	90 95 100

회차별 점수표 4 [46~55]

4. 시 읽기 (평균 점수 _____점)

- 각 회차에서 얻은 점수를 막대그래프로 그리고, '4 시 읽기'의 평균 점수를 써 넣으세요.
- 평균 이하의 점수가 나온 회차에서는 어떤 유형이 왜 틀렸는지 따져 보세요.

| | 어조부터 익히고 많이 읽기 | 시 많이 읽기 | 표현에 주의하면서 많이 읽기 | 감상을 위해 집중하고 있는 부분 |

유형별 진단표 1

1. 설명하는 글 읽기 [01~21]

- 각 회차의 유형에 정답을 맞혔으면 해당하는 칸에 'O'를, 틀렸으면 '×' 하세요.
- 표의 하단에 유형별 총점을 써넣으세요.
- 자주 틀리는 유형이 한눈에 보이므로 자신의 부족한 유형을 알고 보완하여야 합니다.

회차\유형	주제찾기 1	제목(글감)찾기 2	사실 이해 3	미루어 알기 4	세부내용 5	적용하기 6	요약하기 7
1							
2							
3							
4							
5							
6							
7							
8							
9							
10							
11							
12							
13							
14							
15							
16							
17							
18							
19							
20							
21							
총점							

※ 주제찾기 1 ~ 세부내용 5 유형은 문항당 4.5점이고, 기본점수 5.5점입니다.
※ 적용하기 6 유형은 문항당 5점+기본점수 10점입니다.
※ 요약하기 7 유형은 문항당 6점+기본점수 10점입니다.

유형별 진단표 2

2. 설득하는 글 읽기 [22~33]

- 각 회차의 유형에 정답을 맞혔으면 해당하는 칸에 'O'를, 틀렸으면 '×' 하세요.
- 표의 하단에 유형별 총점을 써넣으세요.
- 자주 틀리는 유형이 한눈에 보이므로 자신의 부족한 유형을 알고 보완하여야 합니다.

	유 형						
	주제찾기 1	제목(글감) 찾기 2	사실 이해 3	미루어 알기 4	세부내용 5	적용하기 6	요약하기 7
22							
23							
24							
25							
26							
27							
28							
29							
30							
31							
32							
33							
회차/총점							

※ 문항당 8점이고, 기본점수 4점입니다.

유형별 진단표 3

3. 이야기글 읽기 [34~45]

- 각 회차의 유형에 정답을 맞혔으면 해당하는 칸에 'O'를, 틀렸으면 'X' 하세요.
- 표의 하단에 유형별 총점을 써넣으세요.
- 자주 틀리는 유형이 한눈에 보이므로 자신의 부족한 유형을 알고 보완하여야 합니다.

회차\유형	주제찾기 1	제목(글감) 찾기 2	사실 이해 3	미루어 알기 4	세부내용 5	적용하기 6	요약하기 7
34							
35							
36							
37							
38							
39							
40							
41							
42							
43							
44							
45							
회차 총점							

※ 문항당 8점이고, 기본점수 4점입니다.

유형별 진단표 4

4. 시 읽기 [46~55]

- 각 회차의 유형에 정답을 맞혔으면 해당하는 칸에 'O'를, 틀렸으면 'X' 하세요.
- 표의 하단에 유형별 총점을 써넣으세요.
- 자주 틀리는 유형이 한눈에 보이므로 자신의 부족한 유형을 알고 보완하여야 합니다.

	유 형					
	주제찾기 1	제목(글감) 찾기 2	사실 이해 3	미루어 알기 4	세부내용 5	적용하기 6
46						
47						
48						
49						
50						
51						
52						
53						
54						
55						
회차/총점						

※ 문항당 10점입니다.

영역별 평균 총점수 [01~55]

- 각 영역별 평균 점수를 막대그래프로 그리세요.

	이룰부터 다시 익히고 많이 노력하세요.	여러 글들을 읽고 좀 더 노력하세요.	취약 유형이나 약점을 보완하세요.	완성을 위해 틀리고 맞춘 말 을 다시 한 번 학습 하세요.
1 설명하는 글 읽기 [01~21]				
2 설득하는 글 읽기 [22~33]				
3 이야기 글 읽기 [34~45]				
4 시 글 읽기 [46~55]				
점수	10 15 20 25	30 35 40 45	50 55 60 65	70 75 80 85	90 95 100

영역별 유형 총점수 [01~55]

• 해당하는 칸에 영역별 유형 총점을 써 넣으세요.

유형 영역	주제찾기 1	제목(글감) 찾기 2	사실 이해 3	미루어 알기 4	세부내용 5	적용하기 6	요약하기 7
1 설명하는 글 읽기 [01~21]							
2 설득하는 글 읽기 [22~33]							
3 이야기 글 읽기 [34~45]							
4 시 글 읽기 [46~55]							
영역별 점수							

정답 및 해설

01 설명하는 글 읽기(1)

18~19쪽 정답

1 ④ 2 날씨, 촌락 3 ⑤
4 ⑤ 5 촌락 7 ① 농업, ② 홍수,
③ 어업, ④ 태풍, ⑤ 관광업, ⑥ 폭우

해설

1. 첫 문단의 끝 문장, '날씨가 촌락 생활에 미치는 영향을 알아볼까요?'에서 설명할 중심 내용을 소개하고 있다.
2. '촌락의 날씨', '촌락과 날씨' 등으로 제목을 붙여 볼 수 있는 글이다.
3. 글의 첫 문장에 날씨의 구성 요소인 '비, 구름, 바람, 기온' 4개가 나온다.
4. 글의 끝을 보면 날씨의 피해를 면하려고 제사를 지낸다고 했다. ① 농촌의 주요 산업이 농사이다. ② 첫 문단을 보면 많이 받는다. ③ 양식업, 염전이 많은 곳은 어촌이다. ④ 강풍을 산사태의 원인으로 짐작할 수 있는 내용은 없다.
5. 셋이 나오는 문장에 아우를 수 있는 낱말도 함께 나온다.
7. 둘째 문단에 순서대로 나타난다.

02 설명하는 글 읽기(2)

20~21쪽 정답

1 ④ 2 용수철 3 ④ 4 탄성력
5 ① 7 ① 충격, ② 볼펜, ③ 늘리는

해설

1. 첫 문단의 끝 문장에서 무엇을 중심 내용으로 할 것인지 밝혔다.
2. 글감이어서 반복해서 자주 나타나는 것은 용수철이다.
3. 2~4문단에서 자세히 설명한 내용이다.
4. 첫 문단에서 무엇을 뜻하는지 풀어서 설명한 낱말이 있다. 이 낱말의 뜻을 알아야 용수철을 사용한 우리 주변의 도구에 대한 자세한 설명을 이해할 수 있다.
5. ㉠에는 그 앞에 있는 '충격을'과 어울리는 낱말이 들어가야 하고, ㉡에는 뒤에 이어지는 '용수철이 늘어났다가'와 어울리는 낱말이 들어가야 한다.
7. 들어갈 낱말을 각각 둘째, 셋째, 넷째 문단에서 찾을 수 있다.

03 설명하는 글 읽기(3)

22~23쪽 정답

1 ⑤ 2 도시 3 ④ 4 ③
5 ① 6 ① 낮은, ② 높은

해설

1. 우리나라 도시가 시간이 흐름에 따라, 또 지역적으로 어떻게 발달했는지 설명했다.
2. '도시의 발달'을 제목으로 붙일 수 있다.
3. 셋째 문단을 보면, 수도권에 집중적으로 도시가 발달하였다.
4. 국토의 면적이 넓더라도 인구 밀도가 높은 지역이 있다면 도시가 발달할 수 있다. 미국은 국토의 면적이 넓지만 인구 밀도가 높은 동부와 서부의 해안 지역에 도시가 발달해 있다. ① 사람이 살 땅이 부족한 도시에 높은 건물이 많은 이유이다. ② 정치·경제·문화의 중심에는 사람들이 많이 살아 도시가 발달한다. ④ 1970년대 이후 우리나라 도시의 수가 70여 개로 늘어났다. ⑤ 우리나라 동남쪽 해안에 교통과 산업이 일찍부터 발달해서 도시가 발달했다.
5. 문장의 끝이 '~ 때문이다.'로 되어 있다.
6. 둘째 문단에 판단의 문장이 고스란히 나와 있다.

04 설명하는 글 읽기(4)

24~25쪽 정답

1 ① 2 씨, 싹 3 ⑤ 4 씨눈
5 ① 6 물을 충분히 준다.

해설

1. 오래된 씨가 싹을 틔울 수 있는 조건을 사례와 더불어 알려주고 있는 글이다.
2. 항상 글에서 여러 번 반복해서 나타나는 낱말이 글감이다.
3. 이 덕분에 3,300년이 지난 씨가 싹을 틔울 수 있었다. ① 그냥 놔둔 강낭콩이 싹을 틔울 수 있는지에 대해 묻기만 하고 있다. ② 3,300년 된 완두콩 씨는 썩지 않고 저장되어 있어서 싹을 틔울 수 있었다. ③ 오래된 창포 씨에서 '저절로'가 아니라 조건을 맞추어 줘서 싹이 돋았다. ④ 전혀 다루어지지 않은 내용이다.
4. 둘째 문단을 보면, 오래 된 씨가 싹을 틔우기 위해서는 최소한 씨눈이 살아 있어야 한다.
5. 앞서 있는 '이런 일이 가능한 까닭은'이 '오래된 씨가 싹을 틔우는 일이 가능한 까닭은'이라는 뜻이어서 이와 내용으로 어울리기 위해서는 '조건이 맞을 때 싹을 틔우기 때문이다.'라는 내용이어야 한다.
6. 이집트, 함안군의 방법과 다를 이유가 없다.

05 설명하는 글 읽기(5)

26~27쪽 정답

1 ③ 2 주민 자치, 주민 참여 3 ④
4 ① 5 ② 7 ① 주민 자치, ② 주민 참여

해설

1. 글감 둘이 지니고 있는 말의 뜻부터 설명하고, 그 실행 방법을 내용으로 이어갔다.
2. 첫 문단과 둘째 문단의 첫머리에 분명하게 드러나 있다.
3. 둘째 문단을 보면, 주민 자치에서 가장 중요한 것은 지역 주민이 주체가 되어 지역 문제를 스스로 처리하려는 자세이다. '살고 있는 지역', '지역의 실정 및 상황' 등은 주민 자치를 가능하게 하는 바탕을 될 수 있지만 실천 의지만큼 중요하지는 않다.
4. '혜택을 받는 주민들'과 '피해를 받는 주민들'은 서로 갈등 관계라 할 수 있다. 한 쪽이 다른 쪽을 이해시킨다는 것은 갈등을 조정하는 일이라 할 수 있다.
5. '공개적으로 듣는다.'라고 하여 '공청'이라 한다.
7. 둘째 문단의 첫 문장, 셋째 문단의 첫 문장에 구별할 수 있도록 하는 낱말이 나타난다.

06 설명하는 글 읽기(6)

28~29쪽 정답

1 ④ 2 화산 활동 3 ④
4 ① 5 ②
6 백두산의 대규모 분출

해설

1. 첫 두 문단은 서두로, 다음 글을 쓰기 위해 설명한 것이고, 셋째 문단 이하에서는 백두산의 화산 활동에 초점을 맞추어 본격적인 설명을 하고 있다.
2. 화산 활동이 무엇인지, 그 이익과 손해는 어떠한지에 대해 설명한 글이다.
3. 10세기 이후에도 소규모의 분출이 있었다.
4. '마그마는 수증기, 이산화탄소 등의 기체가 많이 들어 있어 딱딱한 암석보다 가벼워요.'라는 내용을 통해 알 수 있다. ② 마그마에서 기체가 빠져나간 것이 용암이므로 비중이 낮아진 것이 아니다. ③ 화산재에는 땅을 비옥하게 하는 성분도 섞여 있다. ④ 지진을 일으킨다고 했다. ⑤ 백두산의 화산 활동에 대한 학자들의 의견은 일치하지 않는다.
5. 바꾸어 놓은 낱말을 대신 넣어 보아 자연스러운 것을 고르면 된다.
6. 그 소리가 개성까지 들리고, 화산재가 일본까지 날아갔다는 사실에서 얼마나 큰 영향을 미쳤을지 짐작해 볼 수 있다.

정답 및 해설

07 설명하는 글 읽기(7)

30~31쪽 정답

1 ②   2 선거, 원칙
3 보통 선거   4 ②   5 ②
6 해설 참고

해설

1. 민주시민으로서 권리를 정당하게 행사할 수 있도록 하기 위해 네 가지 원칙이 필요한 것이다.
2. 글의 첫머리에 제목으로 삼을 만한 어구가 나타난다.
3. 둘째 문단의 내용에서 떠올려 볼 수 있다. '평등선거'는 '차등선거'와 반대의 뜻이다.
4. 보통 선거와 차이나는 점이다. ① 선거에서 지키지 않아야 할 원칙에 대한 내용은 나타나지 않았다. ③ 차등 선거에서 선거권이 없는 사람이 생긴다. ④ 간접 선거에서 선거인단이 투표권을 행사한다. ⑤ 비밀 선거를 하고도 투표소 밖에서 비밀이 보장된다.
5. '선거'란 뽑는 활동 전반을 추상적으로 일컫는 개념이고, '투표'란 직접 투표소에 가서 표의 권리를 행사하는 구체적인 활동이다.
6.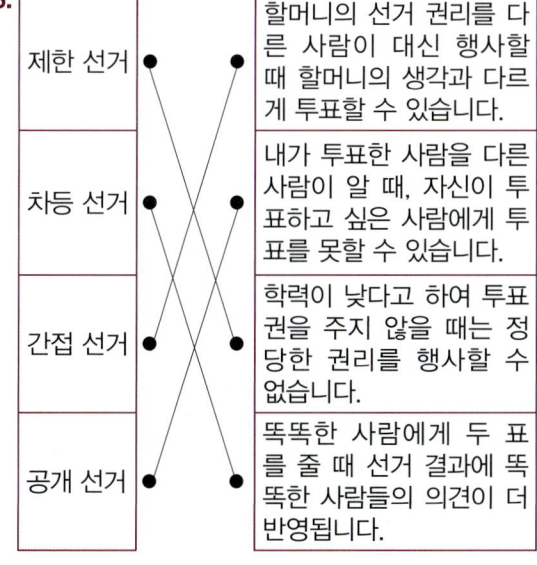

08 설명하는 글 읽기(8)

32~33쪽 정답

1 ②   2 우유 제품   3 ②
4 ⑤   5 ④   6 가공 우유

해설

1. 둘째 문단 이하를 보면, 여러 가지 우유 제품을 어떻게 만드는지 설명하고 있다.
2. 글감은 설명문에서 첫 문단에 나온다.
3. 둘째 문단을 보면, 우유가 혼합물이기 때문에 여러 가지 제품을 만들 수 있다는 내용이 나온다.
4. 끝 문단을 보면, 치즈는 4000년 전 우연히 만들어졌으며, 유산균에 의한 발효 식품이다. ① 일반 우유는 가공 식품이 아니다. ② '저절로' 가공되는 것이 아니라 다른 물질을 첨가하거나, 특별한 기술을 덧붙여야 가공된다. ③ 각 물질의 성질은 원래대로 유지된다. ④ 지방만 따로 굳힌 것이 생크림이다.
5. 들어갈 말은 '원래의 물질로 되돌려 놓을'이다.
6. 첫 문단에 소개된 우유 제품의 종류는, '일반 우유', '가공 우유', '우유 가공품' 등 세 가지이다.

09 설명하는 글 읽기(9)

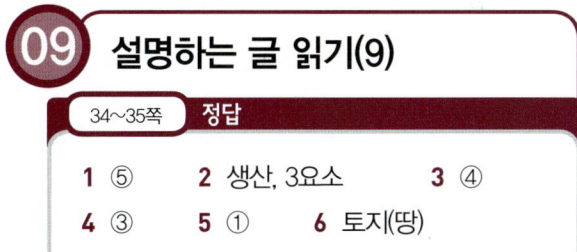

34~35쪽 정답

1 ⑤   2 생산, 3요소   3 ④
4 ③   5 ①   6 토지(땅)

해설

1. '생산의 3요소'가 무엇을 뜻하는지를 먼저 밝히고, 그 종류를 나누어 자세히 설명하는 방법이다.
2. 둘째 문단에 나오는 내용을 정리한다.
3. 씨앗은 돈 주고 사는 것이므로, '자본'에 속한다.
4. ①, ②, ④, ⑤는 생활에 필요한 것을 만드는 활동이고, ③만 생활을 편리하고 즐겁게 해 주는 활동이다.
5. 토지는 '땅', 자본은 '돈', 노동은 '일'이다.
6. 굳이 회사에 나갈 필요가 없다고 했으므로, 생산 활동을 할 공간으로서 토지(땅)는 그다지 필요하지 않다.

10 설명하는 글 읽기(10)

36~38쪽 정답

1. ⑤ 2. 모방 3. ④ 4. ③
5. ④ 6. 가시 철조망
7. ① 잔털, ② 연잎, ③ 방수복

해설

1. '생명체', '모방', '발명'의 내용이 모두 들어가야 한다.
2. 식물, 동물 등 생명체의 생김새를 본떠서 새로운 발명품을 만들어낼 수 있다는 내용이다.
3. 게코의 발가락에 있는 수많은 주름이 솜털로 덮여 있다고 했다.
4. '연잎 효과'를 정확히 이해하고 떠올린 생각이다. ① 양면테이프는 우엉 각시의 갈고리 모양의 돌기를 모방한 것이다. ② 둥글고 넓적한 잎의 표면에 항상 작고 둥근 돌기가 있는 것은 아니다. ④ 발가락 사이에 작은 주름이 있다고 솜털이 생긴다고 단정할 수 없다. ⑤ 발가락 표면의 주름이 갖는 결합력과 수많은 솜털에 의해 미끄러운 표면을 빠르게 올라갈 수 있다고 하였다.
5. '자기 세정 기능'이다.
6. 가시가 있으면서 사람이나 동물의 접근을 막을 수 있는 물건을 만들 수 있다.
7. 둘째 문단에 나타나는 순서대로 간추려 놓은 것이다.

11 설명하는 글 읽기(11)

39~41쪽 정답

1. ④ 2. 강박 관념 3. ③
4. ⑤ 5. ③ 6. ① 능력, ② 좌절감(열등감) 7. ① 희생, ② 봉사, ③ 잠재력

해설

1. '우리 모두의 생각이 성 역할에 대한 고정 관념에서 벗어날 때 성차별에서 비롯된 강박 관념이 사라지게 된다.'라고 주제문을 작성할 수 있다.
2. 남성, 여성이 그 성에 속해 있다는 것 때문에 가지게 되는, 짓눌린다는 생각이 글감이다.
3. 맏딸은 맏이라는 이유로 의무와 책임만 졌지 걸맞은 대우는 받지 못했다. ① 글의 첫 문장에 나온다. ② 역시 첫 문단에 자세히 설명하고 있다. ④ '남자다워야 한다.'는 주위의 말에 강박 관념을 가질 수 있다. ⑤ 끝 문단의 첫 문장에 나온다.
4. 첫 문단의 내용에서 그 이유를 떠올려 볼 수 있다.
5. 글감이 '성적 콤플렉스'인데, '콤플렉스'를 '강박 관념'으로 해석할 수 있을지라도 이 한자어의 뜻을 모르면 글의 내용을 이해하기 어렵다. '강박 관념'을 '무엇인가에 의해 짓눌리고 있다는 느낌이나 생각'이라고 풀어주어야 글의 내용을 쉽게 이해할 수 있다.
6. '슈퍼맨 콤플렉스'란, 남성다움에 대한 지나친 강박 관념에 사로잡혀 능력을 아랑곳하지 않고 무모하게 행동하여 좌절감에 빠지는 것으로 요약될 수 있다.
7. 둘째, 셋째 문단에 나오는 말로 빈칸을 채울 수 있다. ①, ②는 순서가 바뀌어도 무방.

12 설명하는 글 읽기(12)

42~44쪽 정답

1. ③ 2. 물 3. ① 4. ⑤
5. ② 6. ① 물, ② 화학적
7. ① 물, ② 탐사선, ③ 망원경, ④ 사진

해설

1. 둘째 문단에서 언급한 내용을 중심 내용으로 삼아 '화성'을 예로 들어 설명했다.
2. 생명체 존재의 필수적 요건인 '물'을 이야기하면서 글을 시작하였다.
3. 첫 문단에 '생명체가 살기 위해서 꼭 필요한 요소 중 하나는 액체 상태의 물'이라는 구절이 있다. ② 지구 상의 70%가 물이다. ③ 관측이나 탐사선을 보내서 쉽게 발견할 수 없었다. ④ 멀리 떨어진 곳이어서 직접 사람을 보낼 수 없었다. ⑤ 물의 흔적은 발견되었지만 생명체는 발견된 적이 없다.
4. 둘째 문단의 끝 문장을 읽고 떠올려볼 수 있다.
5. 물이 있어서 생명체가 살 수 있다는 점에서 둘을 견

정답 및 해설

줄 수 있다.
6. '물'이 있어야 생존에 필요한 다른 물질도 만들 수 있으며, 물을 외부에서 공급받을 수 없기 때문에 화학적으로 합성[제조]해야 한다.
7. 첫째, 둘째, 셋째와 넷째 문단의 중심 낱말을 찾아서 빈칸을 채울 수 있다.

13 설명하는 글 읽기(13)

45~47쪽 정답

1 ③　　2 거울　　3 ①　　4 ②
5 ②　　6 반사
7 ① 매끄럽게, ② 유리, ③ 생활용품

해설

1. 거울을 만드는 방법이 어떻게 변화해 왔는지는 물론이고, 그 용도의 변천 과정도 내용으로 삼았다.
2. 글의 주된 재료는 '거울'이다.
3. 호수나 그릇에 담긴 물은 전설이고 증거가 남아 있는 것으로는 흑요석을 갈아 만든 거울이 처음이다.
4. 첫 문단을 보면, 최초의 거울은 어떤 소년이 우연히 호수에 자신의 모습을 비추어 보게 되어 발견되었다. ① 매끄럽게 갈아야 거울이 될 수 있다. ③ 오늘날의 주된 용도는 생활용품이다. ④ 제사 지낼 때 올려놓은 것은 아니다. ⑤ 끝 문단을 보면, 과학 기술의 도구에도 다양하게 활용됨을 알 수 있다.
5. 셋째 문단의 끝 문장에 바탕을 두고 답을 고를 수 있다.
6. 거울은 빛이 물체를 반사하는 성질을 활용한 도구이며, 이 성질 때문에 두 개의 거울을 각도를 좁혀 세울수록 반사하는 개수도 많아지게 되는 것이다.
7. 만드는 방법, 용도가 문단별로 같이 다루어지고 있으므로 내용을 천천히 읽어보면서 답을 찾도록 한다.

14 설명하는 글 읽기(14)

48~50쪽 정답

1 ②　　2 공기　　3 ④　　4 ①
5 ④　　6 ① 구름, ② 비, ③ 파란
7 ① 공간, ② 생물(생명), ③ 자연, ④ 햇빛

해설

1. 주제문 '공기는 지구에 사는 생물을 보호하고 햇빛에 작용한다.'
2. 공기가 지구의 생명과 자연에 어떤 역할을 하는지 설명한 글이다.
3. 햇빛이 파란 색으로 보일 때도 있고, 붉은 색으로 보일 때도 있다는 것은 그것이 한 가지 색으로 이루어지지 않았음을 알 수 있게 한다. ① '우리 눈에 보이지 않지만 공기는 공간을 차지하고 있으며' ② '공기는 생물이 살아가는 데 필요한 산소를 공급하는가 하면' ③ '지구 표면에서 멀어질수록 공기의 양은 점점 적어지지요.' ⑤ '네 개의 층 안에 바로 '오존층'이라는 것이 있어요.'
4. 판단의 근거가 된 문장. '물론 지구 밖으로 나가면 공기는 없어집니다.'
5. 대기권을 구성하는 네 가지 층 중 하나가 오존층이라고 했다.
6. 공기가 있어야 공기의 움직임에 의해 구름과 비가 생길 수 있다. 또 공기가 햇빛을 굴절, 산란시켜야 하나의 특별한 하늘의 색을 볼 수 있다.
7. 생명체 보호와 햇빛에 대한 작용이 공기의 기능이라고 요약할 수 있는 글이다.

15 설명하는 글 읽기(15)

51~53쪽 정답

1 ⑤　　2 하늘을 나는 꿈　　3 ②
4 ⑤　　5 ③
6 ① 오랫동안, ② 속도, ③ 위험
7 ① 도전, ② 실패, ③ 과거, ④ 성공, ⑤ 미래

해설

1. '하늘을 나는 꿈이 실현된 과정'이 중심 내용이다.
2. '하늘을 나는 꿈'이 1문단과 2문단에 반복해서 나타나고 있다.
3. 다빈치가 기계를 설계했다는 내용은 보이지만 하늘을 날았다는 내용은 보이지 않는다. ① 이카로스처럼 직접 날개를 만들어 몸에 붙인 뒤에 높은 곳에서 뛰어내리기도 하였지만 날기에 성공한 사람은 없었다. ③ '바람의 힘을 이용한 글라이더를 만들어 날기에 도전하였다.' ④ 2문단 끝 문장 ⑤ '두 번의 세계 대전은 절대 있어서는 안 될 슬픈 일이었지만, 비행기의 성능을 향상하는 데는 많은 영향을 주었다.'
4. 셋째 문단의 내용에 미루어 알 수 있다.
5. ㉠의 뒤에 '날아올랐다'가 이어지고 있다.
6. 둘째 문단의 끝 문장을 활용하여 작성할 수 있다.
7. 특히 라이트 형제의 성공이 과거에 속함에 유의해야 한다.

16 설명하는 글 읽기(16)

54~56쪽 정답

1 ②   2 옹기   3 ③   4 ③
5 ④   6 ① 시루, ② 항아리
7 ① 천연 재료, ② 발효, ③ 뚝배기, ④ 굴뚝

해설

1. 글쓴이가 첫 문단에서 '옹기에 담긴 조상의 지혜와 슬기를 생각하여 봅시다.'라고 하여 어떤 내용을 중심 내용으로 삼을지 밝혔다.
2. '옹기'를 재료로 하여 그 특징과 종류, 용도 등을 자세히 설명하고 있다.
3. 글에서 그림을 그리듯이 자세히 묘사하여, 글을 읽고 나서 쉽게 실물을 찾을 수 있도록 한 것을 찾으면 된다.
4. 항아리에 잿물을 바른다는 내용이 보이지 않고, 값에 대한 설명도 없다. ① 옹기는 진흙만으로 만들어진 훌륭한 그릇이다. ② '숨 쉬는 그릇'이라고 했다. ④ 뚝배기는 보온성이 좋은 그릇이라고 했다. ⑤ 옹기와는 열을 간직하기 때문에 더위와 추위를 잘 견디게 한다.
5. 앞선 구절, '뚝배기는 조리를 마친 뒤에도 그릇 자체가 열을 품고 있기 때문에 높은 온도를 계속 유지할 수 있어'에서 이유를 알 수 있다.
6. 글에 나온 내용을 이해하기만 하면 쉽게 적용할 수 있다.
7. 설명한 내용을 문단별로 찾아가 다시 확인하면 넣을 낱말을 쉽게 찾을 수 있다.

17 설명하는 글 읽기(17)

57~59쪽 정답

1 ②   2 태풍, 이름   3 ①
4 ④   5 ②   6 여자 이름
7 2000, 10, 피해

해설

1. 호주, 미국, 아시아의 순으로 태풍이 어떤 방법으로 정해졌는지 설명하는 내용이다.
2. 글에서 수없이 반복되고 있는 낱말들이다.
3. 아시아태풍위원회에 제출한 이름 10개에서 확인할 수 있다.
4. ㉡의 앞에 나온 내용을 보면, 태풍의 피해와 관련되는 내용의 문장이 들어가야 한다. 같은 태풍의 피해가 다시 반복되지 않도록 기원한다는 취지를 떠올려 볼 수 있다. ①, ②, ③, ⑤는 사람의 힘으로 이룰 수 없는 일을 바란다는 내용이어서 알맞지 않다.
5. '막대한 피해를 입힌 이름을 퇴출하기'로 표현되어 있다.
6. 1999년까지 태풍의 이름을 미국의 괌에서 정했는데, 처음에는 여자 이름을 붙이다가, 나중에는 여자 이름과 남자 이름을 번갈아가며 붙였다고 했다.
7. 글에 나온 순서대로 주요 내용을 간추렸다.

정답 및 해설

18 설명하는 글 읽기(18)

60~62쪽 정답

1 ⑤   2 돌복   3 ②   4 ④
5 ②   6 도련님, 아기씨   7 ① 돌띠,
② 당의, ③ 돌잡이, ④ 활과 화살

해설

1. 중심 내용 두 가지를 모두 담고 있는 표현이어야 한다.
2. 글감이면서 목소리를 내는 역할을 겸하고 있는 것은 '돌복'이다.
3. 나머지는 남자 아기만 입거나, 여자 아기만 입는 돌복이다.
4. 아기가 자라서 어른이 되었을 때 되었으면 하는 운명, 지위, 신분, 직업과 관련되는 물건을 얹어둔다. ① 오래살기를 바람, ② 부자가 되기를 바람, ③ 건강하기를 바람, ⑤ 예술가가 되기를 바람
5. '돌복'만 '돌'과 '복'이라는 두 개의 낱말이 결합하여 이루어진 새로운 낱말이고, 나머지는 두 낱말로 나눌 수 없다.
6. 글에서 남자 아기의 돌복은 '도련님'이, 여자 아기의 돌복은 '아기씨'가 각각 나누어 말하고 있다.
7. 둘로 나누어진 머리말을 보고 해당하는 세부적인 설명을 글에서 확인한다.

19 설명하는 글 읽기(19)

63~65쪽 정답

1 ②   2 방언   3 ①   4 ⑤
5 ④   6 우쩐 일이긴요. 연필 사러 왔어유.
7 해설 참고

해설

1. 첫머리의 문단부터 한 단어가 뜻이나 모양을 달리 하면서 지역에 따라 달리 쓰이고 있음을 알려 준다. 이런 사실을 (가)~(바)를 통해 다시 확인할 수 있다.
2. 표준어 사용과 방언의 사용을 모두 보여 주는 글이다.
3. '안녕히 가시래요.'를 보면, 문장의 끝 낱말에 '~래요.'가 붙었다. ②와 ③은 강원도 방언의 특징이지만 (나)에는 보이지 않는다. ④ 경상도 방언의 특징. ⑤ 긴말을 줄이는 것은 경상도 방언의 특징이고, 감탄사를 많이 사용하는 것은 전라도 방언의 특징이다.
4. (바)는 제주도 방언인데 뜻을 알아볼 수 없을 만큼 모양의 차이가 심하다.
5. '사투리'는 서울 이외의 지역에서 사용하는 방언이다. 의미로 볼 때, 둘은 약간의 차이가 있다. 하지만 사투리를 오래 사용한다고 해서 방언이 되지는 않는다.
6. (마)가 충청도 방언을 사용하고 있는 글이니, 이를 활용하여 고치면 된다.

7.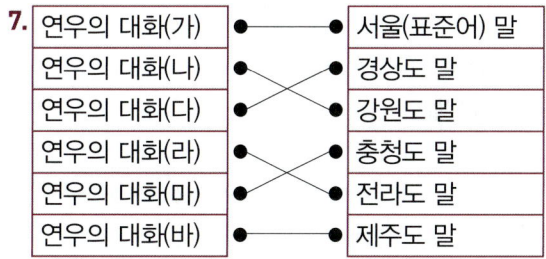

(가)는 표준어로 되어 있으니 서울말이다. (나)는 '–다야.', '–래요.' 등으로 끝나는 것으로 보아 강원도 방언이며, (다)는 '니', 준말 '온나', '왔심니더'를 사용하고 있으니 경상도 방언이다. (라)는 '다잉', '게요' 등으로 끝나는 말로 보아 전라도 방언이고, (마)는 '우쩐', '세유' 등으로 보아 충청도 방언이며, (바)는 외국어처럼 심한 변형이 있으니 제주도 방언이다.

20 설명하는 글 읽기(20)

66~68쪽 정답

1 ③   2 우주정거장   3 ②
4 ③   5 ②   6 무중력 상태
7 덧신, 손잡이, 벨트

해설

1. 둘째 문단 이하의 내용이 모두 우주정거장의 무중력 상태가 얼마나 어려운 생활환경인지 말하고 있다.
2. 글감은 첫 문단에 나오는 경우가 대부분이다.

3. '덧신'이라는 낱말이 나오기는 하지만 신발 신기의 동작에 관한 내용은 보이지 않는다.
4. 운동과 체력 소모의 관계를 알 수 있는 내용은 글에 보이지 않는다. ① '우주정거장 안에는 숨을 쉬기 위한 공기가 가득 차 있어서 우주복이 아닌 평상복을 입을 수 있다.'에서 떠올릴 수 있다. ② '무중력 상태에 가까우면 물체의 무게를 느낄 수 없다.'에서 알 수 있다. ④ '중력의 영향이 없기 때문에 훨씬 편안한 잠을 이룰 수가 있다.' ⑤ 끝 문단에서 떠올릴 수 있는 내용이다.
5. '지구를 하루에 두 바퀴 돌기 때문에'에 의하면 두 번이다.
6. 무중력 상태에서 식사를 제대로 할 수 있도록 하기 위해서 하는 장치들이다.
7. 둘째, 넷째 문단에 나온다.

7. 해설사와 정약용의 말에서 간추릴 수 있는 내용이다.

22 설득하는 글 읽기(1)

72~74쪽 정답

1 ②	2 갯벌	3 ⑤	4 ③
5 ①	6 ① 갯벌 ② 자연		
7 ① 생명 ② 갯벌 ③ 사람 ④ 자부심 ⑤ 지구			

해설

1. 가장 크게 관심을 갖도록 한 문제가 글을 쓴 목적이며, 글 전체의 주제가 된다. 대개 글의 끝 문단에 놓이며 이 글에서도 마찬가지이다.
2. 글감은 글에서 가장 많이 반복하여 나타난다.
3. 5문단을 보면, 흔하게 볼 수 있는 것에 대해 사람들은 그 중요함을 잊기 쉽다고 하였다. ① 1문단에 나온다. ② 2문단에 나온다. ③ 3문단에 나온다. ④ 4문단에 나온다.
4. 2문단을 보면, 갯벌이 파괴되었을 때 자연과 사람의 삶이 모두 파괴된다는 내용이 나온다. 곧 갯벌이 망가졌을 때 우리의 삶이 어떻게 변화하는지 말한 것이다.
5. ㉠의 뜻은, '자기 자신 또는 자기와 관련되어 있는 것에 대하여 스스로 그 가치나 능력을 믿고 당당히 여기는 마음'이다.
6. 끝 문단의 내용을 차근차근 따져보면 알맞은 낱말을 떠올릴 수 있다.
7. 글이 펼쳐진 순서를 따라가면서 빈칸에 알맞은 낱말을 찾아본다.

21 설명하는 글 읽기(21)

69~71쪽 정답

1 ④	2 수원 화성	3 ④
4 ①	5 한집안, 한가지	6 ②
7 ① 백성, ② 삶, ③ 자연, ④ 실학, ⑤ 왕권		

해설

1. 수원 화성을 짓기까지 있었던 일을, 그 당시에 살았던 정약용이 살아 있는 듯이 꾸며 실감나게 전해 주고 있다.
2. 글감은 수원에 있는 화성이다.
3. 정약용의 말에는 혜경궁 홍씨에 관한 사연은 없다.
4. 정약용의 말 "재작년 1월부터 공사를 시작했고, 지금이 1796년 9월경이니 약 2년 9개월 정도 걸린 것 같구나."에서 미루어 알 수 있다.
5. '한목소리'의 '한'은 '같은'의 뜻을 더하는 쓰임새를 지니고 있다.
6. '여럿 가운데 가장 뛰어난 것'이라는 뜻을 지니고 있어야 한다. ① 여자들 여럿 가운데 유일한 남자일 때는 '청일점'이라 한다. ③ '낫다'는 뜻에 불과하다. ④ '장점'이라는 뜻뿐이다. ⑤ '뛰어난'이라는 뜻이 없다.

23 설득하는 글 읽기(2)

75~77쪽 정답

1 ⑤	2 농촌 문제	3 ①
4 ③	5 ④	6 농촌 인구
7 ① 귀농 귀촌, ② 기술, ③ 품종, ④ 폐교		

정답 및 해설

해설

1. 농촌의 인구 감소를 가장 심각한 문제로 여기고, 이를 해결하기 위한 노력을 제시하였다.
2. 우리나라의 농촌이 마주하고 있는 문제를 살펴보고자 한 글이다.
3. 둘째 문단에 자세히 다루어지고 있다.
4. 위의 글에는 거듭된 경제 개발로 농촌과 도시의 소득 차이가 뚜렷해져서 농촌 사람들이 도시로 가게 되었다는 내용이 엿보인다. 아래 글에서는 (농촌에 있을 때보다 소득이 높아진) 농촌 출신의 청년들이 선물 꾸러미를 들고 고향을 찾게 된 것을 보고 자극을 받아 고향을 떠나는 청년들의 모습이 보인다.
5. 1단계에서 '문제 제기'를 하고, 2단계에서 '문제의 원인'을 분석하고, 3단계에서 '해결책'을 제시하면 논리적으로 잘 짜인 한 편의 글이 완성된다.
6. 글쓴이는 여러 번에 걸쳐 농촌 문제의 초점이 인구의 감소에 있음을 밝히고 여기에 맞추어 개선과 해결의 노력을 제시하였다.
7. 셋째~다섯째 문단을 순서대로 간추려서 빈칸을 채울 수 있다.

24 설득하는 글 읽기(3)

78~80쪽 정답

1 ②　2 댐 건설　3 ③　4 ⑤
5 ①　6 자연 보존, 홍수　7 ① 반대, ② 동물, ③ 홍수

해설

1. 주민들과 댐 건설 담당자가 의견이 서로 맞서서 다투고 있는 상황이다.
2. 댐 건설을 둘러싸고 찬성과 반대의 주장이 맞서 있다.
3. 학생의 편지에만 '하지만 저는 댐을 건설하는 것에 반대합니다.'라는 주장을 드러낸 문장이 따로 분리되어 있고, 담당자의 글에는 주장이 이렇게 분리되어 따로 놓여 있지 않다. ①, ② 학생의 편지와 담당자의 편지 모두 높임말을 사용하였다. ④ 담당자의 편지에는 주장을 말한 부분이 근거를 말한 부분과 섞여 문장을 이루었다. ⑤ 주장의 근거를 말한 문장은 담당자의 편지에도 있다.
4. 관점이 맞서 있을 뿐이지 주장은 모두 타당하다고 할 수 있다. 또 주장의 까닭을 말한 근거도 모두 타당성이 있다.
5. 상대방이 어떤 생각인지 헤아리지 않고 미리부터 자신의 잇속만 차린다는 뜻의 속담이 알맞다.
6. 두 사람의 주장과 근거가 모두 타당성이 있으므로 중요도를 따져 자신의 의견을 정한다.
7. 주장과 근거를 편지에서 구별할 수 있으면 답을 쓸 수 있다.

25 설득하는 글 읽기(4)

81~83쪽 정답

1 ①　2 인구 문제　3 ①
4 ⑤　5 ③　6 인구 구조, 경제 성장　7 ① 문제 상황, ② 사회 진출, ③ 평균 수명, ④ 해결

해설

1. 실제로 글에서 다룬 중심 내용이 무엇인지 물었다.
2. 저출산, 고령화를 모두 포함할 수 있어야 한다.
3. 첫 문단을 보면, 1980년대에는 아이를 적게 낳는 것을 정책으로 삼았다.
4. 다른 나라의 고령화 문제 해결 노력을 소개하고 있으므로 그다음에 자연스럽게 와야할 내용을 고른다. ① 다루려는 글의 중심 내용과 관련이 없으므로 더 넣을 필요가 없다. ②, ③, ④는 모두 글에서 자세하게 다룬 내용이므로 더 이상 넣어야 할 내용이 아니다.
5. 비율의 '증가'는 비율이 '높아진다'는 뜻이고, '지원'은 '도와준다'는 뜻이다.
6. 글의 중심 내용을 파악하고, 강의 내용을 대표할 주제문을 생각해 보자.
7. 문제 상황의 확인은 첫째, 둘째 문단에서 이루어졌고, 원인의 분석은 셋째 문단, 해결 방안과 노력은 넷째와 다섯째 문단에서 이루어졌다.

26 설득하는 글 읽기(5)

84~86쪽 정답

1 ③   2 층간 소음   3 ⑤
4 ③   5 ②   6 현상, 원인
7 배려, 이해

해설

1. 법적으로 해결될 수 있을지 묻고, 어떤 회사에서 제시한 의견을 끌어들이고 있다.
2. 글의 재료(글감)가 층간 소음이고, 둘째 문단 이하부터 계속 이 문제를 다루고 있다.
3. 법적으로 해결될 수 있을지 묻기만 하고, 해결 여부를 밝히지 않았다.
4. 환경부에서 제시한 층간 소음 기준(30~40데시벨)은 일상 대화(약 60데시벨)보다도 작게 매겨져 있어서 매우 엄격한 것으로 볼 수 있다. ① '국가 간 분쟁'이라 한다. ② 언제부터 시작되었는지 알 수 없다. ④, ⑤ 글에 나타난 사실로서 새로운 생각이 아니다.
5. '~다(라)고 합니다'는 남의 말을 빌려와서 표현하는 형식이다.
6. 둘째 문단의 끝 부분을 보면, 현상과 원인이 같은 내용이기 때문에 한 문단에서 다루어지고 있음을 알 수 있다.
7. 끝 문단에 요약한 문장이 나온다. 순서를 바꾸어도 정답이다.

27 설득하는 글 읽기(6)

87~89쪽 정답

1 ②   2 도시 문제   3 ③
4 ⑤   5 건물, 가치   6 ⑤
7 ① 재개발, ② 매연, ③ 신도시, ④ 지하철

해설

1. 첫 문단에 그 특성을 규정한 말이 나오고 있다.
2. 도시 생활에서 우리를 불편하게 하거나 삶을 위협하는 문제를 다룬 글이다.
3. 직접적인 원인을 찾아야 한다. '도시의 기반 시설이 부족하여 생기는 여러 가지 문제'라는 구절에서 알 수 있다.
4. 글에 나오지 않은 방안이어야 한다. ① 실행이 어려운 방안이다. ②, ③, ④는 모두 글에서 제시한 방안으로 새롭지 않다.
5. 이미 있던 것을 다시 더 좋게 만든다는 뜻을 생각하여 빈칸을 채워보자.
6. 글에서 (가), (나), (다)를 보면, 모두 문제 상황과 원인을 분석한 후 그에 대응하는 해결책을 세워나가고 있다.
7. 표에서 해결책의 항목만 보고 빈칸에 들어갈 말을 찾는다.

28 설득하는 글 읽기(7)

90~92쪽 정답

1 ④   2 아침 시간   3 ⑤
4 ③   5 ①   6 시간을 낭비한다.
7 ① 스스로, ② 두 가지, ③ 한 가지, ④ 얻는

해설

1. (가)는 스스로 할 수 있는 시간을 달라고 하고, (나)는 정해놓은 대로 하자고 한다.
2. 아침 시간에 어떤 활동을 어떻게 할 것인가에 대해 각자의 의견을 말하고 있다.
3. ①, ②는 글에 나타난 사실을 그대로 옮겨놓았다. ③ 느낌이 포함되어 있는 내용이지만 의견을 밝히지는 않았다. ④ 아침 시간을 지금과 다른 방법으로 활용하자는 의견에 대한 까닭을 말하고 있다.
4. (나)의 셋째 문단에서 까닭을 늘어놓았는데 간추리면, '유익한 점이 많다.'이다.
5. 뒤에 이어지는, '한번 지나간 시간은 다시 돌아오지 않기 때문에 우리에게 주어진 시간을 보물처럼 소중하게 써야 한다.'를 포함하는 격언이 들어가야 한다.
6. 끝 문단의 '시간을 낭비하는 것보다는 조금 힘들어도 알차게 이용하는 것이 낫다고 생각합니다.'는 말은 (가)의 의견을 오해한 것이다.
7. (가), (나)에서 의견과 그 까닭을 밝힌 부분을 정확히

정답 및 해설

찾아서 표와 대비해 가면서 빈칸을 채운다.

29 설득하는 글 읽기(8)

93~95쪽 정답

1. ⑤   2. 많이 웃자   3. ⑤
4. ⑤   5. ④   6. 웃음은 여러 가지 면에서 도움을 준다.   7. ① 웃음, ② 목적, ③ 근거(까닭), ④ 도움, ⑤ 주제, ⑥ 긍정적

해설

1. 설득(주장)하는 글에서 중심 생각은 보통 '~해야 한다.', '~하자.'와 같이 끝나는 문장으로 되어 있다.
2. 행동을 촉구하기 위해서는 명령이나 청유(권하는)의 말투여야 한다.
3. '도움'의 넷째 항목을 보면, '학습 과정에서 웃음은 흥미를 가지게 하고, 기억력을 높이고, 긴장을 늦추어 주며, 학습 능력을 올린다고 한다.'라고 되어 있다. ① 어렸을 때는 하루에 평균 400번을 웃지만, 다 자란 뒤에는 하루에 평균 8번밖에 웃지 않는다고 한다. ② 웃음은 처음 만난 사람에게 마음의 문을 열게 하고, 인간관계의 윤활유가 된다. ③ 첫째, 웃음은 우리를 건강하게 해 준다. ④ 웃음에는 답답한 현실의 무게를 덜어주고, 삶에 탄력을 불어넣는 마법과 같은 힘이 담겨 있다.
4. 글 쓴 목적은 대개 첫 문단에 나온다.
5. 우리말로 바꾸면, '답답하게 억누르는 느낌'이 스트레스이다.
6. 2단계는 '첫째'~'넷째'인데 내용을 모두 아우를 수 있는 문장은 '첫째'의 앞에 놓여 있다.
7. 1문단-2문단~5문단-6문단으로 나누어 정리하면 된다.

30 설득하는 글 읽기(9)

96~98쪽 정답

1. 우리 반에서 자리를 어떻게 정할지
2. 학급회의   3. ②   4. ④
5. ③   6. 토의   7. ① 키순, ② 선생님, ③ 자유롭게, ④ 즐거운

해설

1. (가)의 첫머리에 사회자가 제시했고, (나)에서도 같은 주제이다.
2. 경준이네 반의 학급회의 장면이다.
3. 보다 많은 사람이 찬성한 의견으로 결정했다.
4. 사회자는 자신의 주관을 섞어 평가하거나 감상을 말해서는 안 된다. ① (가)의 첫 머리, ② (가)의 처음 사회자의 세 번째 문장, ③ (가)의 끝에 나온 사회자의 역할, ⑤ (나)에 처음 나온 사회자의 역할
5. (가), (나)에 발표하지 않은 의견 중, 발표할 가능성이 있는 것이어야 한다.
6. 최선의 의견을 이끌어내기 위한 말하기의 방식을 '토의'이다.
7. (가)의 내용에 따르되, 칸수에 맞도록 채운다.

31 설득하는 글 읽기(10)

99~101쪽 정답

1. ①   2. 몸짓   3. ③   4. ⑤
5. ②   6. 지나쳐도
7. ① 눈 맞춤, ② 미소, ③ 손동작, ④ 공손한, ⑤ 웃음

해설

1. (가)에서 전달하고자 한 중심 내용이 (나)의 중심 내용이다.
2. 말을 할 때 몸짓이 얼마나 중요한지 이야기의 장면을 곁들여가면서 의견을 말하고 있다.
3. 지나치게 강한 눈빛은 적대감을 드러내는 경우가 있

으니 주의하라고 하였다. ① 몸짓 대화는 갓난아이가 하는 것. ② 몸짓은 우리가 하는 말의 참 또는 거짓을 상대가 판단하는 수단으로 사용되기도 해. ④ 몸짓을 사용해서 대화를 나누기 때문에 말뿐만 아니라 몸짓도 주의해서 사용해야 해. ⑤ 눈 맞춤은 상대의 말을 잘 듣고 있다는 신호를 보내는 것이다.
4. 진지하지도 않고 공손하지도 않은 말과 행동을 보였기 때문에 민지가 혜용이의 초대에 응하지 않았다.
5. 앞에 있는 '나무토막처럼'과 내용이 잘 어울리도록 하는 말로 고친다.
6. 지나쳐서 반감을 사도록 해서도 안 되고, 없어서 섭섭하게 해서도 안 된다.
7. 각각의 항목에서 무엇에 주의하라고 한 것인지 먼저 파악해 두고 내용에 따라 알맞은 말을 찾아 넣는다.

32 설득하는 글 읽기(11)

102~104쪽 정답

1 ④ 2 지구, 마을 3 ②
4 ① 5 ③ 6 ① 250, ② 170억 명
7 ① 음식, ② 집, ③ 생활 자원

해설

1. 첫 문단도, 중심 내용이 실린 끝 문단도 모두 '인구' 문제를 다루었다.
2. 지구가 100명이 사는 마을이라고 가정하고, 지구의 나라들, 대륙, 미래의 문제 등을 이해해 보자고 한 글이다.
3. 지구마을 사람 100명 가운데 61명은 아시아에서, 14명은 아프리카에서, 11명은 유럽에서, 8명은 남아메리카와 중앙아메리카에서, 5명은 캐나다와 미국에서, 1명은 오세아니아에서 왔습니다.
4. 지구 인구 100이라는 수는 글쓴이가 지구 문제의 이해를 위해 상상으로 떠올려 본 것이고, 실제로 지구에 100명이 살았던 때를 글에서 보이지는 않았다. ② 인구가 1억 명이 넘는 나라는 열한 개나 된답니다. ③ 지구마을 사람의 절반 이상은 인구가 많은 여섯 개의 나라에서 왔지요. ④ 마을에는 31마리의 양과 염소, 23마리의 젖소와 황소, 15마리의 돼지, 3마리의 낙타, 2마리의 말, 250마리의 닭이 있어요. ⑤ 모든 사람에게 음식이 고루 나누어진다면, 배고픈 사람은 없을 거예요. 하지만 사람들은 음식을 나누어 먹지 않아요.
5. 실제 지구의 인구가 68억 명이기 때문에, 100명이 산다고 가정하면 1명이 6천 8백 만 명이 된다.
6. 글의 끝 문단에 나오는 '지금 100명이 있다면 2050년에는 약 250명이 살게 될 거예요.'를 근거로 하여 셈한 숫자이다.
7. 끝 문단에 나오는 말로 채울 수 있다.

33 설득하는 글 읽기(12)

105~107쪽 정답

1 ③ 2 자유 3 ④ 4 ① 간섭,
② 더불어, ③ 침해(방해) 5 ⑤
6 ② 7 ① 자유, ② 제한, ③ 존중

해설

1. 자유의 소중함을 중요한 까닭으로 삼아 진정한 자유가 무엇인지를 차례를 밟아 알려주고 있다.
2. '자유'에 관한 질문을 계속하면서 글이 전개되었다.
3. 모든 질문의 바탕에는 '우리 모두는 다른 사람들과 더불어 살아간다.'는 사실이 논리의 전제로 깔려 있다. 부모님이나 선생님이 시키고 명령하는 이유와 그 정당성을 묻는 질문부터, 다른 사람들이 나의 자유에 방해가 되는지 묻는 질문에 이르기까지 모든 질문이 '더불어 살아감'을 바탕삼아 떠올린 질문이다.
4. 주장과 근거를 잘 따져가면서 빈칸을 채워야 한다.
5. 글의 끝에 붙은 '앞에 나온 질문을 하는 까닭 네 가지'를 보면, '자유의 제한'과 그 까닭으로 내용이 이어지리라는 것을 알 수 있다.
6. 글에 나타난 질문이면서, 그 질문에 찬성과 반대의 답이 엇갈려 제시되면서 논의가 진행될 수 있어야 질문으로 알맞은 것이 된다. '우리 자신이 다른 사람들과 닮지 않았나요?'라는 질문은 '닮은 점을 인정할 수밖에 없다.'는 식으로 답이 제시되어, 의견이 엇갈

정답 및 해설

리기 어렵다는 점에서 토론의 주제로 선택하기에 알맞지 않다.

7. 참된 자유의 의미가 무엇이며, 그것을 누리기 위해 어떻게 해야 하는지를 결론 삼아 말했다.

34 이야기 글 읽기(1)

108~110쪽 정답

1 ④   2 요술 항아리   3 ⑤
4 ⑤   5 ①   6 ① 마음(심리), ② 사건   7 ① 요술 항아리, ② 아버지

해설

1. 원님은 농부의 요술 항아리를 빼앗아 자신의 욕심을 채우려다 큰 화를 입게 되고, 뉘우치게 된다.
2. 중심 소재를 찾으라고 하였다. 요술을 부리는 항아리 때문에 사건이 일어나고 있다.
3. 자신의 노력이 아니라 요술 항아리로 부자가 되었다.
4. 결말의 첫머리가 '농부는 원님을 위하여 항아리를 깨어버리기로 결심합니다.'로 되어 있음에 바탕을 두고 생략된 줄거리를 떠올려 볼 수 있다. ① 결말의 내용이 부자의 사죄와 관계 없는 내용이다. ② 꾸짖을 이유가 없다. ③ 들을 리가 없는 말이다. ④ 부자와 원님이 동의할 리가 없다.
5. 이야기에서는 이처럼 시간적 배경이 정확히 어떤 시점을 가리키지 않는다.
6. ㉠에서는 원님이 욕심을 부려 농부와 부자는 포기할 수밖에 없는 마음이 되었고, 그래서 집으로 돌아갔다는 사건까지 모두 서술자가 알아서 말했다.
7. '반전'의 사건에만 특별히 관심을 가지고 빈칸을 채우면 된다.

35 이야기 글 읽기(2)

111~113쪽 정답

1 ③   2 나무꾼, 도깨비   3 ⑤
4 ①   5 ②   6 ① 어리석은, ② 지혜롭게(슬기롭게)   7 ① 도끼, ② 수수께끼, ③ 지혜

해설

1. 수수께끼 놀이를 하면서 발휘한 나무꾼의 놀라운 지혜가 전체 줄거리를 이끌어가고 있다.
2. 등장인물은 나무꾼과 도깨비들이다.
3. 처음 수수께끼 놀이를 하자고 한 것은 도깨비들이다.
4. 행동과 표정에서 도깨비들의 마음을 읽어보라는 것이다. '눈알이 똥그래지는' 행동은 놀란 마음을 드러낸 것이고, 멀뚱멀뚱 서로 바라보기만 하는 표정은 (답을 말하기 곤란해서) 당황스러워하는 마음이라 할 수 있다. ② 이어지는 도깨비들의 반응을 보면 말을 못 알아들은 것은 아니다. ③ 수수께끼란 예상과 무관하게 주어진다. ④ 도깨비의 약점이 무엇인지 드러나지 않았다. ⑤ 미리 도망갈 궁리를 하고 있었던 것은 아니다.
5. 컴컴한 산속에서 도깨비를 만났지만 놀라지 않고 태연하게 이야기를 나누며 놀이까지 한다.
6. 도깨비들의 물음은 자신들도 나무꾼도 정확한 답을 할 수 없는 내용이라는 점에서 어리석은 질문이다. 그런 질문에 나무꾼은 도깨비들이 수긍할 수밖에 없는 답을 함으로써 지혜를 발휘한 것이다.
7. 사건만을 간추려 앞의 문제 풀이에서 사용한 단어로 빈칸을 채울 수 있다.

36 이야기 글 읽기(3)

114~116쪽 정답

1 ④   2 지우개   3 ③   4 ②
5 ①   6 ① 간절, ② 요청, ③ 거절
7 ① 지우개 따먹기 법칙, ② 갈등

해설

1. 김상보의 마음에 일어났던 복잡한 생각이 풀려가는 과정이 중심 내용이다.
2. 두 사람 사이에 일어난 일은 모두 지우개 때문이다.
3. 다른 사건은 모두 지우개 따먹기 놀이를 한 이후에 일어났다.
4. ㉠은 묻는 형식을 보였지만, 사실은 간곡하게 돌려주기를 요청하는 뜻을 품고 있다. ㉡은 느낌을 드러내는 형식을 보이면서, 단호하게 거절하는 뜻을 품고 있다. 이처럼 전하려는 뜻에 따라 문장의 끝맺음이 달라진다. ①, ③ 상황과 전하려는 뜻에 따라 여러 가지 문장으로 나타날 수 있다. ④ 말하는 이의 뜻도 달라진다. ⑤ 달라질 수 있지만 ㉠과 ㉡을 통해 알 수 있는 사실은 아니다.
5. 듣는 이를 이해시키려는 뜻을 지니고 있는 문장들이다.
6. 같은 모양을 지니고 있는 문장이라도 전하려는 뜻이나 상황에 따라 문장의 끝맺음이 달라진다는 사실을 다시 한 번 확인해야 한다.
7. 김상보가 아빠로부터 배운 것이 무엇인지는 글에서 찾을 수 있다. 이야기의 중심 내용은 김상보의 마음속에서 일어난 갈등과 그 해소 과정이다.

37 이야기 글 읽기(4)

117~119쪽 정답

1 성미	2 ①	3 ③	4 ⑤
5 ②	6 ① 겁, ② 인정		
7 ① 성미, ② 민철, ③ 사진			

해설

1. 비밀을 간직함으로써 행복해진 사람은 누구인지 생각해 본다. 성미는 민철이를 좋아해서 얼굴이 빨개졌다.
2. '성미의 사진' 때문에 사건이 생기고 복잡하게 얽히다가 풀린다.
3. 민철의 수첩에서 성미의 사진이 나왔다.
4. 영만이가 민철의 수첩을 꺼내자 한 번도 맞서지 않았던 민철이 영만에게 대들며 나섰고, 싸워서 이기기까지 했다. ① 사건을 처음 일어나게 했다. ② 사건이 이어지도록 했다. ③ 사건의 긴장감을 불러일으켰다. ④ 그다지 큰 의미를 가지지 못하는 사건이다.
5. 남을 약 올리기 좋아하고, 저보다 약한 사람을 얕잡아 보고 놀리는 말과 행동으로 미루어 짐작할 수 있다.
6. 강아지의 죽음에 하루 종일 슬퍼하는 행동에서 짐작할 수 있는 성격.
7. 줄거리를 이끌어 왔던 소재, 인물들을 모두 넣어서 완성할 수 있다.

38 이야기 글 읽기(5)

120~122쪽 정답

1 ③	2 쥐	3 ②	4 ⑤
5 ①	6 ① 마당, ② 엄마, ③ 의심스러운		
7 ① 활달, ② 적극적, ③ 소심, ④ 허풍			

해설

1. 인물의 성격을 드러내는 데 초점을 맞추어 줄거리가 이루어졌다.
2. 달궁이네 집에 쥐가 나타나면서 벌어진 일을 줄거리로 펼쳐 보이고 있다.
3. 말과 행동을 보면, 엄마가 가장 솔직하고 적극적이다.
4. 실상을 부풀려 말하면서 스스로를 뽐내려는 성격이다. ①, ②는 보통의 할아버지가 보여 주는 성격이지만 이 이야기의 할아버지와 무관하다. ③ 아빠의 성격이다. ④ 고모의 성격이다.
5. 등장인물인 '나'가 이야기를 전달하는 사람이다.
6. 이튿날 아침 마당에서 아빠의 말을 들은 엄마가 의심스러운 눈초리로 아빠를 향해 말을 하고 있다.
7. 말이나 행동을 보고 자신의 경험이나 지식으로 판단해서 성격을 짐작해 본다.

정답 및 해설

39 이야기 글 읽기(6)

123~125쪽 정답

1. 가족, 의미 2. 떠돌이 개 3. ②
4. ④ 5. ① 6. ③
7. ① 외롭게, ② 위로, ③ 가족

해설

1. 할아버지와 굿모닝이 모두 사랑하는 가족과 헤어져 외롭게 살면서 서로 위로해 준다.
2. 등장인물과 사건을 바라보는 위치에 놓여 있으면서 이야기를 주도해 간다.
3. 떠돌이 개 '굿모닝'은 주인인 '두리'와 함께 살다가 사고를 당한 후 버림당했다. ① 손자와 함께 살았던 것 같은데, 아들과 함께 살았다고 확실히 알 수 있는 것은 아니다. ③ 손자가 할아버지에게 영어를 가르쳐 주었다. ④ 사고를 당하고 떠돌다가 할아버지를 만났다. ⑤ 같은 사람은 아니다.
4. 떠돌이 개를 거두어 주고 손자 생각에 눈물 흘리는 모습에서 성격을 미루어 짐작할 수 있다.
5. 헤어진 손자와 자주 통화도 못하는 처지이므로 외롭다.
6. 가족으로부터 버림받아 외로운 처지가 되어, 서로 동정하고 위로하는 내용에서 떠올릴 수 있는 한자 숙어는 '동병상련'이 알맞다.
7. 지문 이외의 부분은 '굿모닝'의 관점으로 말하고 있다. 주요 내용과 그로부터 떠올릴 수 있는 생각이 무엇인지 간추리면 된다.

40 이야기 글 읽기(7)

126~128쪽 정답

1. ③ 2. 울보 바보 3. ①
4. ④ 5. ④ 6. 시간적 배경, 공간적 배경
7. ① 울보 바보, ② 숲 속 빈터, ③ 가슴, ④ 아이, ⑤ 울음, ⑥ 웃음, ⑦ 마음

해설

1. 마을 사람들이 마음의 병을 앓게 되고, 이를 치유하는 과정이 펼쳐진 이야기이다.
2. 중심 내용을 이루는 데 관여하는 인물을 찾는다.
3. 글에 나오는 사건이 그대로 순서대로 일어나고 있다.
4. 울보 바보와 할머니가 마주한 상대를 따뜻한 마음으로 감싸서 감동시켜 병을 치유해 주었다는 사실에서 미루어보면, 마을 사람들의 병은 그런 따뜻한 마음을 베풀지 않아서 생긴 것으로 볼 수 있다. ① 할머니가 저주를 한 것인지 알 수 없다. ② 병의 원인이 아니라 결과이다. ③ 병과 무관하다. ⑤ 숲 속의 빈터는 병과 직접 관계되는 장소가 아니다.
5. 문장들의 끝맺음을 보면, 모두 듣는 사람을 마주 대하고 이야기하는 느낌을 주고 있다.
6. '옛날 어느 마을에'로 이야기가 시작되었는데, 시간과 공간의 배경을 말해준다. 이것은 소설에서도 변함없이 시작의 방법으로 사용되고 있다.
7. 이야기의 세부 내용을 다시 확인하면서 구성의 3요소에 따라 핵심 내용을 간추린다.

41 이야기 글 읽기(8)

129~131쪽 정답

1. ④ 2. 만년 샤스 3. ⑤
4. ④ 5. ② 6. ① 넉넉(부유, 풍족), ② 기부
7. ① 가난, ② 고통, ③ 당당하게

해설

1. 보통 사람이 하기 어렵거나, 할 수 없는 일을 온갖 어려움을 무릅쓰고 해 보일 때 감동을 준다.
2. 별명이 '비행사'와 더불어 둘이지만, 주요 내용을 이루도록 하는 것은 '만년 샤스'이다.
3. '비행사'라는 별명의 유래가 무엇인지, 첫 문단에 나타난다. 안창남은 우리나라 최초의 비행사이다.
4. 영리한 편은 아니지만 그렇다고 미련스럽지도 않다. ① 자신이 지니고 있는 것을 남에게 나누어줄 줄 안다. ② 가난한 이웃을 먼저 생각하며 따뜻한 정을 보낸다. ③ 가난하면서 그것을 부끄러워하지 않는다.

정답 및 해설 15

자신이 할 일을 거리낌 없이 실천한다. ⑤ 남의 어려움을 두말없이 해결해 준다.

5. 그 아래의 '창남이는 웃옷을 벗었다. 아무것도 입지 않은 맨몸이었다.'에서 알 수 있다.

6. 어려운 처지에서도 스스로를 희생해가면서 남의 어려움을 돕는 성격.

7. 한창남의 성격이 주요한 내용을 이루는 이야기이다. 거기에서 떠올릴 수 있는 감동을 생각으로 정리할 수 있다.

42 이야기 글 읽기(9)

132~134쪽 정답

1 ③   2 숲 속의 대장간   3 ②
4 ⑤   5 ①   6 ① 착한, ② 끈질긴
7 ① 사냥꾼, ② 대장간, ③ 가마솥

해설

1. 꼬마가 새들과 함께 사냥꾼에게 쫓기는 토끼를 구하여 주는 내용을 통해 생명을 소중히 여기는 착한 마음을 중심 생각으로 전하고자 했다. ①과 ⑤는 '권선징악'이라고 해서 옛 이야기에 많이 다루어지는 주제이다. ② 사람도 자연도 작품에 나오지만 강조한 요소는 아니다. ④ 꼬마가 열심히 일하는 모습을 보여 주기는 하지만, 작품 전체에서 강조한 내용은 아니다.

2. 배경이 숲 속에 있는 대장간이다.

3. '꼬마'가 줄거리를 이끌어가는 주인공이다.

4. 꼬마가 토끼를 가마솥에 숨겨 놓고, 사냥꾼이 오자 토끼가 숲으로 도망갔다고 해서 사냥꾼은 숲으로 갔다.

5. 연극의 대본으로 쓸 글로서 '극본'이라고도 하고, '희곡'이라고도 한다.

6. 실제로 두 인물의 성격이 이러할 것인지는 장면을 통해 확인해야 한다.

7. 지문으로 실려 있는 부분에 직접 모습을 드러내지 않는 인물은 할머니, 주인 등이다.

43 이야기 글 읽기(10)

135~137쪽 정답

1 ④   2 가난한   3 ④   4 ①
5 ②   6 ① 거지, ② 허리끈, ③ 며느리
7 ① 성격, ② 희생, ③ 봉사

해설

1. 돈만 밝히는 속물 의사와 달리 자신을 희생하여 남을 위해 봉사하는 삶의 모습을 중심 내용으로 삼았다.

2. 의사로서, 평생 가난하고 힘없는 사람들을 위해 봉사하고 희생하는 삶을 살았던 장기려 박사의 전기이다.

3. 가난한 사람에게까지 치료비를 받는 직원들의 몰인정에 화를 내었다.

4. 바로 이어지는 문장, '풀뿌리와 나무껍질로 명줄을 겨우 이어 가던 환자를 살릴 수 있는 것은 충분한 영양분이었던 것입니다.'에서 짐작할 수 있다.

5. 예상하지 못한 말을 느닷없이 들었을 때 보이는 반응을 뜻하는 말이 들어가야 한다. ① 장기려가 환자 편을 들어 한 말이다. 두려워할 이유가 없다. ③ 부끄럽거나 창피해서 보이는 몸짓이다. ④, ⑤는 상대의 말이 어떤 의도인지를 충분히 알아차렸을 때 보이는 반응인데, 시간적으로 아직 그런 상태에 이르지 못했다.

6. 글에서 파악한 장기려의 사람 됨됨이에 미루어 짐작해 본다.

7. 인물의 말과 인물의 행동에 대한 묘사는 그 인물이 어떤 성격과 사람 됨됨이를 지닌 인물인지 떠올려 볼 수 있도록 한다.

44 이야기 글 읽기(11)

138~140쪽 정답

1 ④   2 침팬지, 제인   3 ①
4 ②   5 ②   6 ① 보호, ② 연구,
③ 환경 운동   7 ① 친구, ② 동물,
③ 인간, ④ 지구, ⑤ 생물

정답 및 해설

해설

1. 글의 끝에, '지구에 있는 모든 생물 하나하나의 가치가 존중되는 진짜 멋진 세상을 위하여 노력하고 있다.'라는 문장으로 분명하게 나타났다.
2. 침팬지 연구에 평생을 바친 제인의 전기임을 알게 하는 제목이어야 한다.
3. 글의 첫머리에 나와 있듯이, 침팬지를 관찰, 보호, 연구하기 위해서는 먼저 친해져야 했다.
4. 글에 나온, '아기 침팬지를 바라보던 제인은 조그맣게 헐떡거리는 소리를 냈다. 그것은 서로 친한 침팬지 사이의 인사였다.'에서 짐작해 볼 수 있다. 즉, 제인이 친한 사이에 보내는 인사에 대한 반응이었다. ① 병들었다고 모두 팔을 뻗는 것은 아니다. ③ 글에 나온 내용이 아니다. ④ 팔을 뻗어도 도망갈 수 없다. ⑤ 글의 내용이기는 하지만 이유로 보기 어렵다.
5. 사건이 일어난 시간적 배경을 가리키고 있다. 이어지는 글에서 일어난 사건은 모두 이들 둘이 가리킨 시간 범위 안에서 일어났다.
6. 제인의 생애에서 가장 가치 있는 활동을 간추렸다.
7. 글에서 강조되어 나타난 낱말들이다.

45 이야기 글 읽기(12)

141~143쪽 정답

1 ④ 2 천재 3 ② 4 ③
5 ② 6 ① 남자, ② 편견 7 ① 롤라, ② 여자, ③ 바이올린, ④ 갈등

해설

1. '나의 꿈'과 '부모님의 바람' 사이에서 고민하는 주인공의 모습이 글의 중심 내용이다. ① 적성에 맞추어 일을 강요하는 내용의 글에 대해 떠올릴 수 있는 의문이다. ② 누구를 위해 강요하는 내용이 중심 내용으로 되어 있는 글이 아니다. ③ 악기의 선택이 중심 내용인 글도 아니다. ⑤ '구기 운동에 집중'하는 문제가 다루어진 글이 아니다.
2. 엄마가 '롤라'를 딸의 의견은 물어보지도 않고, 취미와 미래에 대한 결정을 하려 하는 데 맞서 롤라가 자신의 주장을 말할 수 있을 것이다. 엄마는 세상사람들을 천재와 그밖의 사람 두 종류로 나눈다고 했다.
3. 여자 축구팀이 만들어지기를 소망하고 있지만, 아직 롤라가 사는 지역에 여자 축구팀이 만들어진 것은 아니다.
4. '절망하지 않도록' 앞에, '내가 피아노보다 어려운 바이올린을 배우다가 재능이 없음을 알더라도'라는 말을 붙여 볼 수 있다.
5. 바이올린 연습을 하는 데 전혀 마음이 없이 건성으로 대답을 하는 모습과 어울리는 속담이어야 한다. '마음 있어야 꿈도 꾸지.'는 관심이나 생각이 없으면 이루어지는 일이 없다는 뜻이다.
6. 주제를 잘 드러내었는지, 의견과 근거가 서로 알맞게 연결되었는지, 실천할 수 있는 의견인지, 실천할 가치가 있는 중요한 의견인지 등을 고려해서 작성한다.
7. 앞의 두 문장은 줄거리의 요약이고, 셋째 문장은 생각을 적은 것이다.

46 시 읽기(1)

144~145쪽 정답

1 배추, 아빠 2 이상 없음 3 ②
4 ① 5 ⑤ 6 ① 표현, ② 감상문

해설

1. 배추를 보고 '나'는 벌레 먹었으니 내다 버려야 한다고 하고, 아빠는 무공해 식품이라 하며, 서로 다투고 있다.
2. 아빠의 말은 3연에 나타난다.
3. 1연의 '숭숭'은 벌레 먹어 구멍 뚫린 모양을, 4연의 '아삭아삭'은 배추쌈을 먹을 때 나는 소리를 흉내 낸 말이다. 모두 대상의 실감을 더하는 효과가 있다. ① 의인법, ③ 연쇄법, ④ 비유, ⑤ 상징
4. 아빠와 아들이 같은 대상을 두고 느낌과 생각이 달라 다투고 있는데, 그 이유는 처한 환경이나 겪은 일이 서로 다르기 때문이다. ②는 생각이나 느낌이 아니다.
5. 2연과 4연에 1인칭 '나'로 그 모습을 드러내고 있다.
6. 그 밖에도 친구와 생각이나 느낌 주고받기, 이야기

나누기, 사행시 짓기 등으로 표현할 수 있다.

47 시 읽기(2)

146~147쪽 정답

1 ③ 2 동그라미표 3 ⑤
4 ④ 5 ② 6 ① 마음, ② 그림,
③ 콧노래, ④ 미소

해설

1. 여러 가지 착한 일들을 실천해보자는 뜻으로 읊은 시이다.
2. 시에 나온 말로 쓰라고 했다.
3. 2연에 나타난다.
4. 자신의 경험 중에서도 착한 일을 하여 칭찬을 받은 것이어야 한다. ① 칭찬받을 태도가 아니다. ② 도와줄 뜻이 전혀 없어 하는 말이다. ③ 역시 착한 일을 할 마음이 전혀 아니다. ⑤ 억지로 만들어서 칭찬을 받자는 뜻이 아니다.
5. '참 쉽네.'라고 끝맺음 한 것은 힘이 조금 들더라도 칭찬받을 일을 하자는 뜻을 담고자 해서이다.
6. 빈칸의 앞뒤에 있는 말과 연결시켜 가면서 알맞은 말을 떠올려본다.

48 시 읽기(3)

148~149쪽 정답

1 ① 2 작은 웅덩이, 좁은 마당
3 ③ 4 ⑤ 5 ④ 6 ① 거울,
② 하늘, 구름, 별, ③ 나무, ④ 새, 매미, 바람

해설

1. 작은 웅덩이나 좁은 마당처럼 보잘것없이 느껴지는 것도 큰 뜻을 지닐 수 있다는 생각을 보이려 한다.
2. 무엇을 바라보고 있는지 1연과 3연에 잘 나타나고 있다.
3. '~도, ~면, ~고, ~고, ~고'를 일정한 위치에 반복하여 소리가 지니는 아름다움을 자아내고 있다. ① 색깔 있는 모습으로 그려진 물건은 보이지 않는다. ② 국어의 정상적인 어순을 깨뜨린 문장을 지적할 수 없다. ④ 순우리말을 사용한 것은 맞지만 소리의 아름다움을 살렸다고 보기는 어렵다. ⑤ 전혀 무관한 설명이다.
4. '나비'는 시에 나타나지 않았고, 떠올리기도 어려운 형상이다.
5. 1연과 3연은 2행씩으로, 2연과 4연은 3행씩으로 되어 있다.
6. 그려진 형상과 거기에 어울린 소재를 연결시켜 빈칸을 채운다.

49 시 읽기(4)

150~151쪽 정답

1 ③ 2 바다 3 ④ 4 ④
5 ② 6 ① 장면(내용), ② 그리기

해설

1. 자식인 '나'의 목소리로 '바다'를 빗대어 엄마와 아빠가 어떤 존재인지 말하고 있다.
2. '엄마', '아빠'가 아니라 '바다'를 대상으로 삼고 있다.
3. 바다를 엄마와 아빠에 빗대어 표현하고 그렇게 비유한 까닭을 밝히고 있다. ①, ②, ③ '바다'를 대상으로 삼았기 때문에 두 사람의 공통점이나 차이점에 관해 표현한 것으로 볼 수 없다. ⑤ 하나의 물건에 대해 의미를 덧붙여가는 표현법은 상징인데 나타나지 않은 표현이다.
4. 시에 표현된 엄마와 아빠의 모습에서 떠올릴 수 있는 느낌으로 알맞은 것을 고른다.
5. 자신이 겪은 것과 관련지어 가면서 시를 감상하면 이해가 훨씬 쉬워질 수 있다.
6. 그림으로 나타내는 방법을 떠올릴 것.

정답 및 해설

50 시 읽기(5)

정답 152~153쪽

| 1 ⑤ | 2 응급실, 편의점 | 3 ⑤ |
| 4 ④ | 5 ① | 6 ① 아버지, ② 만물상, 휴계실 |

해설

1. '치료비 공짜', '무조건 공짜', '안방 응급실', '안방 편의점' 등의 시구에서 아무 대가 없이, 아낌없이 주는 사랑임을 알 수 있다.
2. 사랑으로 감싸주고 챙겨주는 모습에서 엄마를 비유했음을 알 수 있다.
3. 1연과 4연, 2연과 5연, 3연과 6연이 각각 짜임새가 비슷한 어구로 되어 있으면서 일정한 간격을 두고 반복됨으로써 소리의 규칙적인 질서를 이루고 있다.
4. 4연에서 '나'가 따돌림을 당한 적이 있음은 떠올릴 수 있지만, 친구를 따돌린 일을 떠올릴 수는 없다. ① 1연에서 알 수 있다. ② 역시 1연에서 미루어 알 수 있다. ③ 2연에서 떠올릴 수 있다. ⑤ 5연에서 떠올릴 수 있다.
5. '응급실, 응급실, 공짜, 편의점, 편의점, 공짜' 모두 명사이다. 간단하고 깨끗한 느낌을 준다.
6. 시의 내용으로 보아 대상 인물을 떠올려 볼 수 있다. 인물을 비유한 소재는 위의 시에서와 같은 위치에 나타나고 있다.

51 시 읽기(6)

정답 154~155쪽

| 1 ⑤ | 2 거인 | 3 ① | 4 ① |
| 5 ① | 6 ① 신호등, ② 파란불, ③ 거인(어른) | | |

해설

1. 시의 첫머리부터 어린이의 목소리로 어른들로 하여금 거인 나라로 가서 어려움을 겪어보도록 하자고 한다. 어린이의 어려움을 현실의 어른들이 몰라주기 때문에 그러한 것이다. ①~④는 모두 시의 주제와 거리가 먼 내용이므로 편지의 주제가 될 수 없다.
2. 거인들이 사는 나라를 상상하고 있다.
3. 어린이들이 현실에서 겪고 있는 가장 큰 어려움이 강조되어 나타나고 있다.
4. 어른들이 거인들보다 키가 작을 것이므로 성큼성큼 앞질러 갈 수 없다.
5. 거인 나라에서는 현실의 어른이 불편을 겪게 된다. 즉, 현실의 어른은 거인 나라에 가면 어린이처럼 불편을 겪게 된다.
6. 시에 나오는 대로 정리해서 채울 수 있다.

52 시 읽기(7)

정답 156~157쪽

| 1 ⑤ | 2 런닝구 | 3 ② | 4 ① |
| 5 ③ | 6 대접, 찢었다, 이러니? | | |

해설

1. 해어진 런닝셔츠마저 아껴 입으려는 엄마를 향해 아버지의 안타까워하는 모습이 그려지고 있고, 이들을 바라보는 화자의 마음에도 사랑이 배어 있다.
2. 연마다 한두 번씩 나타난 낱말이다.
3. '와 이카노(왜 이러니)'처럼 모음을 줄이거나 거센소리를 사용하는 방언은 경상도 방언이다.
4. 누나, 아빠, 엄마가 각기 말하는 장면을 관찰해서 그리고 있다. 서로 말을 주고받고 있는 것은 아니므로 대화의 장면은 아니다. ②, ③ 말하는 사람의 느낌이나 생각과 같은 주관적 내용은 보이지 않는다. ④ 말을 주고받고 있는 것은 아니다. ⑤ 이런 것을 자기 고백이라고 하는데, 거리가 먼 설명이다.
5. '옷이나 신발 같은 것이 해어져서 못쓰게 되다.'라는 뜻이어야 한다.
6. 문맥을 살펴서 어떻게 바꾸어야 할지 생각해본다.

53 시 읽기(8)

정답 158~159쪽

1. ④ 2. 나하고 싸운 아이 3. ③
4. ① 5. ②
6. ① 궁금하기, ② 미안하기, ③ 불편하였기

해설

1. 시이지만 이야기가 중요한 내용으로 되어 있다. 주요 내용은 싸움과 화해의 과정이다.
2. 1연에 풀어놓은 내용이 나온다.
3. '망설임'은 '~ 할까 말까'로 표현하는 것이 보통이다. 실감을 더하기 위해서는 행을 나누어, '불러 볼까/말까'로 하는 것이 더욱 좋겠다.
4. 부끄러워 얼굴을 마주하기 민망하다. 여기서 '힝'은 '횡'을 실감나게 표현한 것. '힝'은 사전에 없는 말이고, '작은 것이 빠르게 날아가거나 떠나가 버리는 모습'을 뜻할 때는 '횡'을 쓴다. 이런 표현을 '시적 허용'이라고 한다.
5. 시에서 말하는 사람(화자)이 장소를 옮겨가면서, 그에 따라 시간이 변화하면서 내용이 펼쳐지고 있다. ① 이 방법이면 시간에 일정한 순서가 없으며, 장소의 이동은 고려하지 않는다. ③ 사건이 일어난 장소에 초점을 맞추지는 않았다. ④ 말하는 사람은 한 사람으로 고정되어 있다. ⑤ 소설처럼 장면을 주도하는 인물을 찾기는 어렵다.
6. 내가 함께 싸운 친구의 집을 망설이며 지나친 이유를 떠올려보라는 것이다.

54 시 읽기(9)

정답 160~161쪽

1. ③ 2. 늦게 피는 꽃 3. ①
4. ③ 5. ④ 6. ① 봄, ② 어설프고, ③ 피어날(자라날), ④ 철들

해설

1. 철들 시간이 필요하니(5연), 시간을 달라는(4연) 것이 부탁의 요지이다.
2. 2연에 화자가 스스로를 빗댄 물건을 보여 주고 있다.
3. 철들 때까지 기다려 달라고 했지만, 스스로 서두르지는 않는다.
4. 1연에서 엄마가 걱정하는 까닭을 '어설프고 철이 없기' 때문으로 짐작하고, 2연에서 스스로를 '늦게 피는 꽃'에 빗대고 있다. 곧, '어설프고 철이 없는 것'을 '늦은 것'과 같은 것으로 본 것이다. 하나를 다른 하나에 빗대어 표현할 때는 이들 둘 사이에 공통점이 있어야 하는 것이다. 이 시에서는 어설프고 철이 없어 사람으로 아직 덜 자란 상태를 꽃으로 보면 늦은 상태와 같다고 본 것이다.
5. 시 속에 말하는 사람과 듣는 사람이 모두 나타나고 있다. 말하는 사람은 4연의 '나'이고, 듣는 사람은 1연의 '엄마'이다.
6. 시에 나오는 낱말로 빈칸을 모두 채울 수 있다.

55 시 읽기(10)

정답 012~000쪽

1. ④ 2. 거미의 장난 3. ④
4. ① 5. ③
6. ① 줄, ② 공중, ③ 장난, ④ 가족

해설

1. 줄에 매달려 빌딩 벽을 청소하는 아빠의 모습을 떠올리는 데 초점을 맞추어 내용을 펼치고 있다.
2. 거미줄에 매달려 장난을 치는 거미를 보고 떠올린 생각을 말하고 있다.
3. 시의 중심 생각과 관련되는 연상이다.
4. '거미'도 '아빠'도 모두 줄에 매달려 있다.
5. 시는 이야기처럼 말을 길게 늘어놓을 수 없기 때문에 생략하는 방법을 자주 사용한다. 대개의 경우 시의 다른 부분에 생략한 말이 다시 나타나지만, 나타나지 않아서 읽는 이의 힘으로 짐작하여 보충해야 할 경우도 있다. 이럴 때는 이미 알고 있는 일, 겪은 일 등을 떠올려가며 내용의 흐름에 알맞은 말을 보충해야 한다.
6. 시의 주요 내용을 확인한다.